【经济学学术前沿书系】

全要素劳动价值论

张鹏侠　张一鹤◎著

经济日报出版社

图书在版编目（CIP）数据

全要素劳动价值论 / 张鹏侠著. -- 北京 : 经济日报出版社, 2015.10

ISBN 978-7-80257-879-1

Ⅰ. ①全… Ⅱ. ①张… Ⅲ. ①马克思主义－劳动价值论－研究 Ⅳ. ①A811.66

中国版本图书馆 CIP 数据核字(2015)第 229018 号

书　　名： 全要素劳动价值论
作　　者： 张鹏侠　张一鹤
责任编辑： 王　含
责任校对： 刘妙怡
出版发行： 经济日报出版社
地　　址： 北京市西城区右安门内大街 65 号（邮编：100054）
电　　话： 010-63567690 （编辑部） 010-63567693（邮购部）
网　　址： www.edpbook.com.cn
E －mail： jjrbcbsbjb@163.com
经　　销： 全国新华书店
印　　刷： 北京京华虎彩印刷有限公司
开　　本： 710×1000　1/16
印　　张： 16
字　　数： 280 千字
版　　次： 2015 年 10 月第一版
印　　次： 2015 年 10 月第一次印刷
书　　号： ISBN 978-7-80257-879-1
定　　价： 38.00 元

序　言

早在上世纪80年代中期，在一次聆听有关价值论方面的学术讲座后，知道了价值论在世界范围内一向是一个长期争论而没有最终结果的经济学难题，争议主要是在劳动价值论与效用价值论之间展开的。这对于一个在中学读书时就喜欢解数学难题的我来说，一直耿耿于怀。我深知价值理论博大精深，自己的经济学底蕴尚浅，由此开始大量阅读这方面的文献资料，做到有关这方面的最新和前沿研究成果了然于胸。

然而，在经过多年的马克思主义政治经济学和西方经济学的教学和科研工作后，我逐渐发现人们围绕价值论的争斗始终在外围打转转，并未真正找到"病根"，以致长期以来得不到解决。我认识到要解决价值论的难题必须从价值论的根上找原因。价值论的根在哪里？价值论的根在劳动，价值论以劳动论为基础。我深知怀疑是科学精神的核心，怀疑是创新的起点，为此，我开始重新审视以往人们对劳动的认识，最后我把注意力集中在了马克思从生理学意义定义的抽象劳动概念上。但是很长一个时期我都一无所获，没有任何发现。终于在2004年底的一天，在阅读王志华先生著的《大系统价值学说》一书时，他提出的人类劳动的本质是智能劳动的观点突然触发了我的灵感，我情不自禁地问自己，人的智力活动到底是怎样进行的呢？这一问，令我顿开茅塞，我赶快去阅读这方面的文献资料，结果从现代高级神经心理学、脑科学、认知心理学和认识论等学科中找到了科学答案，即智力活动乃是人脑运用智力进行的加工知识信息的活动，而不是生理学意义的智力消耗活动。众所周知，劳动二重性学说是"理解政治经济学的枢纽"，劳动二重性决定商品使用价值（或效用，这是现代西方经济学效用价值论的起点）和价值。不言而喻，随着劳动概念的发展，劳动二重性学说必将相应的改变形式，那么围绕价值论的一切争论便可以迎刃而解了。这一发现真正让我感受了"众里寻她千百度，蓦然回首那人却在灯火阑珊处"的境界。

由于劳动概念上的突破，终于有勇气在2005年把"劳动价值论研究"作为自己的博士论文题目。在导师金喜在教授的鼓励和点拨下，圆满完成了博士论文。在2006年底的论文外审和答辩中，论文的基本观点获得了肯定和好评，这对我来说是莫大的鼓舞和鞭策。我知道，博士论文探讨的问题有待深化和扩展，需要进一步系统化理论化。就这样，以博士论文为新的起点，又开始了理论探索之旅，屈指算来，又是8年时间过去了。现在，终于决定把已经整理出来的这部分文稿出版成书，求教于广大经济学同仁，请大家指正。

怀疑精神源于我中学时代培养的一种思维习惯，那时，自己特别喜欢数学，一道数学难题解不出来时，我甚至会怀疑是不是这道题出错了，这样一种思维习惯让我受益终身。我在高校从教10余年后，一度有近8年时间“下海”去企业工作的经历。我对劳动概念的怀疑，还来自于在企业实际工作中切身感受的很多经验事实。比如，当购买机器比雇佣工人更划算时，就会选择使用机器，显然，机器和人一样都创造价值，甚至比人创造更多的价值。再如，企业买来一套产品设计图纸而不是自己组织人员开发，新产品出来了，取得巨大成功，给企业带来可观的利润。显然，可观的利润中有那套产品设计图纸的贡献，或者说那套图纸创造了价值，可是那套图纸是物化劳动啊。还有很多诸如此类的问题，都与从传统劳动概念出发得出的只有活劳动才创造价值的理论相冲突。

另一位作者张一鹤在我的一些观点的形成中发挥了建设性作用，并参与了一些章节的写作。他常常就我的一些观点提出质疑，并与我争论，在讨论中激发的思维常常获得意想不到的结果。但总体来说，我对本书的整体分析框架负责，如果书中存在任何重大错误或疏漏应该由我负责。

张鹏侠

2015年3月

目录

引　论

一个人对经济学做怎样的判断归根结底必须看他对价值做怎样的判断。价值是经济学所涉及问题的精髓。价值定律之于政治经济学正像引力定律之于力学一样。直到现在，政治经济学的每一个伟大体系都阐述各自的特殊价值观点，以之作为应用于现实生活的理论的最后依据，若是不能用新的更完善的价值理论来支撑这些应用，为革新所做的任何新的努力都不能为这些应用打下充实的基础。（弗里德里希·冯·维塞尔著．陈国庆译．自然价值．北京：商务印书馆，1982，第44页）

1. 经济学晴朗天空的“乌云”

一直以来，围绕劳动价值论和效用价值论的争论从来没有停止过，如果从古典经济学算起，争议已有300多年的历史，如果从马克思劳动价值论诞生算起，争论也有150余年历史。我国学者对马克思劳动价值论的争论从20世纪60年代初期开始，此后我国成为研究和探讨劳动价值论的主阵地，至今曾有过4次全国性的集中大争论。最近一次的大讨论始于本世纪初中共中央十五届五中全会提出的“要深化对劳动和劳动价值理论的认识”。我国经济理论界对劳动价值论的争论已长达半个多世纪，研究成果浩如烟海，然而，研究成果虽多却没有获得实质性进展。论辩双方都不能战胜对手，陷入“公说公有理婆说婆有理”的境地，始终没有找到问题的症结所在，以致成为世界范围的经济学难题。

虽然这一世界范围的经济学难题始终没有真正解决，但这没有妨碍两大经济学体系各自陶醉在自己构建的自认为完美的经济学大厦里。这种情形有点像19世纪末20世纪初的物理学，当时著名科学家凯尔文在1900年发表的瞻望20世纪物理学的文章中认为：“在物理学晴朗天空的远处，还有两朵小小的令人不安的乌云。”但是，他也只把当时物理学不能解释的“乌云”即黑体辐射实验和迈克尔逊以太实验视为晴朗天空远处的小小的乌云。因此，他在文章中继续说到：“在已经基本建成的科学大厦中，后辈物理学家只要做一些零碎的修补工作就行了。”（陈昌曙著．自然科学的发展与认识论．北京：人民出版社，1983，第192

页）然而，正是这两朵小小的令人不安的乌云，导致了20世纪初爱因斯坦相对论和普朗克量子论的诞生，从而使经典物理学发展为现代物理学，实现了物理学的革命性发展。

类比现代物理学的发展，可以大胆地设想和瞻望一下，鉴于价值论在经济学理论大厦中的基础地位，那么价值论的突破势必引起现代经济学范式体系的整体性修正和发展。

2. 劳动价值论与效用价值论的根本分歧

价值理论是经济学中最古老又最现代、最基础又最现实的理论，如果从古希腊哲人亚里士多德最初讨论价值规律算起，至今已有2300余年的历史。引出价值范畴的最初动因是用来解释商品交换的数量比例关系是如何确定的，即商品价格是如何决定的，这是一切价值论者共同关心的问题。然而，价值理论不仅是为了回答决定价格的价值是什么，为价格理论提供价值论基础；而且更为重要的是回答价值是由谁决定和由谁创造的问题，即价值源泉问题，为收入分配理论提供价值论基础。在西方经济学中，回答价值源泉的价值论是效用价值论，效用价值论包括边际效用价值论和要素价值论。边际效用价值论与要素价值论是一对孪生兄弟，要素价值论的现代形式是边际生产力理论。

劳动价值论与效用价值论的分歧是多方面的，但归根结底在于是否承认劳动是价值的唯一源泉，或者说是否承认非劳动要素创造价值。劳动价值论认为，商品价值就是商品中凝结的抽象劳动，劳动是商品价值的唯一源泉。效用价值论认为，商品价值源于商品效用，劳动、资本和土地等生产要素共同创造效用，因而都是价值的源泉。

3. 价值论之争是“科学性”之争而非“意识形态”之争

有人把价值论之争这个世界范围的难题不能解决的原因归咎于意识形态，认为劳动价值论与效用价值论之争是两种不同的世界观和方法论之争。虽然价值判断在经济学中有着特殊的性质，比如马克思《资本论》是工人阶级的“圣经”，现代西方经济学为资本主义辩护，但是价值判断必须建立在价值是什么的基础上，否则，就等于抛弃了经济学的科学性，价值判断就成了“无源之水、无本之木”。劳动价值论与效用价值论之争绝不是什么价值判断之争，而是价值是什么的科学性之争。如果价值论不是建立在描述和解释经济事实的客观问题上，而是建立在人的意向状态的主观愿望基础上，那么建立在这样的价值论基石上的经济学大厦岂不是建在了沙滩上吗！岂有科学性可言！

如果把两种价值论之争归结为价值判断或意识形态之争，那么这种争论和探讨就没有任何意义，也不会有任何结果。如果是科学性之争，那么它就是必须要攻克的难题，而且迟早会有个正确的结果。试想，提出价值理论的最初动因是用来解释商品价格是如何决定的，这里有什么阶级性吗？没有，根本没有。使劳动价值论系统化理论化的古典经济学的集大成者亚当·斯密代表的是哪个阶级的利益？了解西方经济学说史的人都知道，斯密的《国富论》不代表任何阶级的利益，如果非要说他代表谁的利益，那么他站在消费者的立场上，代表消费者的利益。我们得承认，关于价值是什么的探讨总会与价值判断或意识形态搅和在一起，使人们难以不抱偏见地进行讨论，大大增加了探讨的难度和复杂性。

4. 劳动价值论需要发展

虽然劳动价值论具有根本的正确性，但是劳动价值论自身存在缺陷也是公认的一种客观事实。劳动价值论在古典经济学中一直占据主导地位，古典经济学的最主要成就是提出了以劳动价值论为主要理论基础的一整套经济理论体系。这足以说明劳动价值论有其科学性和合理性。但与此同时，我们也必须注意到这样一个事实，就是劳动价值论从诞生之时就充满了矛盾。

古典经济学创始人配第，第一次有意识地把商品价值源泉归于劳动，从而奠定了劳动价值论基础，但是，他同时却又提出土地与劳动一样也创造价值，从而陷入了矛盾。斯密第一次系统地论述了劳动价值论，使劳动价值论系统化理论化，但他却同时提出了与劳动价值论相矛盾的三种收入决定价值论。斯密互相矛盾的二元价值理论体系成为经济学分化和演变的思想根源：李嘉图继承和发展了斯密的劳动价值论，摒弃了斯密的三种收入说；萨伊继承和发展了斯密的三种收入说，提出“三位一体说”即效用价值论和要素价值论。李嘉图试图建立一个以劳动价值论为基础的经济学体系，但是由于李嘉图劳动价值论自身存在的两大矛盾不能解决，最终导致李嘉图劳动价值论体系及李嘉图学派的解体。马克思虽然在修正和发展李嘉图劳动价值论基础上，建立起自己的劳动价值论体系，但是马克思劳动价值论自身也存在一些不可克服的矛盾，这些矛盾即使在马克思主义经济学阵营内部也是长期争论不休，更不要说来自现代西方经济学的责难。

毋庸置疑，劳动价值论自身存在缺陷是一个客观事实，那么这是否意味着与之对立的效用价值论就是正确的呢？显然，答案是否定的，因为财富及其价值的创造归根结底是劳动创造的。为什么这么说呢？就让我们看一看要素价值论所说的资本和土地要素创造价值吧！资本乃是劳动者使用的劳动资料如机器设备等劳动工具。人类为什么投入大量劳动用在生产工具上，而不是直接把这些劳动用在生产消费品上？因为人类从长期的劳动实践中认识到，当把人类劳动的使用价值转化为工具的使用价值后，借助于劳动工具能够将强大的自然力并入生产过程，从而放大了人类的劳动能力。劳动工具是劳动有用性的物化形态，是劳动有用性的实现形式，是人类劳动的化身，是“物化的知识力量”。（马克思，恩格斯著．马克思恩格斯全集．中文1版．第46卷（下）．北京：人民出版社，2004，第219页）因此，劳动工具的巨大生产力实质是劳动的生产率，劳动工具即资本创造财富及其价值实质是劳动创造价值。

再看看土地要素创造价值的实质，土地要素是指成为劳动对象的自然资源，自然资源是大自然天然形成并无偿赐予人类的，自然资源是不会伸出手来向人类索取价值的，价值只对人类有意义，所以提出自然资源创造价值这个命题本身没有意义。当然，自然资源在财富及其价值创造中的确发挥着重要作用，但是这种作用的发挥却是人类劳动驾驭和控制的结果。因此，土地要素所发挥的作用与其说是土地要素的作用，不如说正是劳动作用的体现。即便使用土地要素参与了价值创造这个提法，那么本质上仍然是人类劳动创造价值。

5. 价值论争论中的“灯下黑”问题

按上面的简单分析，好像劳动是价值唯一源泉的理论已经毋庸置疑了，似乎劳动价值论与效用价值论的争论解决了，或者说劳动价值论已经战胜了效用价值论。然而，问题远没有这样简单，因为上面分析所依据的物化劳动创造价值的理论，与马克思的活劳动创造价值一元论并不相符。这意味着，如果能从马克思的活劳动创造价值一元论推导出物化劳动创造价值是活劳动创造价值的迂回实现形式，那么劳动价值论自身存在的一切矛盾和问题就迎刃而解了。很多人会不以为然，这不是异想天开吗！马克思区分活劳动与物化劳动的目的，就在于说明只有活劳动能够创造价值而物化劳动不能创造价值，活劳动与物化劳动本来就是水火不容的绝对对立的两极，怎么可能存在物化劳动与活劳动的相互转化，这简直是痴人说梦。的确，从马克思关于形成价值的抽象劳动是人的生理学意义的体力和脑力支出的定义来看，物化劳动不可能存在体力和智力的消耗，也就不可能有物化劳动创造价值。

价值论的根在抽象劳动范畴上，但迄今为止，国内外经济学界还没有人对抽象劳动概念的准确性完整性提出质疑。其实，破解“价值之谜”的钥匙就在这个抽象劳动概念身上。迄今为止，人们为什么没有对抽象劳动概念的准确性完整性提出质疑呢？这就是人们常说的“灯下黑”问题。人们几乎天天从事劳动，对劳动实在是太熟悉了，以至于到了熟视无睹的地步。人们早就习惯于从辛苦、劳累、枯燥、紧张等生理变化看待劳动了，即使经济学家也是如此，所以，马克思从人的生理学意义定义劳动概念也就再自然不过了，也就无怪乎经济学家都普遍认同接受这个概念了。然而，恰恰就是这个近似于常识的劳动概念存在缺陷，导致了价值理论的矛盾和争议。可以说，由于人们迷失于最基本的抽象劳动概念之中，最终导致了价值理论的全部矛盾。

6. 破解“价值之谜”的钥匙

那么抽象劳动概念的问题出在哪里呢？这既是本书要探讨和回答的核心问题，也是本书的逻辑起点。如果说本书对抽象劳动概念的发展是科学的、站得住脚的，那么从发展的劳动概念出发，以严密的逻辑构建的劳动价值论体系就是科学的、站得住脚的。相反，如果说本书对抽象劳动概念的发展是站不住脚的，那么构建的劳动价值论体系也就站不住脚。

众所周知，任何人的劳动都包括体力劳动和智力劳动两部分，而智力劳动是人类劳动的本质，因此对劳动内涵的认识关键在智力劳动。那么智力劳动的机理是怎样的呢？现代高级神经生理学、脑科学、认知心理学和认识论等学科的研究成果表明，人脑的智力活动是加工知识信息的活动，形成智力活动的基本构成要素是智力和知识信息。因为智力劳动是为生产服务的智力活动，所以智力劳动乃是人脑运用智力进行的知识信息活动，而不是生理学意义的智力消耗活动。这样一来，智力劳动概念的内涵与外延范围就具有了崭新的规定性，从而使抽象劳动概念进入到一个新境界。

第一，揭示了构成劳动力的要素除了体力和智力两个要素，还必须包括知识要素，从而劳动力的使用即劳动乃是人的体力、智力和知识三要素的统一使用，而不是抽象劳动定义里的体力和智力两要素的统一使用。智力劳动的本质是知识信息活动而不是抽象劳动定义的生理学意义的智力消耗活动。

第二，智力劳动发挥作用是以其智力活动生成的知识信息驾驭、调度和控制人的劳动行为和机器工作实现的，而不是抽象劳动认为的以智力消耗的能量发挥作用，智力消耗能量是为大脑进行智力活动提供动力，智力支出的能量不会对生产过程产生任何实际作用。

第三，智力活动以其生成的知识信息发挥生产性作用的过程也属于智力劳动的范围，从而扩大了抽象劳动概念只把智力支出活动视为智力劳动范围的界定。知识信息发挥作用的过程可以完全没有体力和智力的消耗，因为知识信息能够脱离生成它的智力劳动主体而被储存、保管和传播，因而知识信息既可以通过驾驭和控制主体自身的行为发挥作用，也可以将生成的知识信息传递给其他主体，成为指挥和控制其他劳动主体行为的信息指令并实现其作用。因此，无论是通过其自身还是通过其他主体发挥作用，都属于生成知识信息的主体的智力劳动的范围。

第四，物化劳动如劳动资料既是知识信息物化的产物，又是知识信息的物质存在形式，也是知识信息发挥使用价值作用的迂回实现形式。换言之，劳动资料是生产它的智力劳动的变态存在形式，劳动资料的使用过程就是生产它的智力劳动发挥作用的过程，因而是生产它的智力活劳动的延伸和继续，属于智力活劳动延伸开来的劳动过程。

第五，智力劳动物化不仅是智力消耗的物化，更是生成的知识信息的物化，知识信息物化形成知识价值，这是按以往抽象劳动概念物化所不能包含的物化内容。

综上所述，不难看出，从生理学意义定义的抽象劳动概念的确存在缺陷，我们说古往今来的经济学家迷失于最基本的劳动范畴的说法是有的放矢的。

7. 全要素劳动价值论对两种价值论的“扬弃”

马克思劳动价值论和效用价值论争斗了150余年，但谁也没有真正战胜对方，使对手心悦诚服，这说明两种价值理论都包含科学、合理的东西在里面。如果能够建立一个统一的价值理论体系，那么这个统一的价值理论体系必定是将两个对立的价值理论有机统一起来的理论。本书以发展的劳动概念为出发点，重建了价值论的劳动论基础，再以重建的劳动论审视建立其上的价值论的全部范畴和理论，建立起全要素劳动价值论。令人兴奋的是，全要素劳动价值论不但完善和发展了马克思劳动价值论，而且实现了对效用价值论的“扬弃”，解决了劳动价值论与效用价值论长期以来争论不休的问题。

比如，终结了价值源泉是一元论还是多元论的争论。发展的劳动概念得出物化劳动的使用过程属于生产它的活劳动的劳动范围，由此理论出发，得出物化劳动创造价值就是活劳动创造价值的结论，从而证明了劳动（包括活劳动和物化劳动）是价值唯一源泉的一元论的正确性。物化劳动创造价值就是劳动创造价值这个结论，对于劳动价值论来说，一方面，坚持了劳动创造价值这个劳动价值论的根本原则；另一方面，与根本否定物化劳动创造价值的活劳动创造价值一元论不同，提出物化劳动创造价值是活劳动创造价值的延伸，发展了活劳动创造价值的理论。对于效用价值论来说，这一结论不是简单否定效用价值论关于物化劳动创造价值的结论，而是否定它把物化劳动创造价值看成非劳动因素的“物”创造价值。

再如，终结了价值与效用的对立。在价值、效用与价格相互关系的理论方面，全要素劳动价值论同样也是对两种对立价值论的“扬弃”，这是由智力劳动物化的性质决定的。我们发现智力劳动生成的知识信息的物化具有双重性，一方面商品使用价值是智力劳动生成的知识信息（这里是指具体知识）的外化和物质化，因而商品使用价值是物化的知识信息使用价值的物质表现形式；另一方面智力劳动生成的知识信息（这里是指抽象知识）的物化形成商品价值中的知识价值。如此一来，商品使用价值和商品价值统一于物化的知识信息。知识之所以有价值在于知识对人类有用，因此知识价值源于知识使用价值，就是说，知识价值就是知识的抽象使用价值。由于商品使用价值是具体知识的使用价值的物质表现形式，因此，如果对商品使用价值和知识使用价值同时进行抽象，那么商品的抽象使用价值与知识的抽象使用价值即知识价值就是一致的。如果把具体使用价值的各种具体用途抽象掉，剩下的就只是使用价值对人的抽象有用性这个共同性质，而这正是商品效用的含义，所以商品的抽象使用价值就是商品效用。既然商品的抽象使用价值就是商品效用，那么商品效用与商品价值具有一致性，从而商品效用成为商品价值的外在表现形式。这就证明了商品效用和商品价值都源于智力劳动生成的知识信息的物化，完全不是现代西方经济学所说的商品价值源于商品效用。这也意味着效用价值论是从属于劳动价值论的。

另外，虽然商品价值是由生产过程中劳动物化形成的价值实体，但由于构成商品价值的最重要的知识价值是由知识使用价值或商品的抽象使用价值对人的有用性即效用决定的，因此，对商品价值大小的确定必须与商品满足人的需要程度的心理评价联系在一起，由生产者与需求者即供求双方共同决定。这就“扬弃”了劳动价值论坚持的商品价值只由生产决定而与需求无关的理论。

当商品效用成为商品价值的表现形式时，使“摸不着看不见”的商品价值通过可感知的商品效用呈现出来，从而可以通过商品效用度量商品价值。从效用价值论来解释需求定律，再结合供求曲线建立起逻辑严密的价格理论体系，由此价格成为商品效用的货币表现形式，而不是劳动价值论所说的价格是价值的货币表现形式，这正是现代西方经济学价格理论的逻辑。这样一来，劳动价值论是效用价值论的理论基础，而效用价值论是价格理论的直接理论依据。就是说，劳动价值论与效用价值论是分属不同层次的价值理论，并非以往认为的水火不容、相互对立的两种价值论。

8. 关于马克思经济学范式的发展

西方经济学思想的进化史表明，自古典经济学的完成者李嘉图之后，西方经济学分化为两个主要派别：马克思主义经济学范式和现代西方经济学范式。马克思经济学与现代西方经济学的分道扬镳源于价值理论的对立。马克思主义经济学继承和发展了李嘉图的劳动价值论，建立起系统的马克思劳动价值论，并以劳动价值论为基础，以严密的逻辑构建了剩余价值理论和资本积累理论，从而创立了马克思主义政治经济学范式。从 19 世纪 70 年代开始，西方经济学掀起了“边际革命”，以边际效用价值论否定古典经济学以及马克思的劳动价值论。到 20 世纪初，新古典经济学之父马歇尔从边际效用价值理论出发，集“边际革命”以来西方经济学思想理论之大成，提出一个以均衡价格为基础和核心的经济学体系，由此奠定了现代西方微观经济学的基本理论分析框架体系。

用简单统一的理论解释复杂多样的世界，是所有科学理论体系的最高境界。构建一个具有“简单之美”的逻辑严密的经济理论体系的关键在于它的逻辑起点。逻辑起点是该理论体系对其研究对象进行合理归纳和高度抽象后所形成的核心范畴和假设前提。从核心范畴和假设前提出发，经过逻辑的推演生成和修正其他范畴和经济规律，然后以这些概念范畴和规律解释复杂多样的经济现象，就形成了具有逻辑一致性的经济理论体系。正如马克思高度评价李嘉图经济学体系时所说：“李嘉图从这一点（指价值范畴。编者注）出发，迫使科学抛弃原来的陈规旧套，要科学讲清楚：它所阐明和提出的其余范畴——生产关系和交往关系——同这个基础、这个出发点适合或矛盾到什么程度……李嘉图在科学上的巨大历史意义也就在这里。”（马克思，恩格斯著．马克思恩格斯全集．中文一版．第26卷Ⅱ．北京：人民出版社，2004，第183页）

毋庸置疑，马克思经济学是追求和达到这样境界的理论体系。马克思经济学是以劳动、价值和剩余价值为核心范畴，从劳动价值论出发，构建的一整套逻辑严密的概念体系。这个理论体系的内在逻辑是：只要承认了马克思劳动价值论，那就必然承认马克思以铁的逻辑所做出的差不多全部的结论。如果全要素劳动价值论被人们证明是正确的，那么以全要素劳动价值论重新审视建立其上的一系列的概念和理论，诸如价格、货币、工资、利润、利息、地租、固定资本和流动资本等概念范畴，以及收入分配、资本积累、经济增长等理论都将赋予新的内容和相应改变形式，势必引起马克思经济学范式的全面发展，这也是我们一直以来的目标和任务。

马克思经济学和西方经济学的分化源于价值理论的对立，随着劳动价值论和效用价值论统一于全要素劳动价值论，效用价值论成为全要素劳动价值论的有机组成部分，起着连接劳动价值论与价格理论的中介作用。这将为现代西方经济学范式中的科学合理内容并入马克思经济学范式提供了理论基础。这意味着，一个以马克思经济学范式为主体，并将西方经济学范式融入其中的统一范式经济学的建立已经呼之欲出了。

第一章　劳动的本质

第一节　人类劳动的起源与特征

一、古猿动物本能劳动向人类劳动的演进

人类学家认为，人类起源于古猿。人猿最初分化大约在1400万年到1800年前，由腊玛古猿开始。腊玛古猿处于从猿到人的过渡时期，是人类最早的祖先。古猿在觅取生活资料和抵御天敌的活动中，与其他动物一样，都是在动物本能驱使下的一种行为。动物本能是没有主体目的性和计划性的一种无意识行为。古猿直接从自然界中索取可供生活消费的食物，如采摘树上的果实、捕杀野生动物。大自然有什么他们就用什么，完全靠大自然的恩赐，他们不能改造自然界，只能被动地依赖自然界。

人类劳动与动物本能劳动的根本区别在于，人类劳动是在自觉意识下有目的和计划的活动，而动物本能劳动是出于本能而非自觉意识下的活动。这意味着只有在古猿大脑进化为人类大脑，产生了人类意识之后，自觉的有意识的人类劳动才会诞生。这是否意味着人类意识的产生在先而人类劳动的产生在后呢？人类劳动的形成和人类意识的形成是一个同步进行的漫长过程，不存在谁先谁后的问题。正是在古猿漫长的动物本能劳动过程中，古猿的大脑进化为人类大脑，同时，古猿动物本能的劳动转化为人类劳动。

直立行走为古猿的本能劳动向人类劳动转化准备了条件。由于气候变迁，森林面积减少，古猿被迫来到地面生活。古猿为了适应从原始森林的林栖到开阔的热带草原的地栖生存，古猿由四肢行走逐步变为两足直立行走，完成了从猿到人的具有决定意义的一步。直立行走开阔了古猿的视野，使大脑可以受到更多信息的刺激，信息刺激使古猿大脑结构和脑量发生了重要变化。直立行走使双手得以解放，有了手和脚的分工，手变得自由和灵活，手能够进行比脚更灵活、更具有

技巧性的活动，逐渐使猿“手”具备了成为制造和使用工具的人手的可能性。获得解放的猿手可以随时握有合用的天然工具或武器，并且，大量精细、准确和更具技巧性的用手操作的动作，更加刺激了古猿各种感觉器官和神经系统的进化。二三十万到5万年前古猿大脑的脑重和脑结构已进化为早期智人，这时早期智人的脑量与现代人已基本无差别了。直立行走还使发音器官得以完善。在直立行走的情况下，声带和肺不受压抑，口腔增大并与声带形成直角，舌头更加自由灵活，气流在口腔中受阻状况变得复杂，能够发出各种声音，从而为语言的产生奠定了重要的物质基础。

手的解放和大脑的进化为古猿能够制造工具提供了自身体质的自然前提。当古猿能够使用和制造劳动工具进行劳动时，标志着人类意识和人类劳动的产生。当古猿能够利用木棍采摘树上的果实时，古猿开始学会利用工具进行劳动。由于劳动工具的使用，古猿逐渐积累了大量劳动经验，能够把自已和劳动对象、劳动工具区分开来，能够把“自我”与“非我”、主体与客体区分开，开始形成“自我意识”或“主体意识”，认识到自已在劳动中的地位。并且，古猿能够把选择使用什么劳动工具与劳动对象的特性联系起来，这使古猿开始可以脱离具体事物，超出一定时间和空间的限制，在脑中进行思考，进而可以概括地认识某一类事物的共同特征，这促进了古猿大脑抽象思维能力的形成。当个别智力超群的古猿突发灵感制造出第一把用燧石做成的石斧以后，这把石斧则成为古猿动物本能活动向人类劳动质变的起点。制造工具本身需要比较复杂的思维活动，就是说，制造工具既是人类思维的成果，也表明人类思维的出现。当古猿个别的、偶然的制造工具和使用工具的意识和行为成为古猿种群普遍的意识和行为后，真正意义的人类劳动开始了。

转入热带草原生活的古猿，集体狩猎和共同防御其他兽类的袭击成为他们生存的必然选择，为此，在古猿群体中，彼此间已经到了有些什么非说不可的地步了，于是在意识产生的同时，语言开始产生。语言是思维的工具，人类是使用语言来组织意识和思维内容的。在语言的推动下，古猿的大脑逐步适应语言刺激而形成专门化的语言区，开始转变为人脑。人脑具有语言区和人体具有语言表达器官，这是其他动物都没有的。会用复杂的语言交流，以及发明文字来记录和传递语言，这是人类与其他一切动物的根本区别之一，自然也是古猿的大脑变成人类大脑的最重要标志。

二、人类劳动的基本特征

劳动的第一个基本特征是使用和制造劳动工具。劳动是专属于人和人类的社会范畴，劳动是人区别于动物的本质特征。劳动是人类对自然界的积极改造，其根本标志在于人类能够利用和制造工具作用于劳动对象进行劳动。能够利用和制造工具从事劳动表明人类思维（主要是抽象思维）的形成。人类抽象思维的出现是古猿动物本能活动向人类劳动由量变到质变的核心所在。即使人类始初制造石斧的思维活动，也必须具有一定的抽象思维的能力。首先，要考虑使用上的需要，即制造的石斧用来干什么。在制造工具之前，必须预先在头脑中设计工具的用途，明确所要制造的工具与劳动对象直接的关系。其次，用什么材料制造石斧。这需要认识到有关材料的性质和特点，用更坚硬的石头把另一块石头打造成石斧，就要认识两种石头形状和大小，比较两种石头的不同硬度。最后，他要对制造石斧的过程进行推断：这样进行砸击所产生的后果，能否得到合乎要求的石斧。这一系列思维认识能力的形成，绝非一朝一夕偶然发生的现象，而是人类成员在漫长的生存斗争实践中，对一些偶然的和必然的现象进行分析、综合和推理产生的结晶，它标志着人类及其思维的基本形成。

现代心理学清楚地表明，“如果没有思维的存在，如果不能完全有意识地，而不是本能地利用生活经验，如果不会建立一系列因果联系，进行概括和推理，是不能制作哪怕是最原始的工具的。”〔（苏）B. A. 谢列勃连尼科夫著 . 论“语言与思维”问题（见《现代心理学发展的几个基本理论问题》）. 北京：中国社会科学出版社，1982 年，第 212 页〕第一把石斧的出现，是古猿思维成果的外化和物质化，是古猿脑活动向人类智力活动质变的起点。在人脑思维的支配下，用手制造工具，从适应自然到自觉地主动地改造自然，这是由猿变人的起点和根本标志。

劳动的第二个特征是劳动的社会性。从古猿的动物本能劳动开始就是结成群体，共同捕猎、共同防御、共同养育后代等。古猿不仅在处理与自然的关系中学会了利用劳动工具和制造工具，促进了人类物质生产劳动的形成，而且，由于古猿在从事物质生产劳动时总是结成一定的社会关系，因此，在共同的生活和劳动中，古猿逐渐知道了个体必须结成一定的集体协同活动才能达成目标，而且，在集体中，个体的活动必须服从集体的需要。劳动的社会性使人类把社会总劳动划分为相互独立而又相互依存的若干部分，使分工协作成为人类最基本的活动方式。社会分工使个体生产者的劳动由综合的多方面劳动，分为单一的局部劳动，各种局部劳动之间内在的社会联系随着社会经济发展而不断加深。与分工相适应，社会成员固定地分配在不同类型的劳动上，从而使个体活动更加专业化，极大地提高了劳动效率。

古猿在漫长的生产和生活中，分工与合作关系日益深化，由此建立起日益复杂的群体关系，置身其中的古猿逐渐认识到自己和群体、群体与群体之间的关系，逐渐地认识到自己在群体劳动中的地位和作用，从而把自己和他人区分开，学会了处理与他人的社会关系。适应物质生产劳动的需要，与生产劳动同时发生的是处理人与人之间社会关系的活动。换言之，人类劳动具有社会性的特性产生了处理人与人之间社会关系活动的必要性。如此一来，人类劳动活动包括相互联系的两个基本形式，一个是处理人与自然之间关系的活动，即物质生产劳动，这是人类劳动的第一种基本形式；一个是处理人与人之间社会关系的活动，即人类的社会交往以及组织、管理和变革社会关系的活动，这是人类劳动的第二种基本形式。物质生产劳动是解决人类吃、喝、住、穿等物质生活资料问题，这是人类最根本的、决定其他一切活动的活动。物质生产劳动不是个体单独进行的活动，人们总是组织在一起结成一定的社会关系进行共同劳动，个体之间建立起来的生产关系的状况直接影响劳动的效果。人与人之间结成怎样的生产关系依赖于人与自然之间的关系，同时，人与自然的关系又受制于人与人之间的关系。如果能够建立起适应人与自然关系需要的人与人之间的关系就会极大地促进劳动生产力的发展，相反，不适合人与自然关系需要的人与人之间的关系就会极大地制约劳动生产力的发展。

第二节　智力劳动是人类劳动的本质

一、体力劳动与智力劳动

人类的任何劳动都是体力和脑力结合的劳动。一般来说，运用肌肉、四肢所发出的力，称作体力；主要运用大脑智力所发挥作用的力，称作脑力。体力是一种真实的自然力，是人的肌体由于消耗自身的生物能量而产生的机械性力量，它作用于客体并使客体发生机械的和物理的运动。与体力不同，脑力不是一种真实的力，大脑进行的智力活动是一种加工处理信息的思维活动，它产生的不是任何的“自然力”，而是知识信息，知识信息本身不能产生任何机械性的作用力。人只能以感官接触对象，而不能以大脑思维直接接触对象，显然，大脑是不可能用“意念”产生出任何物质作用力的，所以，“脑力”这个词只是用来表述个体运用其大脑进行活动和发挥作用的能力，并且，也是为了与体力劳动中的体力这个词相呼应。那么，脑力到底是什么？现代神经生理学和心理学的研究表明，脑力就是人脑的机能和属性，简单地说就是智力。智力是脑力的实质和内涵，用智力替代脑力的提法更准确更科学。

一般来说，主要运用体力进行的劳动，称之为体力劳动；主要运用大脑智力进行的劳动，称之为脑力劳动。在实践中，任何人的劳动总是体力和智力的统一支出，人的体力和脑力总是密切地结合在一起，因此，脑力劳动与体力劳动的区分是相对的，并不存在单纯的体力支出的体力劳动和单纯的脑力支出的脑力劳动。对于体力劳动来说，体力支出是其发挥作用的主要力量源泉，而较少运用脑力劳动，但是，即便很少使用智慧和知识，体力劳动也是在大脑支配和控制下进行的，体力劳动任何时候都离不开脑力劳动。体力劳动所包含的脑力劳动主要是指挥、调节和控制人体的感官、四肢和肌肉发出作用力的方式，或者说，脑力所起的作用只是为了控制人的肌体中蕴藏的一种自然物质的机械性的力量，而且脑力控制人之体力所需要的主要是经验、操作技术和技巧方面的简单智力活动。体力劳动的意义在于通过运用体能发出作用力来改变客体即劳动对象，但是，体力劳动所发出的作用力以自身体能的极限为边界，所以，体力劳动所发出的力和生产能力是十分有限的。

对于脑力劳动来说，人们在进行脑力劳动时也要付出一定的有时甚至是很繁重的体力，需要体力的辅助、支持和支撑，比如，诺贝尔物理学奖获得者杰出物理学家居里夫人在放射性研究方面取得了巨大成就，但她为了能在废沥青铀矿中提炼出放射性物质镭元素，在简陋的条件下最终从 8 吨废沥青铀矿中提炼出 1 克纯净的氯化镭，付出了繁重的体力劳动，以致累垮了身体。脑力劳动中虽然包含体力的消耗和使用，但是，脑力劳动的意义在于大脑进行的智力活动，而不在于体力活动。智力活动是为了认识和揭示事物的本质和普遍性、必然性和发展变化的规律，然后利用这些认识成果制造出劳动工具，借助人类发明的机械设备将巨大的自然力，如风力、水力、电力、核能等并入生产过程，使人类改造自然满足自身需要的能力放大了成千上万倍，使人类成为世界的主宰。智力活动本身虽然不产生任何作用力，但是，一旦智力活动的认识成果转化为物质力量，这种物质力量是巨大的、没有界限的，相比之下，人的体力就显得十分弱小了。

脑力劳动和体力劳动描述的是劳动的现实的具体形态，说一个劳动是脑力劳动时，这个脑力劳动也包含体力活动；说一个劳动是体力劳动时，这个体力劳动也包含智力活动。尽管任何劳动都是智力劳动和体力劳动的有机统一，不存在单纯的智力劳动和体力劳动，但是智力劳动决定劳动的目的、协调劳动的动作、控制体力的发挥，劳动过程自始至终在智力劳动的主导和控制之下，使之符合劳动的目的要求；而体力劳动是劳动的执行，是按照智力劳动生成的信息指令展开实际的动作。由于人的思想支配人的行为，劳动的目的必须先于执行，即智力劳动先于体力劳动，所以，智力劳动和体力劳动是可以分开的。

为了便于认识劳动的本质和内容构成，以及避免混淆和误解，我们将体力劳动作为全部是体力支出而没有智力活动的劳动形式，即体力劳动仅仅是指体力的消耗而不包括智力活动；而将大脑进行的智力活动的劳动形式称之为智力劳动，即智力劳动仅仅是指智力活动而不包括体力活动。人类的神经系统（主要是大脑神经系统）是一个信息系统，大脑的智力活动本质上是一种信息活动，是大脑思维进行的加工处理信息的活动。智力劳动的结果是生成或创造知识信息。包括体力劳动在内的人的任何行为都是在大脑生成的知识信息的指挥、调节和控制下的行为。脑力劳动一定包含智力劳动，但脑力劳动的结果不一定是知识信息，因为脑力劳动的结果也可能是大脑生成的知识信息控制下的感官、四肢和肌肉发出物质作用力的活动，从而将劳动对象改造成按大脑智力活动生成的知识信息要求的物质产品形态。

总之，将人的劳动区分为智力劳动和体力劳动，就可以在比较纯粹的形态下去认识智力劳动和体力劳动各自的本质属性和规律性，尤其能够深化和发展对智力劳动内涵的认识。揭示智力劳动的新内涵是本书最基础最重要的研究主题，劳动理论和建立在劳动理论基础上的全部经济学皆因对智力劳动概念内涵的突破而成就。

二、智力劳动是人类劳动的本质

人类劳动与动物本能劳动的根本区别在于，人类劳动是有目的的活动，而动物本能劳动是出于本能而非自觉意识下的活动。劳动的目的性是人类劳动的本质规定性。人类劳动方式的基本特点是先思后行，以知统行，人的活动越理性化，这种“知先行后”的特点就表现得越突出。劳动目的既是劳动开始的初始环节，也是改造实体实际行动过程的内控因素，也是劳动结果的差异分析和评价的反馈环节，它贯穿和渗透于整个劳动过程及其结果中。劳动的目的性自始至终是由智力劳动实现和完成的。

与其说劳动目的性是人类劳动的本质，不如说智力劳动是人类劳动的本质。智力劳动是人类专有而其他动物没有的劳动，人类劳动是在理性支配下的改造世界的物质实践活动；动物的本能活动是动物生理上的活动器官消极、被动适应自然的本能驱使的活动，动物不具有智力劳动的本领。人类劳动之所以具有目的性，那是因为人类具有理性，具有从事智力劳动的本领，没有人类的智力劳动能力，也就没有人类劳动的目的性。

首先，人类需要的物品几乎都不是天然存在的现成的东西，只有通过人类劳动将自然物改造成人类需要的某种效用形态的劳动产品，才能为人类消费和利用。人在实际改造客体之前先在思维中对劳动对象进行观念改造，在观念中预先规定活动的结果，形成观念产品，所有这些主观意识活动是由智力劳动即目的性思维进行的，或者说，这些主观意识活动本身就是智力劳动。

其次，人在使用劳动手段作用于劳动对象的过程中，劳动行为始终是在人的意识的支配和控制下，按预定的计划实施的，智力活动贯彻于对客体实际改造的全过程。

最后，人们还要对劳动结果进行科学的评价，透过对劳动效果、劳动功能和效率的优劣、高低的评价，以便获得对劳动目的、劳动方案、劳动操作方式等的评价，进而为调整、修正以后的劳动活动提供依据。总之，人类的智力劳动即人类劳动过程中所包含的思维活动，是既存在于实际改造客体之前，又存在于改造客体的劳动过程之中，同时也存在于劳动结果形成之后，它始终是劳动的“灵魂”，是人类劳动特有的本质。

黑格尔哲学最早提出了劳动是人类与动物的本质区别。他认为，劳动是人与自然之间的一种中介活动，是理性的产物。在黑格尔看来，劳动既是一种创造性形成的对象化活动，又是一种人在观念中进行的自我创造的非对象化的活动。在黑格尔对劳动的规定中，劳动就是人的意识思维的活动，人的体力活动是次要的，是从属于意识活动，或被意识活动支配的表现意识的活动。

黑格尔从人的意识活动来认识人类劳动的本质，深刻地揭示了人类的意识活动就是人类劳动本身，即人类所特有的智力劳动。而且，黑格尔把劳动的结果看成人的意识活动或自我创造活动的外化，抓住了劳动的本质。对此，马克思给予充分肯定，他说：“黑格尔的《现象学》及其最后成果——作为推动原则和创造原则的否定性的辩证法——的伟大之处首先在于，黑格尔把人的自我产生看作一个过程，把对象化看作非对象化，看作外化和这种外化的扬弃；因而，他抓住了劳动的本质，把对象性的人，现实的因而真正的人理解为他自己的劳动的结果。”（马克思著 . 1844 看经济学手稿 . 北京：人民出版社，1989 年，第 120 页）黑格尔把劳动的目的性或智力劳动作为人类劳动本质规定性的思想无疑是深刻而正确的，马克思继承和发展了这一思想。

三、劳动不仅是理性的而且是实践的

黑格尔抓住了人类劳动的本质，但他把人类劳动仅仅归结为精神劳动（即智力劳动）的提法有失偏颇。智力劳动只是一种精神力量，它本身不能产生改造劳动对象的物质力量，它只有与行为劳动结合才能将精神力量转化为巨大的物质力量。人类的劳动行为离不开体力劳动，没有肌体、四肢发出作用力，就无法使用劳动工具作用于劳动对象。劳动是主观见之于客观的实践活动，这是马克思主义的正确的劳动观。马克思的劳动观扬弃了黑格尔的劳动观，他正确地指出，劳动不仅是理性的，而且是实践的，是在理性支配下的改造世界的物质实践活动。

劳动作为人所特有的活动，既是能动的又是实践的或物质的。一方面，劳动是人的有目的的活动，在具体改造劳动对象之前，生产活动首先以观念方式把握整个生产过程，生产者一开始就要明确生产的目的和任务，进行方案设计，形成诸如设计图纸、结构图、装配图、工艺流程、组织流程以及各种技术和管理文件等知识产品。另一方面，在生产过程中，智力劳动主体把在认识过程中形成的知识成果转化为改造客体的指令信息，通过这些知识信息指挥和控制人的劳动行为和劳动资料的使用。劳动行为把劳动目的变成物质的对象化活动，劳动者借助劳动工具等物质手段同劳动对象之间进行物质变换活动，把以知识形态存在的观念产品变成现实的物质产品。

劳动作为人的有目的的活动，这个目的决定着人们在整个生产过程中的方式和方法，物质生产过程结束时得到的结果不过是把目的变成了现实。这是人类劳动的一个重要特征。正如马克思指出的那样："我们要考察的是专属于人的那种形式的劳动。蜘蛛的活动与织工的活动相似，蜜蜂建筑蜂房的本领使人间的许多建筑师感到惭愧。但是，最蹩脚的建筑师从一开始就比最灵巧的蜜蜂高明的地方，是他在用蜂蜡建筑蜂房以前，已经在自己的大脑中把它建成了。劳动过程结束时得到的结果，在这个过程开始时就已经在劳动者的表象中存在着，即已经观念地存在着。他不仅使自然物发生形式的变化，同时他还在自然物中实现自己的目的，这个目的就是他所知道的，是作为规律决定着他的活动的方式和方法的，他必须使他的意志服从这个目的。"（马克思，恩格斯著．马克思恩格斯全集．第23卷．北京：人民出版社 1972，第 65 页）

劳动对象化是人类劳动的另一个重要特征。马克思指出，"劳动的产品就是固定在某个对象中、物化为对象的劳动，这就是劳动的对象化。劳动的实现就是劳动的对象化。"（马克思，恩格斯著．马克思恩格斯全集．第 42 卷．北京：人民出版社，1972，第 91 页）劳动对象化包含两层涵义：其一，劳动是劳动者借助于劳动工具加工改造劳动对象的物质变换活动。在劳动过程中，随着劳动对象不断改变其自然形态，人的目的、理想、知识、能力等本质力量随之消失在劳动产品中，劳动者的体力、智力和知识转化为静态的物质产品的存在形式，即积淀、凝聚和物化在产品中。其二，劳动对象化具有直接现实性。直接现实性是指人把自己作为物质力量并运用劳动手段同物质对象发生实际的相互作用，从而把人的目的、信念、计划、方案等外化为感性的客观实在——劳动产品。劳动过程的各个环节和各个方面都是在劳动目的的支配和控制下进行的，最终的物质产品不过是劳动目的的实现，把观念产品变成物质产品，也就是马克思所说的自然物中实现的建筑物不过是在建筑师大脑中已经建成的建筑物的实现而已。总之，劳动对象化的本质是将人们观念形态的精神产品变成客观实在的物质产品。

第二章　智力活动过程

第一节　智力活动的生理学机制

一、反射论与两种信号系统学说

人类劳动是有目的的活动，目的性源于构成人类劳动中的智力劳动。从劳动的内容构成上看，人类劳动与动物本能劳动的根本区别在于，人类劳动除了体力劳动还包括智力劳动，包括古猿在内的动物本能劳动，只有体力劳动而没有智力劳动。智力劳动之所以是专属于人类的劳动，在于人类的脑功能与动物的脑功能有着本质的区别，只有人的大脑才能实现这种劳动。智力劳动是一种能动的、创造性的、运用人的大脑智能和大脑中的知识相互作用形成的智力活动即意识活动。动物本能的劳动是一种消极适应自然的本能活动，它与人的大脑及意识有着本质的区别。

生理学证明，人的智力活动是以大脑的生理活动为基础的。著名生理学家巴甫洛夫提出的条件反射理论和两种信号系统学说，揭示了人类思维活动的生理机制。巴甫洛夫的研究证明，动物和周围世界之间的相互作用，是通过反射活动进行的。反射分为无条件反射和条件反射两大类。无条件反射是动物对和自己生存有直接关系的具体物质的刺激的反应，它是由遗传而获得的本能。条件反射是动物对和自己生存有间接关系的具体物质的刺激的反应。条件反射是在无条件反射的基础上，由动物自身的活动经验而建立起来的，或者说，是由后天学习得来的。条件反射也是人和动物共同具有的。无条件反射是中枢神经系统低级部分的活动，是一种简单的动物本能。条件反射则是中枢神经系统高级部分——大脑皮层的一种活动。条件反射既是生理过程，同时也是一种比较复杂的心理现象。条件反射是生物发展史中最高级的反应形式，不仅包括简单的感觉、知觉和表象，还包括特有的动机和情绪，它已处于思维、意识活动的萌芽形态。像某些高等猿类，能够找来树枝去采摘树上的果实，然后剥去果皮，取食果肉。如果说条件反射是古猿动物式的思维活动的生理机制，那么什么是人类思维活动特有的生理机制呢?

在条件反射原理的基础上，巴甫洛夫建立了两种信号系统理论来揭示人类思维活动所特有的生理机制。他把接受外部具体刺激而引起的条件反射，叫做第一信号系统，它是动物唯一的信号系统。人除具有第一信号系统外，还有第二信号系统。第二信号就是信号的信号，即语言和文字。引起条件反射的语言和文字，是同类刺激物的归类和概括，它是条件反射的最高级形态，只有人类才达到了这种境界，除了人类的其他动物都没能达到条件反射的这个高度。在第一信号系统基础上产生的反映，是具体形象的感性反映；而在第二信号系统基础上产生的反映，则是抽象概括的理性反映。第一信号系统是动物和人共有的，而第二信号系统则是人独有的。人脑的第一信号系统和第二信号系统在受到外部具体刺激物和抽象的语言、文字刺激下所进行的神经活动就是意识。

动物对外部具体刺激而引起的条件反射即动物性意识与人的意识不可同日而语，没有第二信号系统的意识活动根本称不上意识活动。因此，动物是不存在智力劳动的。智力劳动是人类劳动所专有的，体现了人类劳动的本质规定性。

二、神经细胞学说

巴甫洛夫关于条件反射和两种信号活动的学说，揭示了从动物心理到人的思维和认识活动的生理过程。随着现代高级神经生理学和脑科学的发展，对思维认识活动生理机制的认识又有了新进展，已从反射过程深入到微观的神经细胞水平。现代神经生理学和脑科学的研究表明，人脑就是神经细胞在复杂的物理运动和化学运动中，通过突触构成的神经网络传递、整合、加工和处理信息过程来进行思维意识活动的。也就是说，思维活动本身是一信息活动，这种信息活动是由大脑神经细胞的物理和化学运动实现的。

神经细胞是神经组织的基本单位，人脑是由 5000 多万种、总数约 1000 亿个神经细胞（即神经元、亦作神经原）组成的。每个神经细胞包括细胞体和突起两个部分。细胞体的作用是对输入的信息进行分门别类的处理；突起分树突和轴突两种。每个神经细胞有许多树突，但只有一根轴突主干。树突和细胞体一起成为接受别的神经细胞传来的信息的主要部位。轴突一到末端就大量反复分支，形成上万个轴突末梢。轴突的主干与侧支组成神经纤维。轴突和轴突末梢是细胞体输出信息的通道，分别把信息传输给相关或相邻的神经细胞。

神经细胞和神经细胞之间的联系，是靠一个神经细胞的轴突和另一个神经细胞的细胞体或树突的接触来沟通的。这互相接触的地方，叫作突触。突触包括两个部分，一个是由轴突末端扩大而成的球状终纽，在终纽里储存着化学递质；另一个是神经细胞表面受体区。在这两个部分的接头处，有一个约200毫米宽的间隙。在一个神经细胞的轴突末梢，常分成许多小枝与其他许多神经细胞接触形成突触，反观之，在一个神经细胞的细胞体和树突上，常有千百个神经细胞的轴突终端和它形成突触。每个神经细胞含有1000~10000个突触。也就是说，人脑大约有千万亿个突触。这样，在亿万神经细胞之间，通过突触的连接便形成了一个极其复杂的神经网络系统。人脑就是通过由突触构成的神经网络系统传递、整合、加工和处理信息过程来进行思维活动的。

现代神经生理学已经证明，思维活动本身是一信息活动，这种信息活动是靠神经冲动沿神经系统相互传递信息。神经冲动是由神经细胞放电实现的，神经细胞放电产生电脉冲，电脉冲刺激神经网络的突触形成神经冲动。神经细胞放电，是由神经细胞内的化学物质变化引起的。每个神经细胞都恰似一个可以产生静电活动的浓差电池装置。通常，神经细胞膜内外存在着一个50~80毫伏的跨膜静电电位，这是由细胞膜内外的钾离子和钠离子的浓度差造成的。当神经细胞被信息刺激时，细胞膜内外钾离子和钠离子的浓度差发生突变，使静态时的跨膜电位瓦解，跨膜电位瓦解就表现为神经细胞放电，放电产生的电脉冲沿着神经网络迅速传播。电脉冲之所以能使信息在神经细胞间传递，突触起到了关键作用。当神经冲动的电脉冲到达突触的轴突终纽时，突触释放一种化学递质，这些递质被释放到突触裂隙中去。这些化学递质的出现，改变了接受神经细胞的电状态，引起了它的跨膜电位瓦解即产生电脉冲或神经冲动，同时也把信息夹在其中传给了神经细胞内的核糖核酸。核糖核酸是一种结构复杂的生物大分子，它能够组成各种不同的形式，用以储存各种不同的信息。可见，信息沿神经系统相互传递，是在通电和化学物质中进行的，神经细胞在信息刺激下产生电脉冲；而电脉冲使突触释放一种化学递质，就是这个化学物质或分子将信息从一个神经细胞传递到另一个神经细胞；神经细胞内的核糖核酸将信息存储起来。

信息在神经细胞中传导，就如同电波通讯，不过要比电波通讯不知复杂多少倍。一个神经细胞就有1000~10000个突触，能接收几百个或几千个其他的神经细胞传来的信号，同时又能把它们传输给几百个或几千个其他的神经细胞。人脑就是这样依靠生物电和化学物质，在极其复杂的神经网络上流通变化来完成接收和处理信息的任务。信息在神经细胞中传导方式十分复杂多样，可以是多线的、并行的、环形的、交叉的、反馈的等等。

人脑可以不断接受外来的新信息并有选择地把它记住，有些能够长期记忆甚至成为永久的回忆。人脑能够参照和调动脑内记忆的老信息和知识积累，对输入的新信息进行分析综合，形成概念，进行判断、推理和抽象思维，从而正确认识和处理若干不同的事务。人脑的思维活动正是由 1000 多亿个神经细胞及其伸出的 1014 ~ 1015 个突触构成的神经网络不断运动的结果。突触不是固定不变的，而是在不断地生长和萎缩，它也遵循“用进废退”的生物进化法则。人类社会实践表明，经常使用，它就生长；使用越多的部位，突触多而生长快；不用，营养不足，或有其他原因，就会萎缩。这是人脑越用越聪明并且潜力无限的生理原因，它为人类智力发展提供了生理运动的物质基础。

综上所述，现代高级神经生理学和脑科学已经证明，思维和认识活动是大脑通过传递生物电、处理信息流来进行意识活动的，人脑的意识活动或智力活动就是神经细胞信息输入、信息存储、信息加工、信息控制和输出信息的过程。

现代生物学和神经生理学的研究表明，人体神经系统是迄今为止地球生命进化过程中达到的最复杂也是最完善的信息系统。人体神经系统是由大脑、神经、感官构成的。感官是人的信息系统中用于获取信息的器官，包括眼、耳、鼻、舌、身、皮肤等。感官的作用在于为大脑提供信息。大脑是信息系统的核心，各种信息都集中于大脑进行加工处理，并负责发出行为指令，支配人体行动等。大脑是信息系统的信息处理中心。神经是信息传递工具，在感官与大脑之间传递信息，负责信息的输入和输出。显然，人体神经系统就是人体的信息系统。智力作为人体神经系统的功能，智力就是人体神经系统获取并存储信息、加工处理信息以及输出信息的能力。一般认为智力是观察能力、学习能力、记忆能力、形象思维能力、抽象思维能力的综合。所有这些能力中，抽象思维能力是核心能力，是人脑的本质。

第二节　智力活动的心理学机制

一、智力活动是知识信息加工活动

狭义的认知心理学，即信息加工的认知心理学，以智力活动的生理学机制（即人脑神经系统是信息处理系统）为基础，研究了人的高级心理过程，指出人的智力活动过程即认知过程就是人脑接受、编码、操作、提取和利用知识信息的过程。揭示了从感知到记忆到思维范围内的人的智力活动过程都是信息加工过程。

虽然智力活动过程包括认知过程、情绪情感过程和意志过程，但只有认知过程与智力活动的内涵是一致的。换言之，对于智力活动过程来说，情绪情感过程和意志过程从属于认知过程，是认知活动的环境制约条件。正因为如此，认知心理学家把意识活动或智力活动与认知活动划等号，即智力活动就是认知活动。认知活动是人认识客观事物的活动，是人对信息进行加工处理的过程，是人由表及里、由现象到本质地获取反映客观事物本质及其内在联系，以及发展变化规律的知识活动。

追求真理性的知识是认知活动的出发点和目的性所在，认知活动的内容则是人运用其大脑智力处理有关客体信息，以便获取关于客体本质属性和运动规律性的认识过程。这个信息处理过程是人对信息的主观反映过程，就是大脑智力加工处理知识信息生成新知识的过程。从认识的结果看，获取真理性的知识既是认识的出发点也是认识的归宿点，知识是认知活动的成果和表现形式。

二、感知和记忆过程中的知识活动

认知活动包括感觉、知觉、记忆、思维和想象。感性知识信息是主体以感性直观把握客体信息的形态，这个形态包括客体信息的被辨识（感觉和知觉）和信息储存（记忆）两种基本形式。感觉是指人通过神经系统中的感官（包括眼、耳、鼻、舌、身等）把客体以物理、化学等形式表现出来的信息转化为能被主体感官所接收的信息，这个信息转化过程就是客观信息转化为观念信息的过程，即知识化的过程。感觉是人类觉察信息、认识世界的门户，是认知活动的第一环节。从感觉获取的是关于客观事物和现象的个别属性或个别特征的信息，是生动的个别形象信息，比如，映入眼中的一个人的体貌特征，如高矮胖瘦、五官端正、肤色等。

即使人通过其感官直观辨识和接受客体信息的过程，也并不像在一块“白板”上打上客体的印迹，人的感性过程是有理性参与的，是包含着理解的感觉；同时，人的需要、爱好、知识、情感、价值观念等都渗透并影响着人的感性直观；尤其当人们交流所感觉到的客体信息时，就需要用语言符号来表达和交流，而语言符号是理性思维的元素，这时感觉获得的客体信息完全被概念化或知识化为感性知识的范畴。当然，由于感觉是介于生理和心理之间的活动过程，主观对于感官获取客观信息的加工改造的影响相对较小，基本保持客观信息的原貌，因此，相同的客体信息刺激往往会引起人们相似的感觉。但是，无论如何，由人的感觉获取的信息必然是经过人的观念化加工处理过的信息，因此感觉过程自然是一个知识化过程。

如果说感官接受的信息还基本接近于客体信息的原初形态，那么与感觉同时发生的知觉就纯粹是一种心理活动了，已经具有极大的主观能动性。由于感觉和知觉之间如影随形的密切关系，而将感觉和知觉统称为感知。知觉是人脑对客观事物属性、各个部分及其相互关系的整体主观的反映，生成关于具体对象的生动的整体形象信息。知觉是把感觉获得的个别信息整合成为有意义的事物整体并对其做出解释和理解的过程。这个过程的实现有赖于来自认识对象的信息和来自主体自身的信息之间的相互作用。前者是来自认识对象的客观信息，后者是主体在以往的社会经验、认识经验基础上建立起来的由知识构成的感知模式。当个体知觉某一认识对象时，就会运用已经形成的感知模式来加工感觉到的信息。一次完整的知觉过程是定向、抽取特征、与记忆中的知识相对照，然后再定向、再抽取特征、再对照这样一种循环的过程。

尤其当人们需要用语言符号描述他对知觉对象的整体形象时，知觉信息完全知识化了，可以说知觉对象是什么形象某种程度取决于主体把对象知觉成什么，即取决于个体的感知模式的差异。比如，对同一个人外貌形象的描述，不同的人由于其审美标准的差异，就会给出不同的形象描述。现代高级神经心理学证明了感官与大脑之间是一种反馈关系，这说明了即使人从感官接收的信息也是在人脑中已有的感知模式中完成的，即信息被大脑中先前形成的感知模式所加工。感知活动不同于动物“白板”式的反映，而是人的主观能动的反映，他所获取的是关于感知对象的外部特征的知识，比如，传说的远古时代的神农氏遍尝百草，就是通过感知的认识形式来获取关于各种植物对人有益还是有害的知识。

记忆是将感官接受的外部信息以及大脑思维生成的信息储存起来，并在需要时再现出来。记忆发生在感觉和知觉之后，是人脑对过去经验的反映，是人脑积累知识经验的心理活动。由于个体经验、知识的积累存在差异，个体记忆会以不同的方法实现，比如，有的人采用联想记忆法，有的人采用图像记忆法，有的人采用理解法。人类80%的知识通过视觉阅读获得，所以，记忆本质上是一种知识学习过程，记忆中知识的获得、积累和运用等都是学习过程不同方面和不同阶段的体现。从信息加工理论的观点看，感觉和知觉是信息的输入；而记忆是人脑对输入的信息进行编码、存储和提取的过程。记忆是一种积极能动的心理过程，个体可以根据过去的经验和知识对感知的形象进行重构，形成对客体的创造性再现。

综上所述，从感知到记忆，这两种形式相互连接、共同完成人对客观事物的“生动的直观”反映。它们同属于认知过程的感性认识阶段，属于人的初级反映形式或曰初级的知识活动，通过感性认识获得的是关于认识对象的外部特征和联系的感性知识。

三、思维过程中的知识活动

如果说在人的感知和记忆活动中进行的是低级的知识活动，生成的知识信息也属于主体感性直观把握的感性知识形态；那么到了智力活动的思维过程阶段，人脑对感知、记忆的信息进一步加工改造，创造出新知识信息的思维过程就是认知活动或知识活动的高级阶段，生成的知识信息属于人的理性把握的范畴。

从感知获得的各种感性资料反映的是客体的个别属性、外部特征和外部联系，而人的认识任务和目的是要达到对客观事物共同的、本质属性与特征及内在联系的认识。实现人的认识目的的正是人的思维活动，通过思维对感知获得的各种感性知识资料进行去粗取精、去伪存真、由此及彼、由表及里的加工，从而实现从感性认识到理性认识的飞跃，达到对事物本质和规律性的认识。思维过程乃是大脑智力运用脑中基于过去经验和知识建立起来的认识结构，去加工改造认识对象的信息再生成新知识的过程。思维过程对经过感知和记忆加工形成的感性知识进行再加工从而产生新知识，这是智力活动表现为知识活动的典型形式和基本形态，或者说，思维活动实质是用知识生产知识的高级智力活动。

思维包括形象思维和抽象思维两种基本形式。形象思维是个体运用自己已有的知识经验对感性记忆中的知识信息进行加工改造，重新分解组合记忆中有关客体的各种感性知识要素，进而创造出新的形象，这个新形象被称作概象信息或概象知识。一般把形象思维创造新形象的过程称之为想象，显然，想象是形象思维的基本形式，它是基于非语言性感觉和综合中枢神经活动之上的一种用脑中已存在的认识图式去重新分解组合表象中的信息要素的过程。因此，形象思维是一个用脑中过去积累积淀的认识图形加工改造感性知识的知识生产过程。概象知识虽然是主体形象思维生成的关于客体的非语言性的图像方面的知识，但它已不是关于客体的外部特征的直观形象类知识，而是对诸多同类客体共同本质特征的形象概括和抽象而生成的类概象，或是将不同类客体不同特征硬性地人为组合而创造的幻想形象（称幻概象）。例如，文学艺术创作的千姿百态的典型人物，工程师设计的新机器的图纸，建筑设计师设计的高楼大厦的蓝图，等等。形象思维创造的新形象源于生活又高于生活。从思维发生来看，形象思维是人类创造性思维的第一阶段，是创造性思维的重要源泉，是人类获取新知识的重要源泉。

基本概念和原理的形成离不开形象思维，同时，人们在构思的过程中并非只有直觉的猜测而没有逻辑的推理，从经验到理论之间依然有逻辑思维在起作用，以经验为背景的想象不能同已有的理论完全脱节，由特殊（经验）到一般（理论）不能同由一般到特殊性截然分割；逻辑思维的加工在某一种程度上是形象思维的前提，形象思维需要有逻辑来延续。比如，化学家凯库勒在乘坐的马车上突发灵感发现了苯的结构式，这是想象力造成科学理论上突破的范例。然而，在凯库勒靠想象力发现苯的结构式之前，他已经能够逻辑地推导出苯的结构是6个碳原子组成的一个环状化合物，并且每个碳原子都接着一个氢原子。凯库勒是在理性上认识了苯的这些特性后，靠大胆的想象构思出苯的结构式。这说明凯库勒发现苯的结构式并不纯粹是想象的产物，而是在他的构思中包含着逻辑推理。

抽象思维是人类独有的思维形式，它是基于人类特有的第二信号系统即语言系统之上的一种对符号信息进行逻辑推演、加工改造的高级分析综合过程。语言和符号就其代表的意义来说是人脑高度抽象的产物，但就其形式来说却是一种以物质形式表达和记录思维活动的有感性现实性的直观的东西，诸如语言、画出的图形、写成的文字等多种符号形式，以及有声语言与无声语言、书面语言与口头语言、自然语言与人工语言等多种语言形式，这些语言和符号都具有感性直观的形式。语言符号，尤其是书面语言，是人的认识或知识的独特的物质表现形式，是人的认识或知识的存在形式，因而是人类特有的认识中介和认识工具，是人们交流思想的工具。一旦作为最小份额的信息被某一语言符号确定下来，客体的信息就转化为代码，这个“代码”包含的内容（知识）是人们约定俗成的共同规定，这样一来，语言符号代替了客体的存在，人类就可以运用抽象思维在观念形态中通过语言符号对客体进行再现和重构，即实现在思维中操作认识对象。

抽象思维是高级的知识活动，它采取概念、判断和推理的理性形式。首先由理性思维对感性知识进行抽象生成概念，形成对同类事物共同的一般特性和本质属性的概括和反映，概念是思维的细胞。然后，主体根据脑中已经建立起来的认识结构，按照一定的逻辑规则、程序、程式与模式，对经过语言符号化的概念进行连接，去发现符号信息之间的内在联系，进而做出合乎逻辑的判断和推理。由概念形成判断，由判断形成推理，这是一个概念按固定逻辑的运动过程，概念运动过程产生了一系列结论，这些结论是人们对客体不能通过感知获取的关于事物内部联系、本质和规律性的新知识。

四、知识对认知活动的决定作用

不但信息的长期刺激造就了人类大脑神经系统特有的生理结构和状态，使人类大脑具备了辨识、储存、加工处理信息的智力能力，而且，就是这个以大脑神经系统生理机能为基础的智力如何发挥其处理信息的能力，亦由它所凝结的信息活动所规定。就是说，尽管信息活动始终是一个人神经系统（主要是大脑）消耗能量和神经系统结构变化的生理过程，但是，以神经系统活动为载体的信息活动并不是神经系统生理性或物质性活动本身，这一生理学意义的物理和化学运动过程实质为信息活动所主导和规定。换言之，人脑进行的信息活动虽然是在大脑智力的控制和驱动下进行的，但这个活动本身却不是由智力任意决定的，智力必须按照头脑中已经形成的感知活动和思维活动的程序、程式与模式去进行这个信息处理活动。心理学家将这些程序、程式和模式称为主体认识图式或认识结构。

个体一旦建立了认识结构，个体就自然而然的依据这种认识结构去吸收和加工客体信息进而认识客体。当人进行知觉活动时，有关认识结构接收到了适合于它的外部环境输入，它便被激活了。被激活的认识图式使人产生内部知觉期望，由此指导感觉器官有目的地搜寻特殊形式的信息。就是说，进入人脑感知系统的信息首先要为脑中已存在的感知图式所选择和筛选，只有当客体信息与个体所具有的认识图式能够连接或适合进入这种图式的情况下，客体信息才被接收，而且，在信息进入的同时还被认识图式所加工。比如，我们可能都有过这样的体验，有时会把远处的某一物体误认为是一个人或某种动物，但当我们走近这一物体时，却发现它其实只不过是一个木桩，或是一块石头。可见，当初我们看见的并不是一个人或某个动物，我们看见的仅仅是一个粗略的模式，而关于它是一个人或是某个动物的信息，都是在我们先已建构的认识图式的匹配下构造出来的。不仅感性认识过程是在认识图式的规范下进行的，而且更为重要的是，理性认识过程更是凭借脑中已存在的认识结构去加工来自认识对象的信息，最后生成关于认识对象的新认识即新知识。对于理性思维来说，认识结构是一个发达的信息加工系统，所谓在思维中操作客体，就是在脑中已经形成的认识结构中操作客体。动物之所以没有理性，就在于没有这样一个认识结构。

认识结构不是人脑中先验存在的，它既不是从遗传中先天获得的，更不是上帝或神赋予的。一个人从出生开始，他的大脑神经系统就与外部环境信息反复发生相互作用，包括在生活和实践活动中、接受教育和培养活动中，通过无数次相似性活动的重演，就会将外部信息不断以知识的方式为大脑所编码和贮存在神经系统的结构之中，形成人脑中所特有的背景知识结构，知识结构是构成认识结构的核心内容。认知心理学家认为，人脑中已有的知识和知识结构对人的行为和当前的认知活动起决定性作用。所以，认识图式是一种心理结构，本质上是用于表示个体对于外部世界的已经内化了的知识单元。个体生成和建构的认识结构尽管也以神经系统为载体，但它却不是神经系统本身，而是附着于神经系统之上的知识系统，恰如磁盘和录入磁盘中的信息是完全不同的东西，磁盘只是储存信息的物质载体。虽然知识的形式是主观的，但由于知识内容反映的是客观世界的本质和规律性，所以，知识结构具有不以人的意志为转移的客观属性，这使得人脑运用脑中已存在的知识结构加工处理来自客体信息的活动，必须遵循知识的内在逻辑规律，即依据已有的知识进行判断推理获得新知识的逻辑。如此一来，客体信息和主体自身已凝结的知识结构的结合和相互作用，使主体在整合这些信息关系中能够发现客体更为丰富的内在关系和更为深刻的本质特征，并且，随着客体信息范围的扩大和深入，人的认识结构也随之不断丰富和更新。

以知识结构为基础的认识结构是一个发达的信息加工系统，人脑智力能够以思维操作的方式加工各种复杂的信息，正是以其独特的认识结构实现其对客体信息的识辨、储存、加工而生成新知识的过程。智力活动是以认识结构为中介的知识活动过程，这个过程实质是用知识生产知识的过程。个体以脑中已存在的知识和逻辑为中介，加工改造来自认识对象的信息，最后获得关于认识对象新认识或新知识的过程。不难看出，智力作为人脑的机能，其智力能力表现为能够激活知识信息，从而实现用知识生产知识。从智力与知识信息的关系看，与其说智力在加工处理信息，不如说是激活了的知识在相互联系相互作用生成新知识信息，由此，可以说智力就是激活了的知识。这个结论的意义十分重大，该结论意味着只要能够激活知识，知识就会按照知识间固有的内在逻辑进行相互连接生成新知识，即用知识生产知识。现在，除了人脑智力具有激活知识的能力，人类发明创造的人工智能也具有激活知识的能力，这表明人工智能延伸和放大了人脑智力。人工智能放大的是专属于人类的本质力量即智力，对于人类的意义无论怎么说都不过分，它必将成为人类最得力的助手。

第三节　构成智力活动的智力要素

一、智力是人脑处理知识信息的能力

现代高级神经生理学和脑科学已经证明，人脑的意识活动就是神经细胞输入信息、存储信息、加工信息、创造信息和输出信息的过程，这个信息活动是由大脑神经细胞的物理和化学运动实现的。心理学家将大脑进行的这个信息活动称之为意识活动。意识活动是人脑的机能，是人脑以其特有的神经系统所具有的智力能力进行的精神活动。鉴于意识活动乃是人脑运用其智力加工处理信息的过程，因此，我们更愿意将意识活动称作智力活动，以便与本书讨论的智力劳动相对应。

从信息加工理论来看，作为认知活动的信息活动过程包括信息输入、信息存

储、信息加工、信息控制和信息输出等5个环节；相应的，作为反映或衡量人脑所具有的信息处理能力的智能自然也包括接收信息能力（观察能力和学习能力）、信息储存能力（记忆能力）、信息运算或分析能力（抽象思维和形象思维能力）、信息调控能力、信息输出能力。可以将人脑所具有的接收、存储、加工、控制和输出信息的一系列信息处理能力统称为智力或智能。

就认知过程来说，智力乃是反映大脑接受和建立知识信息的能力。智力总是与知识联系在一起，就是说，智力是人们在学习、保持、运用和创造知识过程中表现出来的大脑能力，因此，智力本质上是一种运用知识的能力。对此，我国心理学家林传鼎认为："智力就是能力或智能，即人们运用知识技能的能力。"（梁建宁著．心理学导论．上海：上海教育出版社，2006，第457页）美国心理学家亨蒙也认为："智力就是获得知识和保持知识的能力。"（梁建宁著．心理学导论．上海：上海教育出版社，2006，第457页）

人脑神经系统之所以具有感知、记忆、思维、想象等信息处理能力，在于大脑神经系统的结构和状态的特异性上。物体结构决定其性质和功能，这是现代系统理论的一条基本原则。人类是地球生物种系进化的最高成果，集中表现为人体神经系统（主要是大脑神经系统）的进化上。人类成为世界的主人全在于他有一个聪明智慧的大脑，在于感知、在于记忆，在于思维、在于创造……一句话，在于大脑的智能。智能或智力问题是多学科共同感兴趣的中心课题之一，比如，心理学、神经科学、生物学、医学、数学和计算机科学等致力于揭开人脑的奥秘，以便为人脑的智力开发和人工智能提供依据；再如，智力问题是哲学中本体论（关于物质与意识关系的理论）和认识论必须回答的核心问题；还有，智力决定着人类对世界的认识水平和改造水平，智力劳动是社会生产力发展的最终决定性力量，以优化资源配置为目的的经济学必以劳动论为基础，而智力劳动又是人类劳动的本质规定性，所以，智力也是揭示劳动本质所依据的最基本范畴之一。

以智力来概括人脑的精神活动能力，迄今心理学界尚无公认的定义，而且一直充满争议，不同的心理学家从不同的角度界定智能（即智力）。关于智力的界定，争议主要集中在智力的本质和能力结构上，也就是说，智力是对大脑认识能力的概括还是包括比认识能力更宽泛的能力，以及由此决定的智力能力构成的内容和范围。无论西方心理学家还是我国心理学家，都认为智力一定与人的认知过程有关，智力是对大脑进行认知活动所具备的各种认知能力的概括。我国大多数心理学家把智力理解为一种综合的认识能力，它由观察力、注意力、记忆力、思维力和创造力（想象力）5种基本能力构成，其中，抽象思维能力是智力的核心，创造力（想象力）是智力的最高形式。同样，西方心理学家也从认知角度定义智力，他们把智力概括为抽象能力、解决问题的能力和学习能力的综合体。

如何准确地定义智力，这是心理学的研究内容，并不是本书着力要研究的课题，但由于智力概念对于揭示智力活动的要素构成及其内在活动机制至关重要，所以，必须对充满争议的智力概念做出一种选择。鉴于智力是一种能力，因此，我们认为智力概念应该能够概括人进行智力活动时所运用到的各种能力，这是我们使用智力概念的基本立足点。为此，必须从智力活动的具体活动内容来分析这个过程涉及人脑的哪些能力。从智力活动的具体活动内容来看，它是知、情、意三者的统一。“知”就是知识，是人类对世界本质和规律性的一种认识，是人类对客观真理的探索和追求，这个过程就是认知过程，它与智力活动的内涵是统一的；“情”是指情感，是人类对客观事物的主观心理感受和评价，表现为热爱、仇恨、向往、遗憾以及喜怒哀乐等心理体验活动，这个过程就是情绪情感过程；“意”是指意志，是人类自身追求某种目的和理想时表现出来的自我克制、毅力、信心和顽强不屈的精神状态，这个过程就是意志过程。人的认知活动总要受到情感过程的激发或抑制。积极的情感给认识活动注入了活力和生气，从而激发人的认识潜能，加速认知过程的进行。反之，当人对从事某种认识活动缺少热情和情感，或情绪懈怠、消沉时，人的认识能力就受到抑制，认识的进程和深度就受到影响。意志对认识的进行也是一种激发和调节因素，是认识活动的支撑力量和推动力量。认识活动需要人的意志力，特别是在创造性的认知活动中，更需要百折不挠、坚忍不拔、不达目标决不罢休的坚强意志。

不仅认知过程受情绪情感过程和意志过程的重要影响，而且认知过程反过来影响情绪情感过程和意志过程。一方面，认知过程居于核心地位，它是智力活动的内容和目的，它可以在很大程度上调节和控制人的情感情绪活动，“知识就是力量”就是认知活动对人的行为与心理活动有着重要影响的生动写照。另一方面，情绪情感过程又反作用于认知过程，人的情绪情感状态或激发或抑制认知活动的进行状态。同时，情绪情感可以成为意志过程的动力或阻力，“兴趣是最好的坚持”、“苦难磨炼意志”都生动地说明了情绪情感对意志的重要影响。

总之，智力活动是认知过程、情绪情感过程与意志过程之间相互联系、相互作用而构成的统一体。由于情绪情感和意志过程属于非认知过程，情绪情感和意志不属于人的认知能力，所以，智力作为概括智力活动过程所涉及的各种能力来说，就不仅包括感觉、知觉、记忆、思维和想象等认知能力，也包括情感、情绪、意志等非认知能力。由此我们认为，智力应该包括比认知能力更宽泛的能力，除了最基础最核心的认知能力，还包括与认知能力密切联系的情感情绪和意志能力。当把智力做这样的理解以后，就可以把智力活动过程简单地归结为人脑运用其智力处理信息的过程了，并且，进一步把智力活动归结为大脑智力和知识信息这两个要素相互作用的过程。

二、影响智力发展的遗传因素和环境因素

遗传因素和环境因素是影响智力形成和发展的两大因素，两者相互作用使智力得到发展和提高。个体智力是在先天遗传素质基础上，在后天环境和教育的影响下形成和发展的。

1. 影响智力发展的遗传因素

智能是人脑的产物，智能以大脑的先天生理状况为物质基础，这是智能的自然属性。当人的思维器官——大脑的结构与功能同动物相差无几时，不可能产生人类的思维。人之所以有智能思维，从其生理基础来说，是因为有了一个发达的大脑。大脑是智能的物质基础，人类通过智能的种系发生和世代进化而形成的大脑能力，以遗传信息形态凝结在人类的遗传基因中，正是这个遗传信息规定着人脑的个体发育的一般趋势，包括感觉器官、运动器官、身体的结构与机能和神经系统的解剖生理特点，尤其是大脑的解剖生理特点，个体在出生的时候就以先天遗传的形式获得了智能发育的生理基础。先天生理素质为大脑具有智力活动能力提供了生命基础和生理条件。

人的全部思维认识活动，都在大脑皮层中进行。智能所具有的各种能力都与其大脑皮层的相应区域相对应（机能定位），或者说，正是大脑的功能分区为各种智力能力提供了生理基础。现代高级神经生理学和脑科学的研究表明，大脑由左右两个半球构成，左半球支配人的右半身，右半球支配人的左半身。左半球主要负责调控支配语言、书写、计算、逻辑推理、分析和求同思维。右半球主要负责调控支配视觉、空间、关系、音乐、舞蹈、直觉、综合、感情和求异思维。两半球由额叶、顶叶、颞叶和枕叶 4 个不同的叶组成，其中，额叶主要是调节运动，负责语言书写；顶叶主管感觉、计算、阅读，也与记忆、语言、运动有关；颞叶主管听觉、味觉、嗅觉、记忆以及语言过程；枕叶主管接受和分析来自视觉的信息。人类大脑最高级最本质的智力能力是制定程序、调节和控制心理活动的机能。人脑的这一最高形式的智力是由大脑额叶的前额部执行的，正是这个前额叶促成了人的目的、计划、程序的形成，以及对心理、行为予以监控的决定性器官。

现代高级神经生理学和脑科学对各叶功能的研究已经取得了丰硕成果，比如对枕叶、额叶的功能研究就比较弄清楚了，但有的至今还未完全弄清楚，比如额

叶和颞叶，尤其是对各叶之间相互关系及潜力还需要深入探索。不过，有一点是确定无疑的，人脑的额叶和颞叶异常发达，语言正是位于额叶、颞叶及顶叶这一特定区域，这一部分是人类特有的，其他动物的大脑皮层都没有。大脑皮层的这些精致、复杂的机能，为人类的思维活动和脑力劳动提供了最重要的生理条件。

2. 影响智力发展的环境因素

大脑神经系统的结构和状态的特异性即大脑智能并不是人类与生俱来的，人脑智能是生物种系在长期的信息内化和外化的信息活动过程中产生出来的。比如，人脑具有语言功能区和人体语言表达器官，使人类能够运用抽象的语言和文字进行意识活动，然而，人脑的语言功能区和人体语言表达器官不是人类与生俱来的，不是先有人脑的语言区然后才有语言，也不是有了完善的外部语言尔后才在脑中产生语言区，而是在长期的劳动和语言交流实践中，逐步适应语言刺激而在大脑中形成专门化的语言区，同时，语言区的形成又反过来促进语言的发达和完善。

“狼孩”的发现和研究，很能说明智能的生理基础与后天社会环境的关系。1920 年在印度加尔各答附近的米德纳普尔的地方发现了被狼哺育的“狼孩”，这个狼孩被起名叫卡玛拉。发现卡玛拉时，她已有七八岁，但智力低得惊人，她只懂得一般 6 个月的婴儿所懂得的事。卡玛拉回到人世间生活了 9 年，到她 17 岁的时候，也仅仅学会日常生活所接触的不完整的 45 个单词。她的智力只达到三四岁孩子的程度。“狼孩”的大脑也是人类遗传生成的，她的生理条件在刚出生时与其他的孩子无异，可是她的智力却远比不上同年龄的正常儿童。科学家指出，卡玛拉在大脑和智力迅速发展的儿童时期脱离了人类社会环境，使其得不到后天非遗传信息的刺激，结果她的脑和智力的发展受到了阻碍。这充分说明，人类大脑的能力包括脑的生理构成和机能，不是来自生理条件，而是来自社会条件。

智能以大脑的生理结构为基础，大脑的生理结构以先天遗传的既得形式获得，这反映了智能的自然属性或遗传属性。但大脑的生理结构只提供了智能的生理基础，智能的高低不仅与先天的生理条件有关，更重要的是与后天的社会条件密切相关。生理条件只是形成大脑智能的必要条件或自然条件，仅有遗传的生理条件成不了人类大脑，还需要后天的非遗传的社会性开发、培养与教育。这如同一粒种子，基因是种子发育的内在根据，但如果没有阳光、水分、充足的养料等外部环境条件，种子也不能发育成枝叶繁茂的大树。由遗传获得的大脑先天素质本身绝不是智力，它不能先天地决定人的智力形成和发展，它仅提供了个体智力发展的可能性。要把可能性变成现实性，需要后天的环境条件，教育、学习和实践活动是智力发展的外部环境条件，它制约个体智力发展的现实性。遗传素质差不多的人，其智力差别主要是由社会环境、教育与训练、主观努力和实践活动造成的。

3. 遗传因素与环境因素的关系

美国心理学家卡特尔研究发现，智力由两种因素组成，一种因素是与大脑记忆中贮存的知识经验信息没有多大联系的智力因素，这种因素称之为流体智力；另一种因素是个体从自己的知识经验积累中获得的能力，这种能力他称之为晶体智力。流体智力反映了智力的自然属性，是人类遗传的一种天赋，主要为人的遗传特性所决定，它更多的来自于父母的遗传基因。晶体智力体现了智力的社会属性，它是个体后天接受教育、培养和训练获得的能力，主要与个体的学习、教育经历，生活与工作的经历，以及他所处的社会环境条件密切相关。

就个体的流体智力而言，在他接受父母遗传基因的那一刻，他的智力潜质就基本确定了。由大脑生理条件决定的智力潜质，因人而异，有的人高些，有的人低些。比如，有的人在儿童时代就显露出绘画和音乐的天才，有的人记忆力惊人，过目不忘，倒背如流。再如，女性在机械记忆能力、形象思维能力以及言语表达能力方面要强于男性，但男性在空间视觉与数学能力、逻辑思维能力方面要强于女性。由遗传决定的流体智力规定了一个人智力的上限。智力上限只是潜在的和可能的，尽管它是确定的，但它却不是唯一的。人脑需要“激活”才能实现其遗传所规定的各种功能，“激活”意味着对大脑某一神经功能的塑造，使其功能达到遗传规定的极限范围。比如，儿童语言学习的真正意义不在于它学会了某一种语言，而在于他的大脑具有了学习和使用语言的能力。遗传虽然使人的大脑具有了语言功能区，但大脑的语言功能区还不能形成语言能力，“狼孩”由于脱离人与人之间的语言交流，虽有大脑的语言功能区，也不能形成语言能力。

一个人能否实现他的智力上限，有赖于他后天的努力，他需要经过不断的学习和知识经验的积累才能开发出他的最大智力潜力，达到智力上限水平。心理学家已经设计出一套测量智商的方法，从智商测量来看，正常人的智商在 90 ~ 110 之间，智商超过 130 或 140 的人被称之为超常智力或天才。智商高的人要比别人聪明一些，取得成就的机会多一些，但并非拥有超常智力的人一定能取得很高的成就。一个人能否取得成就受很多因素的影响，比如，时势造英雄，由他所处的社会环境状况决定，尤其与个人主观努力最密切，否则超常智力也不能实现。智力与成就之间并没有绝对的对应关系，对于具备了正常智力的个体而言，正常智力水平完全能够保证他取得成就。

与流体智力不同，晶体智力水平的高低完全取决于一个人后天所接受的教育

(学习)、个人努力和社会实践，它是没有止境的。虽然个体的流体智力到了十四五岁其智力的发展就逐步慢了，甚至停止了，但其晶体智力却可以通过自身的努力继续得到增长。正常人的流体智力水平完全能满足晶体智力不断发展的生理条件的要求，晶体智力打破了流体智力的生理学意义的局限，使个体智力水平达到更高。事实证明，取得成就的绝大多数人都是那些具有正常的流体智力水平而晶体智力水平超常的人，这正是人们常说的“勤能补拙”。

总之，无论是流体智力还是晶体智力，大脑的生理条件只是为思维提供了必要条件，个体智能的形成还必须在出生之后通过非遗传的社会性开发、培养与教育才能实现。知识是促进智力发育和发展的源泉，获取知识的根本途径是教育培养、学习和实践活动。

第四节　构成智力活动的知识信息要素

一、知识与智力是两种不同的存在

知识是人类社会历史经验的总结与概况，是人对客观事物和现象的特征、联系与关系的反映。人类积累的知识，既是人的智力活动的结果，也是个体智力活动的对象与内容。知识以思想、观念、概念等内容形式被个体掌握的时候，就成为个体的意识与知识系统。个体通过知识的学习，要解决的是客观事物是什么、为什么以及做什么、怎么做等问题，即知与不知或知多与知少的问题，属于个体的认知经验范畴。智力是个体顺利地从事某种活动所必要的各种认知能力的有机结合，是一种综合的信息处理能力，是进行学习、处理抽象概念、应对新情况和解决实际问题以适应新环境的能力，智力属于个体的能力范畴。举例来说，要解一道数学题，解题的步骤、推理过程中需要运用的公式原理等都是属于知识的范围，而解题过程中所需要的人的记忆、想象、逻辑分析等属于智力范围。

储存（或记忆）在大脑中的知识是以大脑为载体的一种存在状态。智力和知识对于大脑来说是两种不同的存在形式。知识是人们对事物本质和运动规律的认识成果，知识可以以两种不同的状态存在：第一种是主观呈现或储存状态，它具体存在于人脑之中；第二种是客观储存状态，它具体存在于人脑之外的以物质为基质的载体中。储存在大脑中的知识尽管需要大脑的特殊编码才能实现储存，但大脑毕竟只是知识的一种载体，就如同书本只是知识的一种物质载体一样，知识和它的载体是两种不同的存在。智力是人脑的机能和属性，智力与人脑同在，人脑能够储存（或记忆）知识信息就是人脑的一种智力能力，因此，大脑中的知识与反映大脑能力的智力是完全不同的存在。

智力不能单独形成智力活动，正所谓“巧媳妇难为无米之炊”。知识更不能单独形成智力活动，知识是死的东西，只有在智力的“激活”下才能发挥作用，正所谓“巧媳妇难为无锅之炊”。比如以人脑进行的推理活动为例，尽管推理能力是智力的一种重要能力，推理能力的使用过程也十分复杂，但其本身并没有实质内容。与推理相适应的是“因为……所以……”、“如果……就……”之类的关联词，推理能力本身不能形成有意义的智力活动。只有通过“如果……那么……”为纽带，把若干存储于大脑中的知识单元联系起来，推理才能实现并有实际意义。推理的智力活动就是从一些知识导出另一些知识的过程。在推理活动中，大脑中的知识与智力是形成智力活动的两个基本要素。

总之，智力与知识是构成人的智力活动的两个独立的要素，在智力活动中，没有知识或没有智力都是不可想象的，只有二者的结合才能形成智力活动。

二、知识与智力的联系

智力是人类大脑的能力，也是人类遗传的一种天赋。智力作为人类的遗传素质，只是一种潜在的资质，它只规定了每个人智力的极限。但是人的智力是否能够从可能的资源变为现实的资源，遗传是无能为力的，只有通过知识的学习和实践活动才能“激发”智力向遗传所规定的极限发展。从现实性看，人的智力是通过知识的学习和社会实践活动获得的，并由学习和实践活动所决定。

智力的高低表明了一个人聪明的程度，司马光 7 岁便能够熟练地背诵《左传》，司马光砸缸救人的故事更是家喻户晓，显示了司马光的聪明过人。奥地利作曲家莫扎特 3 岁时就能在钢琴上弹奏简单的和弦，5 岁开始作曲，12 岁就创作出大量的歌剧，这显示莫扎特在音乐方面的天才智力。孩童的司马光和莫扎特能有多少知识，尤其莫扎特在第一次写歌剧的时候，这似乎说明知识与智力之间关系不大。其实不然，知识与智力之间的关系十分密切，是一个相互促进的关系。一个人要掌握一定的知识，必然要以其相应的智力发展作为基础。比如对数学中三角函数的学习，就必须要求儿童的智力发展和思维能达到抽象思维的水平才能学习，否则让小学生去学这些内容，恐怕他们掌握最基本的边角关系都困难。

一方面智力水平是人们完成相应智力活动的基础，另一方面学习知识能够促进智力能力的发展和提高。在学校教育中，由浅入深、循序渐进的学习过程就是按知识与智力的相互促进关系安排的。比如，儿童在学习语言过程中，就会进一步提高自己的言语交往能力和书面语言的能力；学习数理化知识的同时，也增强他们解决实际问题的能力。再如，你在演讲中，智力就像是你的语言组织能力，即使你有很高的这种组织能力，但是没有具体的内容，根本就体现不出你的语言组织能力，别人也不会承认你有多高的这种能力。可见，掌握知识的同时便是在开发自己的智力。

生活中，许多学业落后的儿童，他们的智力水平并不低，有些被老师冠以有点小聪明，其实这种小聪明正是体现了他的智力水平，有这种小聪明，表明了他在这方面的智力能力达到了超群的状态。但这些儿童由于没有培养出学习知识的兴趣，把该用在学习知识的时间和精力消耗到别的事情上，比如电脑游戏，学业荒废了，造成学业落后。有些人小时候很聪明，有很高的智商，而长大后与众人无差别，沦为常人。究其原因，在于家长和学校没有对他的超群能力加以开发和培养，造成这种已露出锋芒的智力得不到进一步的提高。

由此可见，大脑中的知识不是大脑智力，也不是构成智力的组成内容，但知识与智力之间却是一个相互促进的作用关系。人要学习掌握一定的知识，必以其相应的智力作为基础，而学习和掌握知识则是促进智力成长和提高的根本途径。

三、智力和知识信息是构成智力活动的基本要素

人脑智力的意义在于运用智力加工知识信息得到新知识信息。智力与加工生成新知识信息的智力活动过程本身是两回事，智力是一种能力，智力活动则是能力的使用过程。虽然智力活动必然是智力发挥作用的结果，但光有智力还不能形成智力活动，智力的使用过程离不开知识信息，或者说只有在加工处理知识信息时智力才会展现其能力的实际效用，否则智力就只能是一种潜在的能力，没有实际意义。智力活动是大脑接受信息、存储信息、加工处理信息和生成新信息的过程，而信息是形成这个信息活动过程的一个基本构成要素。

人脑的智力活动是由大脑智力和信息两个基本要素相互连接、相互作用形成的。一方面，智力活动是人脑的机能和属性，智力活动是由大脑神经细胞的物理和化学运动实现的，健康发育的大脑神经系统是个体意识活动生成的心智基础，因而是形成意识活动的必要条件。另一方面，无论是大脑神经系统处理信息功能的产生，还是这个信息处理功能发挥何种作用，都离不开信息与大脑的结合与相互作用，信息是形成智力活动的另一个基本要素。如果说智力是形成智力活动的必要条件，那么个体后天通过教育、学习和实践获得的知识信息就是形成智力活动的充分条件。

如果把人的大脑神经系统类比为加工厂，大脑智力就是形成加工厂生产能力的机器设备，而进入大脑的那些信息就是加工厂的原材料。光有机器设备而没有

原材料，就无法开展现实的生产，生产不出任何产品。中国有句家喻户晓的谚语："巧妇难为无米之炊"，我们再加上一句叫"巧妇难为无锅之炊"。这两句话十分通俗地说明了对于做饭来说"锅与米"缺一不可。借此来说明智力与知识的关系也就在明白不过了，如果把人脑比喻为做饭的"巧妇"，那么"锅"就是大脑智力，"知识"就是那个下锅做饭的原料——米。如果锅中无米，那么无论怎么给锅加热都做不出米饭，同样，光有米没有锅，就无法把生米加工成熟米饭。

人脑智力活动的本质是知识信息活动，而非一般的信息活动。处理信息的智力活动并非人类独有，很多动物也有智力，也存在信息处理活动，比如科学家教一只鹦鹉学说英语，这只鹦鹉能用英语数小木片，从"1"数到"5"。鹦鹉还能区分三角形、四边形、五边形。但是，动物只有第一信号系统，只能对直接作用于第一信号系统的具体信息进行分析和综合，进行判断和推理、概括，动物无法获取知识信息。人类大脑除了第一信号系统，还有专属于人类的第二信号系统。外部世界的客观信息一旦为大脑第二信号系统辨识和选择，客观信息就被主观化或知识化了，而且随着智力活动的深入，被大脑加工处理的信息会越来越远离它的原初形态，所生成的是那些经过抽象思维和想象操作的有关客体的本质和规律性的知识。经过大脑第二信号系统信息处理过的信息是自然界本来不存在的知识信息。拥有第二信号系统处理知识信息，这正是人与动物在信息活动上的本质区别，即：人脑的智力活动不仅是信息活动，本质上更是知识信息活动。

第三章　信息与知识的本质

第一节　信息的本质

一、信息的本质

智力活动是人运用其大脑智力业已形成的认知结构，对来自于客体的信息进行辨识、接受、储存、加工、创造、输出知识信息的认知活动过程。知识信息是构成智力活动的基本要素，那么到底什么是信息，即信息的本质是什么呢？关于信息本质的问题，一直是信息科学、系统科学以及哲学中的一个重大的基础理论问题。鉴于对构成人的智力活动的基本要素的认识，需要在哲学认识论层面来高屋建瓴，因此，对信息本质的把握需要从哲学高度来认识。“控制论之父”维纳从哲学角度提出：“信息就是信息，不是物质也不是能量。”科学技术在18、19和20世纪取得了空前进步，使人们终于认识到，信息的确是与物质和能量可以相提并论的用以维系人类社会存在及发展的三大要素之一。信息不是物质，那么信息是什么呢？对此，维纳也没有明确给出信息的本质到底是什么。

众所周知，哲学向人们揭示了世界是一幅由种种联系无穷无尽交织起来的画面，在这幅画面中，一切事物、现象、过程之间及内部诸要素之间处于相互影响、相互作用和相互制约的普遍联系之中，即：一方面，世界上的万物既作为个体事物存在，又作为普遍联系的事物而存在，即物与物之间处于相互联系、相互作用之中；另一方面，个体内部的各个部分、要素、环节也是处于相互联系、相互作用之中。物质的相互联系、相互作用必然引起双方内在结构、运动状态和性质的某种改变，这种物质存在方式和状态的改变是物质相互作用的结果和证明。然而，任何物体实际存在的结构和状态都是物体之间和物体内部各个部分、要素之间相互作用的结果，那种物质相互作用的“痕迹”并不能通过物质的现实状态与发生相互作用前的原始状态的比较差异来呈现。实际情况是，物体将以相互作用后所造就的特定结构和状态对其发生改变的“痕迹”（这个“痕迹”即是信息）进行接受、编码和存储。换言之，物体的结构和状态本身就是信息的载体，或者说，物体的结构和状态是由它所凝结的信息规定着，物体特有的结构和状态不过是信息的外化和物质表现形式。例如，建筑师在建造高楼大厦之前就已经在观念中把它设计好了，实际建造的高楼大厦不过是用各种建筑材料把它表现出来，物质堆砌的高楼大厦不过是观念形态（即主观信息形态）的高楼大厦的物质化。

物体的结构和状态凝结着使其演化成为具有特定结构和状态的种种信息。物体结构和状态中凝结的信息归纳起来无非是3个方面：一是关于事物自身历史的反映（包括曾经发生过的与它物之关系）；二是关于自身性质的种种规定；三是关于自身变化、发展的种种可能性（邬焜著．信息哲学．北京：商务印书馆，2005，第46页）。显然，任何物质的结构和状态都凝结着关于自身历史、现状和未来的信息。比如，树木不仅包括直接存在的高矮、形状、颜色等特征信息，而且树木的年轮中凝结着树木所经历的岁月痕迹。再如，DNA是一种分子，又称去氧核糖核酸，它可组成不同的结构来编码遗传指令，主要功能是长期性的信息储存，被比喻为生命“蓝图”。带有遗传信息的DNA片段称为基因，这个遗传信息凝结的是人类种系进化的信息，这个信息直接规定着个体发育的一般趋势不过是人类种系进化过程在时空上大大压缩了的一种重演。

物质之间相互作用的过程就是物质结构和状态改变的过程，同时也是一物体接受和存储它物体对其发生作用的信息的过程，这个过程也称之为物体的信息体化过程。信息是怎样发出来的？物体由于内部与外部的相互联系和相互作用，不断地向外辐射和反射粒子，正是这些发射出来的粒子构成了特定性能和分布的场，从而将物体的存在方式和状态的信息传送出来。因此，任何物体既是物质体（直接存在形式）又是信息体（间接存在形式），而物体的直接存在形式是通过其信息的间接存在形式显示出来的。在物体的信息体化过程中，相互作用的物体双方都同时是信源（输出自身信息），又同时是信宿（输入对方传来的信息），还同时是载体（将输入的对方传来的信息以自身的某种改变了的“痕迹”存储起来）。由此，任何物体都同时具有信源、载体和信宿的三重属性。

可见，在哲学本体论层面上，世界是由物质、能量和信息三大要素构成的，物质和能量是直接存在方式，而信息是物质存在方式和状态的自身显示，是表现事物特征的间接存在形式。虽然信息与物质同源，但是在信息被生物进化到能够单纯对信息进行心理反应之前，信息的存在就只是一种存在，没有任何实际意义。试想，在一个没有生命的物理世界里，有谁能够单独接收、辨识和反映来自对方物质发出的信息呢?！有谁能透过信息去感知对方的存在呢?！物质之间发出的信息即使发生同化和异化的相互作用，信息的作用也被淹没在物质与能量的直接相互作用之中。就是到了物质世界发展出有机体这种生命存在形式，最初的生物有机体也只具有刺激感应性这种反应能力。刺激感应性是有机体能够对与其有生命活动具有直接关系的外界影响做出反应，也就是所说的趋利避害的无意识的反应。可见，最初的生物有机体也只能对来自外界的直接刺激作用产生反应，还不具有通过辨识来自刺激物的信息做出反应的能力。

信息是在表征、表现、外化、显示事物及其特征的意义上构成自身的存在价值的，因此，信息的实际意义与作用只为能够接收、辨识、把握、加工、改造和利用它的生命体所存在。从原始的海鞘，经过慢慢的“大脑化”历程，终于在人类这里，一个能够单纯反映和加工处理来自客体信息的大脑神经系统诞生了，人类是能够进行信息活动的生物的最高级形态。在人的认识活动中，客体或认识对象本身并不曾进入我们的感知系统，我们的感官也并不与认识对象直接接触，直接刺激我们感官的并不是客体本身，而是客体发出来的信息。正是通过物体发出的信息，人们认识了物体的结构和状态，进而认识了物体的本质和规律性。

毋庸置疑，掩藏在信息世界里的奥秘只有人类大脑才能解密，只有在人脑面前信息的实际意义才得以显现，而且，人脑之于信息的意义绝不仅仅是能够接收和辨识信息，重要的是它能够加工改造信息，成为信息的主人。所以，表征物理世界的那些客观信息只有为人脑能动反映并形成观念信息后，信息才会发挥实际作用。

二、客观信息与观念信息

依据不同的分类标准，可把信息进行多种方式的分类，如客观信息与观念信息、动态信息与静态信息、直接信息与间接信息、内储信息与外化信息、有记录信息与无记录信息、语言信息与非语言信息、自然信息与文化信息等。为了研究信息与知识的关系，将信息按是否为主体所把握和认识区分为客观信息与观念信息。客观信息是指未被主体把握和认识的信息；观念信息是指已被主体把握和认识的信息。

客观信息是物自体本身包含的天然信息，是还未被主体把握和认识的原始形态的信息。由于物体不但将自身演化成了具有特定结构和状态的物自体，而且还成为凝结着关于自身历史、现状和未来的种种信息，这样一来，客观信息按其包含的信息内容就可以区分为两个层级的信息：第一层级的信息是指以显示物体自身直接存在方式、状态为信息内容的信息，即物体直接显露于外的有关自身形象和形态方面的信息，比如，显示树木直接存在的高矮、形状、颜色等特征信息；第二层级的信息是指暗含于第一层级的信息中的信息，即深藏于物体内的属性和本质方面的信息，这些信息具有间接性和隐含性，比如，树木的年轮中凝结着树木所经历的多年寒暑状况及其他相关关系的信息内容。

信息一旦进入人脑之中，信息就成为人脑主观形态把握的对象，就被包括感性认识和理性认识的两种基本的主观反映形式所加工改造，由此产生的新信息必然都是打上主观印迹的观念信息即知识信息，只不过感性认识产生的新信息是低级的观念信息，理性认识产生的是高级的观念信息。因此，观念信息进一步区分为感性观念信息和理性观念信息，简称为感性信息和理性信息。感性信息从内容上看属于对客体的外在现象的认识，即关于客观信息的第一层级的质的认识；从形式上看属于感性直观的形式，感性直观本身包含着相互联系、依次发展的两种形式，即感知（感觉和知觉的统称）和记忆（表象）。感知是主体对客体现象信息的直观识辨，记忆是对感觉和知觉识辨信息的可回忆的储存。由于感知和记忆是感性认识的两种基本形式，所以，感性信息又进一步区分为来源于感知的信息和来源于记忆的信息。

个体通过思维加工改造感知、记忆中的信息而形成的认识成果是理性信息。信息第二层级的质是不能被人类直观感知、简单把握和认识的，只有通过人的思维才能揭示出来。由于人的思维有形象思维和抽象思维之分，所以，理性信息又进一步区分为概象信息和符号信息。

形象思维是对感性记忆中的表象信息的加工改造，是对诸多感性认识对象的个体的表象信息进行再创造而生成一个新形象，这个创造出的新形象就叫概象信息。语言符号是对形象思维产生的概象信息的抽象反映，语言符号是人类实现交流和思考的工具，在语言符号信息之上进行的逻辑推演、加工改造的抽象思维又产生出新的语言符号。语言符号信息既是抽象思维的基础，也是抽象思维的结果。

第二节　知识的本质

一、知识内涵

知识历来是哲学认识论研究的对象，认识论是关于人类知识产生和发展的规律的学说，它要回答世界能否被人认识、认识的动力和来源、知识形成的历程和形式、获取知识的方法和逻辑、判定知识可靠性的准则等方面的问题。“认识”这个概念有动词和名词两方面的含义。作为动词的认识是指人对客体的认识活动，即认识过程。作为名词的认识是指认识活动的成果或结果。通常把人的认识成果称作知识，用知识来概括人对客体的认识，此时，知识与作为名词的认识是同义语，即知识就是认识。不仅作为名词的认识与知识是同一语，而且作为动词的认识即认识活动本质上也是知识活动。

人类生存需要改造世界，而改造世界首先要认识世界，认识事物的属性、本质和运动规律。事物的本质和发展规律深藏于事物内部，无法通过生动的感性直观来反映，只有人类在思维中以观念形态把握客体才做到了深入于事物的内部，揭示出事物内部联系和本质及规律性。在思维中操作客体是指主体运用其智力和过去积累形成的知识结构去组合和重构来自于认识对象的各种感知信息，并以概念总结和概括认识对象的共同特征或本质属性，在概念基础上形成判断，再由判断形成推理，这些逻辑形式的连接、组合与演化就构成了概念的逻辑关系或概念运动。概念的逻辑关系或概念运动之所以能够揭示出事物的内部联系和发展变化规律，那是因为概念的逻辑关系或概念运动是对事物本身客观存在的内部联系和发展变化规律的反映。换言之，逻辑关系或概念运动虽然表现为主观的观念形态，但这种关系本身却不是主观的创造而是主观对客观的反映，概念联系或概念运动本身有其不以人的意志为转移的客观规律性。

波普尔用“客观知识世界”（世界3）来概括以各种形式表现出来的对象化、客观化的知识世界，以便与物理世界（世界1）和主观精神世界（世界2）相区别。波普尔认为，“客观知识世界”是人类文明得以保存、延续的根本保证。波普尔甚至认为“客观知识世界”是可以独立存在并可以自我发展的世界。无疑，波普尔对知识内涵的认识是十分深刻和具有划时代意义的，他不仅把用语言文字记载的知识作为人类世代相传的认识成果，而且更强调知识本身具有的内在联系和相互作用产生的自我运动规律。当然，我们认为，波普尔脱离人的认识把知识作为能够独立自存并可以自我发展的观点是有些偏颇的，这与黑格尔的绝对精神的自我运动如出一辙。如果不把知识的自身运动放到人的认识活动中去把握，那么像“幽灵”一般的纯粹知识的自我运动是难以想象的，实际上也是不存在的。我们认为知识既是认识结果，也是构成认识活动或智力活动的构成要素之一，人脑的智力与脑中的知识相互连接、相互作用、相互转化形成了认识活动过程。一般的认识过程是主体根据过去经验、知识建立起来的认识结构，按照一定的逻辑规则、程序、程式与模式，对反映认识对象的有关知识进行连接，去发现这些知识之间的内在联系，进而做出合乎逻辑的判断和推理，最终获得关于认识对象本质和规律性的认识成果即知识。由此可见，认识活动的过程即是知识活动的过程。

目前流行的关于知识的定义，是从知识作为认识结果的哲学认识论的角度提出的，强调知识是客观世界的主观反映。在我国教育类辞书中流行的关于知识的定义是："所谓知识，就其反映的内容而言，是客观事物的属性和联系的反映，是客观世界在人脑中的主观映象；就它反映活动的形式而言，有时表现为主体对事物的感觉、知觉或表象，属于感性知识，有时表现为关于事物的概念或规律，属于理性知识。"这个定义说明了只要是经过人脑信息活动反映出来的主观信息都是知识。具体来看，无论反映的是关于认识对象外部联系和表面特征的现象类知识，还是正确反映事物内部联系和本质特征的真理性知识，甚或是歪曲反映事物内部联系和本质特征的谬误性知识，尤其是人类为了满足自身需要进行改造世界所创造的客观世界本来不存在的人为性质的知识，所有这些主观反映出来的信息都属于知识范畴。从人脑获取信息的反映形式与反映内容的关系看，包括感觉、知觉和表象的感性反映能力属于人的低级的认识能力，所以，感性认识获取的是关于事物现象类的知识即感性知识；与此同时，人脑独具的包括形象思维和抽象思维的理性思维属于人的高级认识能力，可以实现对事物本质和发展规律的认识，因此，理性认识获取的是关于事物本质和规律性的知识即理性知识。

信息与知识含义不同，但又有密切联系。信息是从哲学本体论角度提出的，是比知识的认识论层次更基础的层级上界定的。知识是人类认识世界的成果，是人类经过感性思维和理性思维所产生的主观信息。没有人类就没有知识，知识也只有对人类才有意义。知识是主观的产物，是观念信息，但信息除了观念信息还有客观信息，所以，知识是信息的一部分，信息的范围要比知识的外延广泛得多。

二、知识分类

对知识的分类可以有许多不同的视角。知识作为客观信息为人类精神世界变构的产物，观念信息就是知识。观念信息按其获得信息的思维形式区分为感性认识和理性认识，所以，知识按其与认识主体获取知识的方式可以区分为感性知识和理性知识。由于感知和记忆是感性认识的两种基本形式，相应的，感性知识又可以区分为生动直观类知识和记忆存储类知识；理性认识包括形象思维和抽象思维两种基本形式，相应的，理性知识又可以区分为想象类知识和语言符号象征性知识。

知识是人脑对物质世界和人类实践活动的主观映象，是人以物质世界和人类自身实践活动为认识对象所获得的观念形态的认识成果，知识与人的认识是同义语，因此，知识就其反映的形式来说是主观的。但是，知识就其反映的内容来说却不能归结为主观性，相反，从归根结底的意义上我们宁可说，知识反映的内容本质上可以归结为客观性。由于物质世界和人类自身实践活动具有客观性，知识作为人脑对物质世界和人类自身实践活动的反映当然具有客观性，正如马克思所说："观念的东西不外是移入人的头脑并在人的头脑中改造过的物质的东西而已。"（马克思，恩格斯著．马克思恩格斯选集，2 版，第二卷．北京：人民出版社，第 112 页）虽然主观反映的内容具有客观性，但是人的反映毕竟是能动的反映，这种能动性一方面反映了人能够透过事物的现象认识事物的本质和规律性；另一方面，还表现为人在认识事物客观本质和规律性的基础上可以根据主体的需要创造出自然界不存在的人工产品和人类社会遵循的规则、秩序、制度、法律、标准、程序，等等，以及人类思维的逻辑、规则、工具和手段等。例如，高楼大厦、机器、汽车、飞机等人类发明的东西。再如，归纳和演绎、分析与综合、抽象与具体、历史与逻辑的统一等思维方法，这些思维方法都是客观规律和实践活动内化于人的头脑中转化为思维活动的规律。另外，也存在着违背客观性的纯粹主观的创造物，比如世界并不存在的妖魔鬼怪。

由此可见，按知识反映内容的主观与客观属性可以区分为客观知识和主观化知识。客观知识是指反映客观事物的属性、本质和规律性为内容的知识，这类知识源于客观世界，对于人的认识来说，这类知识的获得只能叫发现。主观化知识是指为了满足人类或一部分人的需要而发明创造的客观世界没有的知识，它一般是在符合事物本质和规律性基础上的发明创造，但也存在纯粹主观的臆想创造。

经济与合作发展组织（OECD）在其发表的《以知识为基础的经济》一文中，按知识的内容将知识大致分为四大类：

（1）知道是什么的知识（know-what），即关于客观事实方面的知识，也可以称之为"常识"，如地球围绕太阳转，水是生命之源，地球两极是极寒之地，地球上的最高峰是喜玛拉雅山的珠穆朗玛峰等；

（2）知道为什么的知识（know-why），即人类经过生产和生活实践以及科学研究活动，总结和概括出来的关于自然、人类社会和人类思维的规律和科学原理方面的理论知识，比如物理学、化学、哲学、经济学、神经科学、心理学，等等；

（3）知道怎么做的知识（know-how），即关于做某些事情的规则、程序、方式、方法、惯例、技术和技能；

（4）知道是谁的知识（know-who），即知道谁知道和谁知道某些事情怎么做的知识，如哪位专家做了某项发明并获得了专利，谁是某秘方的传人，谁掌握某项技能，等等。

按知识是否能为语言记载和传播，可以将知识归纳为两类知识：一类是外显知识，一类为隐性知识。外显知识是能够用语言表达、记载和交流的知识，这类知识可以依附于人脑以外的载体来储存和传播，比如图书、磁盘、光盘、硬盘、软盘等物质载体。以现代信息技术来说，外显知识是可以信息化和数码化的知识。隐性知识是人类头脑中通过反复实践获得的经验和感悟的结晶，属于经验和意会性质的知识。这类知识不能用语言清晰地表达，只能依附于人脑来储存和表达，靠师傅带徒弟的方式传授这类知识，因而这类知识难以实现信息化和数码化。在 OECD 划分的四类知识中，（1）知道是什么的知识和（2）知道为什么的知识，这两类知识就属于显性知识；（3）知道怎么做的知识和（4）知道是谁的知识，这两类则属于隐性知识。

对隐性知识的研究有特殊重要的意义，一方面，知识中有很大一部分是隐性知识，如果能够把隐性知识总结提炼概括转化为显性知识，将有利于这类知识的传播和利用，在更大范围让更多人共享这些知识的效用；另一方面，由于隐性知识是长期的经验积累和感悟，难以模仿，对于拥有隐性知识的个体或组织来说，则拥有了超越他人或其他组织的能力或竞争力，因此，如何激励个体或组织追求获取和积累隐性知识，甚至探讨如何将显性知识隐性化的方法，将是个体或组织打造核心竞争能力的一种重要途径。总之，隐性知识和显性知识相互连接、相互转化有利于人类知识的扩展、深化和积累。

第三节 知识的特性

一、探讨知识特性的意义

几千年来，人类始终在探寻知识“是什么”，即知识有哪些属性。只有把知识的属性弄清楚了，才能进一步探讨知识能“做什么”和“怎么做”。尽管迄今为止人们对知识内涵及其属性的认识取得了很多成果，然而仍然没有穷尽对知识的认识，甚至一些更为重要的特性还没有很好地揭示，或者说，对知识特性的认识仍需要深化和扩展。我们前面从知识是构成认识活动过程基本要素的理论出发，对知识内涵进行了再认识，并由此发现了知识内涵中包含的新质内容，即：提出知识不仅是认识的结果而且是认识活动本身。当揭示了知识内涵的新质规定性后，对知识特性的认识就会有新的发现和突破。的确如此，以往人们未曾揭示的一些十分重要的特征或属性呈现出来了，这些新特征包括知识对智能的依赖性、知识对智能的可建构性、知识的中介特性、知识对主体认识活动的延伸性等。

对知识内涵新质和新特性的发现固然丰富了认识论或知识论，然而对于本书来说，它的重要意义更在于知识要素成为重建劳动论和发展劳动价值论的重要理论依托；进而知识要素成为构建新经济学分析框架最重要的柱石，知识要素与劳动、资本和土地等传统三要素相比在现代经济学中居于核心地位，比如西方新制度经济学提出的制度要素不过是从知识要素分离和引申出来的要素而已。

二、知识的特性

1. 客观性与主观性

知识作为对客观世界的反映，知识具有客观性；作为人脑的能动反映，知识又深深地打上主观的印迹。人类需要的是具有客观真理性的知识，因为只有与客观实际相符合的知识才能有效引导人的实践获得成功。知识的主观性使知识内容中存在与实际不相符合的主观臆测成分的可能性，有些知识甚至完全是主观臆测的东西，因而需要在实践活动中进行证伪，剔除知识内容中主观臆测的成分。尤其在知识的引导下进行实践活动时，要特别注意知识缺陷导致损失和失败风险的可能性。

2. 知识对智力的依赖性

知识与智力是构成智力活动过程的两个基本要素，两者相互连接相互作用形成的智力活动生成了新知识。知识不能自我生成自我扩展自我积累，只有在大脑智力的驱动下才能实现用已有知识生产新知识。离开人类智力，既不可能产生知识，也不能增长新知识，更不可能利用知识去改变世界，一言以蔽之，知识只有与智能连接在一起才有实际意义。由于智力存在于个体的大脑中，已有知识的学习和利用以及创造新知识都必以个体智力状况为基础，因此，一方面，必须培养和调动个体的求知欲，个体应该努力掌握人类已有的知识成果和探索发现创造新知识；另一方面，需要探讨将个体分散的智力和知识组织起来，集中智慧开展科研攻关以获得某一领域的重大突破。

应该指出的是，除了人类的大脑智力，现在人类已经发明创造了人工智能。人工智能的信息处理能力包括：信息识别、信息储存、信息运算分析、信息控制调节和信息输出等能力。现在，人工智能已经有了巨大发展，在某些方面，比如信息存储能力和运算能力，已远超人类的智力。所以，人工智能作为对人类大脑智能的补充扩展甚至替代，具有用已有知识生产新知识的能力。

3. 知识对智力的可建构性

人们常说用理性的力量战胜偏执盲目愚昧，说的就是人的意识应该遵循由真理性知识构建的认识图式去辨别是非曲直而非依据个人的好恶。人脑中的认识图式或认识结构乃是知识内在逻辑必然性在大脑中的沉淀和表现形式，这个依据过去经验、知识为内容构建的认识图式具有重组和建构信息的能力。人脑正是凭借这个认识图式，对所接受的认识对象的信息进行辨识、储存、加工、改造，从而把这些信息重新组合成为一种新的复合信息，这个复合信息就是主体对客体的认识成果即新知识。

在人脑凭借认识图式重构来自客体信息的过程中，一方面是人脑智力发挥能动性和创造性的过程；另一方面是人脑中的认识图式按照有关知识内在逻辑的特殊方式重新排列组合客体信息的过程。应该强调指出的是，在智力活动中，这两个方面并不是两个并列的不同的智力活动过程，而是同一个智力活动过程的两个方面，如果把两个方面结合起来看，智力活动过程就是智力运用脑中先以形成的认识图式对客体信息重新排列组合产生新信息模式的过程。

4. 知识的可储存性

人类的智能活动建立在语言基础上，人类借助语言开展智力活动。语言是思维的工具，没有语言就没有抽象思维能力，也就没有人对事物本质和规律的认识，也就无所谓认识世界和改造世界。尽管人类和动物都用语言来交流，就是人们常说的“人有人语，鸟有鸟语”，但是，动物只能表达与其本能相联系的或出现于眼前的事物或情景，人类却可以表达抽象的、复杂的、非眼前的情景。知识虽然产生于人脑，但由于知识能够用语言表达，从而使知识不但能够被编码存储于大脑神经系统之中，还能够将知识信息用文字、图像、符号、声音或其他编码方式存储在物质载体中，比如纸张、胶卷、磁带、磁盘等实物作为它的载体加以储存。

5. 知识对载体的依附性和载体的可替换性

知识必须记载于某种物质载体才可以储存、保管和传播，没有直接存在的物质形式作载体的知识是不可能存在的。从一般意义上说，人类创造的一切物品都是人类知识的载体。有些载体是专门为了存储、保管和传播知识而设计制造的，比如图书、磁盘、U 盘、硬盘、可视化图像、图文视听、知识地图、知识功能图谱、电子信息文献数据库，等等。这类产品不是以物质载体本身来满足人类的需要，而是由载体中存储的知识信息来满足人类的精神需要，比如，是 U 盘中存储的动听的歌曲而不是那个 U 盘本身满足人类的需要。现代信息技术使知识信息存储达到了令人难以置信的程度，实现了知识存储与知识有效利用的统一，比如电子信息图书馆通过高效的网络实现了存储和利用的统一。

对于人类创造的一切物质产品来说，包括工具、仪器、设备等劳动资料和满足人类吃穿住行需要的消费品，都是知识的载体，只不过这些物品是以其物质载体形态为人类服务的。这些物质产品所载负的知识信息的方式有一个共同点，就是知识信息已经被编码在了产品特定的结构和状态中了，或者说产品特定的结构和状态为知识信息所规定，即产品特定的结构和状态是知识信息的外化或表现形式。

知识信息可以通过不同的物质载体载负，比如，可以用纸张记载，也可以用计算机硬盘记载，也可以用软盘记载，等等。虽然载负知识信息的载体可以有多种选择，但是载负的知识内容是相同的，这说明知识信息可以按载体的质能结构模式来编码存储，如可以编码为语言、汉字、数据、图像等形式存储，也可以编码为计算机代码、电讯信号等存储。

6. 知识的传播性

任何知识信息只有从创造知识信息的信源出发，经过信息载体的编码转换和载体运动才能被信宿接收并进行处理和利用。如声音信息可通过介质波、光电脉冲、录音带、光盘等在不同载体间转换，并通过这些载体的运动来实现远距离传输。由于现代信息技术的发展，知识信息传播正向载体形式多元化迅猛发展，比如可视化图像、图文视听、知识地图、知识功能图谱、数据模型软件包、网库链接等。

7. 知识的可共享性或外溢性

信息交换与物质（质量和能量）的交换具有根本不同的性质。物质交换遵循能量守恒定律，付出者将会丧失与接收者所得到的具有同等数量的质量或能量。比如，当你把物品转给别人，物品就离你而去到了他人手中，物品本身没有分身术，不能既在你这里又在他人那里。与物质交换不同，在信息交换中，付出者并不因为接收者收到了某一内容的信息而丧失掉对该内容信息的拥有性，这就是信息的共享性。比如，当你把知识传授给别人时，虽然接受者拥有了这个知识，但你却并没有失去该知识，知识并没有离你而去，知识可以同时既属于你也属于别人。就是说，知识具有分身术，或者说知识具有共享性。知识的可共享性乃是知识可以同时为人们共同拥有和利用的属性。由于传播知识的载体能够跨越时空的限制，因此处于不同时空的人们可以分享人类从古至今的一切知识成果。

除了受知识产权保护和保密的知识，大多都是可以为人类分享的公共知识，人们可以不承担任何代价就可以分享公共知识。而且，就是一段时间不能共享的知识，过了保护期也将成为人类的公共知识。由于知识的共享性，造成知识创造者本人往往没有获得创造知识的价值，这些知识财富成为人类的共同财富，因此，知识创造者给人类社会带来了巨大利益。这表明知识的可共享性使知识产生了溢出效应，为此，我们把知识能够给他人带来利益的性质称为知识外溢性。

8. 知识使用的无损耗性

人类创造的物质产品在使用中其独立的物体形式和使用价值必然伴随有形消耗和磨损，总有其使用寿命，一定使用年限之后，物质产品会由于损耗而丧失使用价值以致最终报废消失，这就是物质产品的消耗性。相反。知识作为人类智力活动创造的精神成果，知识本身在使用过程中本身不会被消耗，可重复使用，即使载负知识的物质载体消耗掉了，但由于知识还可以转换到其他物质载体上继续存储。所以，由于载负知识信息的物质载体能够接续转换，作为精神成果的知识是可以永续存在的，这便是知识信息使用的无损耗性或非消耗性。

9. 知识的累积性

载负于物质载体的知识不但能够保存、传播和共享，而且人们可以在别人（前人或同时代的其他人）成果的基础上进行再认识再创造，从而使新知识不断被创造出来，人类的知识宝库总是处于不断的充实和壮大之中，这就是知识的累积性。知识这种无限增殖的性质源于人类对未知事物永无止境的好奇心和探索精神。

10. 知识的中介性

知识的中介特性包括两个基本的方面，其一，知识是联结不同主体认识过程的“中介”。作为某个主体认识过程成果的知识，当它进入其他主体的认识过程成为构成该认识过程的知识要素时，这个知识就把两个不同主体的认识过程联结和贯通起来了，以致可以视这两个认识过程为一个统一的认识过程。知识的中介打破了人类时空的局限性，使人类结成了一个统一的认识主体和统一的认识过程，进而造就了人类认识世界的永续性和认识能力的无限性。

其二，知识是联结主体与客体的“中介”。主体与客体之间的关系包括主体对客体的认识过程和主体对客体的行为活动（主要是实践活动或劳动行为）两个基本方面。就认识活动来看，认识活动是主体在思维中根据过去经验、知识形成的认识结构，对来自客体的信息进行识辨、存储、加工改造、再生创造的过程。因此，主体对客体的认识过程本质上是以知识信息为中介的知识信息活动。

就实践活动或劳动行为来看，劳动行为是主体对客体的有目的的改造活动，就是要将客体加工改造成满足人类需要的产品（物质产品和精神产品）。劳动行为是在人的神经中枢系统信息指令下发生的，这些信息指令出自主体事先形成的计划、方案、设计、工艺、规范、标准、程序等知识成果。与此同时，主体外化出来的这些知识信息一直起着规范主体对客体的改造行为，从而使客体改造成为符合人在观念中形成的产品。因此，劳动行为就是把主体预先在认识活动过程中形成的知识成果转化为改造客体结构的信息，劳动结束时获得的劳动产品不过是观念产品的物质化。显然，主体对客体的劳动改造过程是以知识为中介实现的。

11. 知识对主体认识活动的延伸性

主体间智力活动的协作是以知识为中介联结在一起的，并不需要全体劳动者在同一个劳动过程一起工作，而只要通过知识将处于不同劳动过程的两个或多个不同主体的智力活动联结在一起就可以了。知识创造者虽然本人并不身处直接劳动过程中，但他以知识的形式参与到身处劳动过程的主体的智力活动中来，并与直接生产过程的主体的智力劳动结合在一起形成协作劳动。此时，知识就是知识创造主体的化身或智力劳动本身，就是从事智力劳动的主体借以发挥作用的形式。由此，知识将它的创造主体的智力劳动延伸到了直接劳动过程中来，并成为整体劳动的有机组成部分，我们把知识的这个特性称之为知识对主体认识活动的延伸性。

第四章　劳动概念的内涵与外延

第一节　经典劳动概念的内涵与外延

一、马克思经济学中的劳动概念

马克思对劳动概念的界定有两个不同的层次，一个是从哲学和人类学层面对最一般意义的、最抽象的劳动概念做出的界定，一个是从经济学层面对劳动概念做出的界定。

从哲学和人类学层面提出并界定劳动概念的目的主要是为了探寻人类的起源，从而找到人类与动物的本质区别。在这个层面上，马克思将人类劳动定义为人类有目的的活动。人类劳动是有目的的活动，而动物本能劳动是出于本能而非自觉意识下的活动。尽管人类活动的目的性能够把人类劳动与动物非自觉意识下的本能活动区别开来，而且这一点已被人类起源和进化的历史所证明，但是，能否根据一个活动是否具有目的性而将人类的劳动活动与人类的其他活动区分开呢？回答是否定的，应该说，人类的活动都是有目的的活动，但有目的的活动不一定都是劳动，比如，人们的消费活动、人们的日常交往活动、满足自身需要的娱乐和体育锻炼活动、军人的战争行为、罪犯的活动，等等，这些活动虽然也是人类有目的的活动，但却不是人类的劳动活动。由此来看，仅仅从哲学层面给劳动下定义还是比较抽象的，对于经济学来说，经济学层面的劳动概念的内涵和外延必须做出与经济活动相符合的进一步规定。

为此，从经济学视角，马克思给出了关于劳动概念的规定性，他指出："劳动首先是人和自然之间的过程，是人以自身的活动来引起、调整和控制人和自然之间的物质交换的过程。"（马克思著．资本论．第 1 卷．北京：人民出版社，2004，第 201 页）马克思把劳动定义为在物质生产过程中人自身进行的活动，对此，马克思进一步明确指出："劳动力的使用就是劳动本身。"（马克思著．资本论．第 1 卷．北京：人民出版社，2004，第 207 页）关于劳动力或劳动能力，马克思指出："我们把劳动力或劳动能力，理解为人的身体即活的人体中存在的、每当人生产某种使用价值时就运用的体力和智力的总和"。（马克思著．资本论．第 1 卷．北京：人民出版社，2004，第 195 页）显然，马克思把劳动的内涵规定为物质产品生产过程中劳动力的使用，即：在物质产品生产过程中劳动者的脑力和体力的支出；同时，把劳动的外延或范围规定为在物质生产过程中直接从事生产活动的活劳动。马克思把是否直接从事生产满足人类需要的使用价值的物质生产作为区分劳动与非劳动的标准。在这里，马克思所说的使用价值是指物质资料使用价值，即劳动者使用劳动工具作用于劳动对象生产的物质产品。由此可见，马克思所说的劳动是直接的物质生产劳动或生产劳动，是从人与自然、人与物的关系来定义的劳动。

马克思哲学层面的劳动概念是在生产一般上考察得出的，抽去了生产过程的社会形式，因而适合于一切社会形态。关于这一点，马克思明确指出："劳动就它生产使用价值，就它是有用劳动而言，它与一切社会形式无关，是人类生存的不可缺少的条件，是永恒的必然性，是人和自然之间的物质循环的中介。"（马克思著．资本论．第 1 卷．北京：人民出版社，2004，第 19 页）但是，生产过程总是处于一定的社会形态之下，为此，马克思指出资本主义商品生产过程中的人类劳动不但生产商品使用价值还生产商品价值，由此，马克思就从经济学层面给出了劳动的规定性。马克思从经济学层面给出的劳动定义集中体现在他发现的劳动二重性原理中，他说："一切劳动，一方面是人类劳动力在生理学意义上的耗费；就相同的或抽象的人类劳动这个属性来说，它形成商品价值。一切劳动，另一方面是人类劳动在特殊的有一定目的的形式上的耗费；就具体的有用的劳动这个属性来说，它生产使用价值"。（马克思著．资本论．第 1 卷．北京：人民出版社，2004，第 60 页）在马克思看来，在商品经济社会中，劳动是指生产商品并形成商品价值的活劳动，商品与产品（即使用价值）的根本区别在于商品是用来交换的劳动产品，商品不仅具有使用价值还具有价值。这意味着，马克思关于经济学层面的劳动是一种社会化劳动，社会化劳动是指个体为满足别人进行的物质生产活动，而为了满足自己需要进行的生产活动不是经济学意义的劳动，例如，农民自己家院子种的蔬菜，如果菜是用来卖的，那么种菜的生产活动就是社会化劳动，属于经济学研究范围的劳动；如果菜是用来自己吃的，那么种菜的生产活动就不是社会化劳动，因而不属于经济学研究范围的劳动。

马克思关于劳动是劳动力的使用的定义，只是马克思从劳动的流动状态给出的关于劳动内涵的认识。马克思还从劳动的潜在状态和凝固状态进一步揭示了劳动的丰富内涵，这就是马克思提出的劳动可能处于三种状态的理论。马克思认为，劳动可能处于三种状态：一是潜在状态，即人的劳动能力或劳动力；二是流动状态，即劳动力的使用或劳动过程；三是凝固状态，即劳动的物化形式。马克思所说的潜在状态的劳动就是劳动力或劳动能力，马克思认为劳动力或劳动能力由人的体力和智力构成。马克思把流动状态的劳动定义为劳动本身，即劳动力的使用，由于劳动力由智力和体力构成，马克思进而就把劳动力的使用归结为人的智力和体力的使用或消耗。马克思所说的凝固状态的劳动，即劳动的物化，就是指劳动的对象化，马克思认为劳动力消耗的智力和体力凝结在劳动对象中形成了凝固状态的劳动。由此可见，马克思关于劳动可能处于三种状态的理论，既区分了劳动有三种状态，又揭示了劳动三种状态的内在联系，因而它是一个具有内在一致性的、逻辑严密的关于劳动内涵的完整理论。

从劳动的三种状态理论出发，马克思进一步指出："处于流动状态的人类劳动力或人类劳动形成价值，但本身不是价值。它在凝固的状态中，在物化的形式上才成为价值。"（马克思著．资本论．第1卷．北京：人民出版社，2004，第65页）在这里，与劳动力和劳动的区别相对应，马克思把劳动力的价值与劳动创造价值区别开来，从而为马克思创立剩余价值理论提供了理论依据，这是马克思对古典学派劳动价值论的巨大变革。

二、西方经济学中的劳动概念

从古至今关于劳动历来被认为是体力和脑力的支出，可以说这是对劳动的最一般或常识性的规定，不仅马克思认同这个观点，西方经济学也不例外。新古典经济学的集大成者马歇尔就明确地指出："我们可以对劳动下这样的定义：劳动是任何心智或身体上的努力。部分地或全部地以获得某种好处为目的，而不是以直接从这种努力中获得愉快为目的。"（马歇尔著．朱志泰译．经济学原理．北京：商务印书馆，1964，第84页）马歇尔在这个劳动定义里所说的"劳动是人的心智和体力的努力"，就是指劳动是人的体力和脑力（智力）的支出。问题在于人类的任何活动无不是体力和智力的支出，能否说人类的一切活动都是劳动呢？比如人们的消费行为活动、人们的日常交往活动、军人的战争行为、罪犯的活动，等等，也是人类脑力和体力的支出，我们能说这样的活动是劳动吗？显然不能。既然不是所有的人类脑力与体力的支出都被称为劳动，那么这就涉及如何界定劳动的外延或劳动范围的问题。马克思认为，只有人类的物质生产活动才是劳动，人类的其他活动如提供劳务的服务活动以及自给自足的"生产活动"都不属于劳动。西方经济学在劳动范围的界定上要宽泛的多，虽然它也认为劳动就是生产活动，但它所说的生产活动不局限于物质生产活动，它从有用性即效用角度入手确定生产范围，认为只要一项活动提供了一种对他人的有用性，这个活动就具有生产的性质。因此，西方经济学的劳动或生产活动不仅包括物质产品的生产，也应包括那些不能体现为有形的物品、而是体现为无形的服务的活动。这样西方经济学就把各种服务业活动包括在生产范围了。

西方经济学所说的生产是指一切能够创造或增加效用的人类活动，原则上，没有人类参与和管理的纯自然生产过程不是经济意义上的生产。比如，野生果实的生长不是生产活动，只有人类采摘这些果实的活动才属于生产活动。为了把生产活动与非生产活动区别开来，西方经济学还对非生产活动进行了明确，认为非生产活动主要是指基本的人类活动，如吃、喝、睡、锻炼等必须由自己完成而不能由他人替代完成的活动；相反，那些可以由其他人或经济组织提供的活动则属于生产活动，即使发生在私人空间中，仍属于生产活动，比如请保姆照顾孩子、清洁房间、烹调食物等。

三、我国经济学家对劳动概念外延的发展

马克思劳动概念在内涵上与西方经济学中的劳动概念基本是一致的，都认为劳动就是人在从事生产活动中体力和智力的支出。然而，马克思劳动概念在外延方面与西方经济学中的劳动概念的外延存在较大差别，两者关于生产范围的界定有很大不同。马克思所说的劳动仅指物质产品的生产活动，不包括无形产品或服务产品的生产活动，比如，商业、运输服务业、金融服务业、娱乐业、教育等服务行业就不属于物质生产的范围，这些行业提供的服务工作就不属于物质生产活动即劳动活动。相比马克思经济学层面比较狭窄的劳动概念的外延，西方经济学对生产活动范围的规定是十分宽泛的，它认为生产活动不仅包括物品的生产活动，也包括不能体现为有形的物品的服务性活动，这样一来，商业、运输服务业、金融服务业、娱乐业、教育等服务行业就属于生产的范围。鉴于这种差别，经济学家把生产劳动限制在物质生产领域的马克思生产观称之为限制性生产观或物质生产概念；而把西方经济学的只要其产出可以提供给他人使用的活动就属于生产劳动的生产观称之为综合生产观。按综合生产观，生产劳动既包括物质生产劳动，又包括提供无形服务产品的服务劳动。

从 20 世纪 60 年代中期开始，我国经济学界和统计学界开展了世人瞩目的关于生产劳动理论和生产范围的全国范围的 4 次大讨论，本着继承和发展马克思主义经济学的精神，我国经济学者们逐渐正视了马克思的限制性生产观的确存在局限性或缺陷，以实事求是的科学态度重新审视西方经济学的综合生产观，由此大

多数经济学学者达成了这样的共识：认为综合生产观更符合现实存在的社会经济生活，主张以综合生产观取代限制性生产观。关于生产范围或劳动范围的讨论不仅具有十分重要的基础理论意义，也具有十分重要的应用价值，众所周知，在不同的生产观基础上形成了不同的国民经济核算体系，以马克思物质生产概念为基础构造的是物质产品平衡表核算体系（MPS），以西方经济学综合生产概念为基础构造的是国民账户体系（SNA）。我国国民经济核算体系开始是按照MPS模式建立的并实行了很多年，然而，经过对马克思物质生产概念的发展，综合生产观取代了限制性生产观，从20世纪80年代开始向SNA转化，并最终于1992年确立了以SNA为基础的核算体系。由此，限制性生产观已经和MPS一起成为历史概念。

四、经典劳动概念

当劳动概念的外延采纳了综合生产观之后，马克思的劳动概念与西方经济学的劳动概念无论从内涵还是外延上看都是一致的。在内涵上，劳动是人的体力和智力的支出；在外延上，只要一项活动提供了一种对他人的有用性，这个活动就具有了劳动性质。可见，马克思经济学与西方经济学对劳动概念的认识是一致的，两大经济学体系的对立不是从劳动概念开始的，而是从劳动概念之后的价值概念产生的。由于劳动概念是经济学最基础最核心的范畴，所以，当劳动概念发展之后，无论马克思经济学还是西方经济学都会随着劳动概念的发展而相应改变自己的理论形式，并最终以劳动范畴为主线综合为统一的经济学理论体系。为了与本书提出的劳动概念相区别，以及叙述方便，我们把一直以来为大家普遍接受和使用的劳动概念称为经典劳动概念。

第二节　复杂劳动与经典劳动概念的矛盾

一、马克思关于复杂劳动的定义

任何劳动都存在质和量的差别，由此形成了千差万别的劳动分工。劳动的质就是劳动的复杂程度，属于劳动内涵的本质规定性，以劳动复杂程度可以将劳动区分为简单劳动与复杂劳动，那么劳动的复杂程度又由什么决定呢？换言之，在劳动内涵中是什么因素决定了劳动的复杂程度呢？古典经济学和马克思经济学对此都进行了分析探讨，马克思经济学更是进行了深入的研究。

英国古典经济学家亚当·斯密说："一个钟头的困难工作，比一个钟头的容易工作，也许含有更多的劳动量；需要十年学习的工作做一小时，比普通业务做一个月，所含劳动量也可能较多。但是，困难程度和精巧程度的准确尺度不容易找到。""如果某种劳动需要非凡的技巧和智能，那么为尊重这种技能的人，对于他的生产物，自然要给予较高的价值，即超过他劳动时间所应得的价值。这种技能的获得，常需多年的苦练，对有技能的人的生产物给予较高的价值，只不过是对获得技能所需费去的劳动与时间，给予合理的报酬"。（亚当·斯密著．国民财富的性质和原因的研究．北京：商务印书馆，1972，第27页）李嘉图说："宝石匠一天的劳动比普通劳动者一天的劳动价值更大。"对于"各种不同性质的劳动的估价"，"主要取决于劳动者的相对熟练程度和所完成的劳动强度。"（李嘉图著．政治经济学及赋税原理．北京：商务印书馆，1962，第17页）

马克思对简单劳动和复杂劳动做了更加深入的研究和概括。关于简单劳动，马克思指出："它是每个没有任何专长的普通人的肌体平均具有的简单劳动力的耗费"。（马克思著．资本论．第1卷．北京：人民出版社，2004，第58页）关于复杂劳动，马克思指出："比社会平均劳动较高级较复杂的劳动，是这样一种劳动力的表现，这种劳动力比普通劳动力需要较高的教育费用，它的生产要花费较多的劳动时间，因此它具有较高的价值。既然这种劳动力的价值较高，它也就表现为较高级的劳动，也就在同样长的时间内对象化为较多的价值。"（马克思著．资本论．第1卷．北京：人民出版社，2004，第230页）由此可见，马克思从复杂劳动力出发来定义复杂劳动，把复杂劳动定义为复杂劳动力的表现即劳动，或者说复杂劳动力的劳动就是复杂劳动。

二、经典劳动概念无法定义复杂劳动

我们注意到，马克思关于复杂劳动的定义并没有遵循经典劳动的逻辑。按照经典劳动概念，劳动是劳动力的体力和智力的消耗，那么复杂劳动就应该定义为复杂劳动力的体力和智力的消耗，也就是说，应该以劳动力的身体的能量消耗量来定义复杂劳动，比如较高级的复杂劳动是消耗比较多的体力和智力的劳动。按照从一般到特殊的概念发展逻辑，用经典劳动概念来定义复杂劳动是逻辑的必然，然而，马克思并没有按照这个逻辑给复杂劳动下定义，这是令人匪夷所思的。我们认为，马克思可能是发现了用劳动力的体力和智力消耗量无法区分劳动的复杂程度，才放弃了经典劳动概念与复杂劳动概念的内在逻辑。

然而，一些马克思主义经济学家却尝试从经典劳动概念出发来定义复杂劳动。他们坚持从劳动力的体力和智力消耗量来定义复杂劳动，他们认为，既然价值量就是劳动量，而劳动量是劳动力的体力和智力消耗量，那么复杂劳动创造的价值高的原因，就只能从复杂劳动力比普通劳动力在相同时间里消耗的体力和智力更多来解释。从经典劳动概念出发，他们提出复杂劳动就是复杂劳动力的体力和智力的消耗或支出，由此他们认为，劳动越复杂，劳动力的消耗就越多，进而能够以劳动力的消耗水平衡量劳动的复杂程度。由于劳动分工的原因，不同性质的劳动，在相同的时间里消耗劳动者的体能和智能肯定是不同的；即使相同性质的劳动，也会因人而异。问题是，能否据此断定复杂劳动程度高的劳动一定消耗身体的能量就多呢？有生理学的实证研究作依据吗？退一步说，假设复杂程度高的劳动消耗的身体能量也一定多，那么劳动复杂程度的差别与劳动消耗身体能量的差别一致吗？其实，复杂劳动程度高的劳动消耗身体能量一定多的结论并没有任何理论和实证研究的支持，尽管历史上确有一些人做过这方面的研究，但都事与愿违。

为什么复杂劳动程度高的劳动消耗身体的能量不一定高呢？马克思定义的简单劳动“是没有任何专长的普通人的肌体平均具有的简单劳动力的耗费”，在马克思的简单劳动定义里，简单劳动力的消耗就是以体力支出为内容的肌体的能量消耗，因此，简单劳动就是指体力劳动，而不包括智力劳动的内容。与简单劳动相比，复杂劳动就在于它包含了最重要的智力劳动内容。如果说复杂劳动是劳动力消耗体力和智力比简单劳动更多的劳动，那么一定是因为复杂劳动包含的智力劳动消耗了更多的智力。然而，现代生理学和经验事实都表明，智力劳动越复杂大脑运用智力消耗身体能量越多的论断根本就不成立。

现代神经生理学的研究表明，智力活动（包括智力劳动）是大脑加工处理信息的活动，大脑的信息处理活动是通过大脑神经系统的神经细胞膜内的电传导和神经细胞突触间的化学传导实现的，由此，大脑神经系统的这个物理和化学运动过程必然是一个物质与能量变换和消耗的过程，就是说，大脑智力活动要消耗身体能量。然而，虽然大脑信息活动以大脑神经系统的物质活动为基础，但这个过程本身却是在信息活动的驾驭下实现的，并由信息活动所规定，大脑神经系统的物质与能量转换活动只是作为信息的载体形式存在着。由于一个人进行的信息活动由这个人的认识结构（核心是知识结构）和智力水平决定，而每个人的智力水平和认识结构各不相同，所以不同个体即使在解决同一问题时所进行的思维活动方式也各不相同，这使大脑的物质与能量的变换与消耗过程也各不相同。

例如，同一个班级的学生在求解同一个数学题目时，有的学生很快就做完了，这些学生消耗的大脑能量就很少；有的同学冥思苦想花很长时间才做完，这些学生消耗的大脑能量就比较多；有的同学甚至百思而不得其解，这些学生消耗的大脑能量就更多了。日常生活经验告诉我们，有些工作的确很复杂，但对那些拥有相关专业知识的人来说，工作起来很轻松，消耗身体的能量也很少；相反，即使那些很简单的工作，如搬运工的工作，让一些技术专业人士来做却不轻松，会消耗很多身体能量。这正应了谚语所说："术业有专攻"，"会者不难，难者不会"。这些例子表明，不同人在完成相同的智力劳动任务时，由于智力能力和专业知识等的差距，他们在智力活动时消耗的身体能量会有很大差距，这说明不能用一个人进行脑力活动消耗的身体能量的多少来衡量智力劳动的劳动量。

再如，中国上世纪五六十年代从事原子弹、氢弹和人造卫星即"两弹一星"的那些科技人员和一般工作人员，他们身处食物极端匮乏的年代，不要说吃不饱穿不暖，就是摄入体内的食物所含能量也极低，如果用身体能量消耗量来衡量他们的劳动量，衡量他们的价值贡献，那将是令人啼笑皆非的。有很多改变人类命运的发现和发明，都是在科学家和发明家很偶然的情况下，没有消耗多少体能和智能的情况下做出的，比如灵感和顿悟，如果要用身体能量消耗量来衡量他们的劳动量，进而衡量他们的价值贡献，那将是不可理喻的。

根据世界卫生组织出版的《热量和蛋白质摄取量》一书，一个健康的成年女性每天需要摄取1800~1900卡路里的热量，男性则需要1980~2340卡路里的热量。当食物的摄取热量不足时，人体本身会制造热量，此种内生性热量主要来自肝醣分解及脂肪分解，肝醣分解产生葡萄糖，一天最多可达180公克（相当于720大卡）。这样计算下来，一个人每天所能用于消耗的能量是有限的，大约在3000卡路里，而且个体之间的差距不大。根据能量守恒定律，在一天里正常个体之间无论体力还是智力消耗的身体能量的差距都是十分有限的，如果一个人摄入过多能量，那么超过个体正常需求的能量就转化为脂肪，堆积成为多余的能量，就会成为令人头痛的肥胖。这表明一个人如果按其消耗身体能量多少来衡量他的劳动量，那么个体间劳动量的差距应该十分有限，由此，各种不同性质劳动间的复杂程度也不会很大。但实际情况并非如此，各种不同性质的劳动间的复杂程度存在着巨大差距，甚至是天壤之别，比如创造性劳动与常规劳动的复杂程度就不可同日而语，像牛顿、爱因斯坦、爱迪生、乔布斯、比尔·盖茨等人工作的复杂程度与绝大多数普通工作人员，如工人、技术人员、管理人员的工作的复杂程度相差十分巨大，创造的价值更是无法相提并论。可见，那种认为在相同的劳动时间里劳动力消耗越多的劳动越复杂，或者说复杂劳动是劳动力消耗多的劳动的看法是缺乏科学依据的，也是不符合实际的，因而是错误的。

上面的分析表明，劳动的复杂程度与劳动力消耗的身体能量之间并不存在高度的正相关性，不能用人的体力和智力消耗量的多少来衡量劳动的复杂程度。因此，从经典劳动概念出发用复杂劳动力的体力和智力消耗定义复杂劳动是行不通的。与此同时，也暴露了经典劳动概念内涵存在重大缺陷，因为作为一般意义的经典劳动概念竟然无法解释是什么决定劳动复杂程度。

三、复杂劳动概念对经典劳动概念的突破

马克思十分清楚，定义复杂劳动概念的关键在于弄清楚劳动复杂程度由什么决定，这是复杂劳动内涵的本质规定性。马克思可能发现在经典劳动内涵中根本找不到决定劳动复杂程度的要素，因为除了无法反映劳动复杂程度的体力和智力构成要素外，再没有任何其他构成要素，或者说经典劳动概念内涵中找不到决定劳动复杂程度的任何因子，也许正因为如此，马克思没有从经典劳动概念出发来给复杂劳动下定义，而是选择从劳动力的复杂性即复杂劳动力来解释和定义劳动的复杂性即复杂劳动。

复杂劳动的本质在于劳动本身复杂，因为一项劳动本身的复杂性，才需要具备相应专业知识和技能的劳动者来从事。复杂劳动一定是需要运用比较多的智慧、知识、经验和技能的工作，因此，复杂劳动一定是需要经过专门训练的复杂劳动力才能胜任的工作。但是它的逆命题，即复杂劳动力进行的劳动一定是复杂劳动却并不成立。比如，一个拥有博士学历的人去做一个不需要任何学历就能胜任的体力劳动，虽然他本人是复杂劳动力，但他的劳动却是简单劳动，他劳动一小时所创造的价值也只能按没有学历的体力劳动者工作一小时去衡量。由于个人的智力遗传状况，接受的教育、培训、学习、经验阅历等先天和后天的因素的影响，劳动者素质的确存在较大差距，有的人素质高些，有的人素质低些；但是劳动的复杂程度是由劳动过程中劳动活动本身的复杂程度决定，而决不是由劳动力的复杂程度决定。劳动本身的复杂程度决定需要什么样的劳动力来完成，而不是反过来由复杂劳动力决定劳动复杂程度。总之，尽管复杂劳动需要复杂劳动力才能胜任，但是复杂劳动力的劳动却不一定是复杂劳动。

虽然直接用复杂劳动力的劳动来解释和定义复杂劳动并不十分准确，但客观上（虽然这并非马克思的本意）却弥补了经典劳动概念的缺陷，突破和发展了自己的经典劳动概念。在马克思的复杂劳动概念中，复杂劳动是指需要经过专门培养与训练的复杂劳动力从事的劳动，是需要复杂劳动者运用大量知识和技能的劳动，这意味着马克思已经有了知识要素决定劳动复杂程度的思想。劳动概念的突破必然在劳动的三种形态方面都有体现，因此，分别从劳动的三种形态去考察分析，将更深入全面地反映马克思在复杂劳动概念中所蕴含的对经典劳动概念的突破。为此，我们做以下具体分析。

首先，从潜在形态的劳动即劳动力或劳动能力看，与经典劳动概念相对应的劳动力由体力和智力两个要素构成；而与复杂劳动概念相对应的复杂劳动力是指需要经过专门训练的具备一定知识和技能的劳动力，相比生理学意义的一般劳动力概念增加了具备一定知识和技能的特殊规定性，这是复杂劳动力之所以“复杂”的内涵。这表明马克思已经将知识和技能作为构成复杂劳动力的应有内容，从而突破了经典劳动概念只把劳动力归结为体力和智力总和的生理学意义的狭隘界定。复杂劳动力中的“复杂”与复杂劳动中的“复杂”是一致的，马克思将复杂劳动力的劳动定义为复杂劳动，就是为了用复杂劳动力中“复杂”来解释复杂劳动中的“复杂”。

其次，从流动状态的劳动即劳动力的使用看，马克思在经典劳动概念中把劳动力的使用归结为构成劳动力的体力和智力的使用或支出。然而，马克思在复杂劳动定义里并没有按经典劳动概念那样把复杂劳动定义为复杂劳动力的体力和智力的使用或支出，因为马克思已经认识到复杂劳动力必须是具备一定知识和技能的较高级的劳动力，仅以体力和智力支出不能反映复杂劳动力使用的特殊性，复杂劳动力使用的特殊性在于他必须运用大量的知识和技能。后来的经济学家继承和发展了马克思关于复杂劳动是复杂劳动力的使用或支出的思想，对复杂劳动的内涵做出了较深入全面的界定，比如我国政治经济学教科书给复杂劳动下的定义通常是：“复杂劳动指需要经过专门培养与训练才能从事的劳动。复杂劳动包含着较多的技能和知识的运用，因此，这是一种具有一定技能和知识的复杂劳动力的支出。”（程恩富主编．现代政治经济学．上海：上海财经大学出版社，第32页）在这个关于复杂劳动的定义中，复杂劳动是指包含着较多的知识和技能运用的劳动，这与经典劳动关于劳动是劳动力的体力和智力运用的定义是完全不同的。

最后，从凝固状态的劳动即劳动结果看，马克思从经典劳动概念出发，提出商品价值就是劳动结束时凝结于劳动对象中的劳动力的体力和智力的消耗，劳动力消耗的体能和智能越多形成的价值也越高。按照经典劳动概念的逻辑，在解释复杂劳动为什么形成的价值高时，应该归结为复杂劳动力消耗的体能和智能多，然而，马克思并没有把复杂劳动创造的价值大归结为复杂劳动力消耗的身体能量多，而是把复杂劳动在相同时间内形成价值大的原因归结为复杂劳动力的劳动是一种高级劳动，较高级的劳动形成的价值也多。为什么较高级的复杂劳动形成的价值较多，马克思认为，因为较高级的复杂劳动包含着较多的知识和技能的运用。马克思的这种认识，已经接近于把复杂劳动形成的价值较多的原因归结为知识价值。虽然马克思没有明确地表达复杂劳动形成的劳动量中包含着知识价值，但他在复杂劳动概念内涵中显然具有了这种思想，从而事实上突破了经典劳动概念把劳动物化仅仅归结为劳动力消耗的体力和智力的物化的局限性。

从劳动的三种形态看，马克思复杂劳动概念对经典劳动概念的突破可以归纳为3点：第一，复杂劳动力的构成内容中必须包含知识要素，突破了经典劳动概念关于劳动力仅由体力和智力构成的界定；第二，复杂劳动力的使用必须是知识和技能的运用，突破了经典劳动概念关于劳动力的使用只是体力和智力的使用；第三，复杂劳动物化形成的价值高是因为复杂劳动是一种较高级的劳动，较高级的劳动包含着较多的知识和技能的运用，突破了经典劳动概念的劳动力体力和智力消耗量决定价值高低的思想。

由此可见，就复杂劳动概念对经典劳动概念的挑战或突破来看，已经充分暴露了经典劳动概念的缺陷，对经典劳动概念内涵做出修正和发展已是呼之欲出了。可惜的是，无论马克思主义经济学家还是西方经济学家，都没有注意到复杂劳动概念内涵中所蕴含的对经典劳动概念的挑战或突破，因为他们从没有想过把复杂劳动概念与经典劳动概念加以对照和统一起来思考。其实，任何劳动都是复杂劳动，各种劳动的区别只是劳动复杂程度的差别而已，复杂劳动的内涵与一般意义的劳动的内涵是一致的。显然，包括马克思本人在内的经济学家们忽视了复杂劳动概念内涵的普遍意义，没有意识到应该把复杂劳动概念与经典劳动概念统一起来，以致未能把决定劳动复杂程度的知识要素作为一般劳动内涵的构成要素。

四、用知识含量定义简单劳动和复杂劳动

上面的分析表明，区分复杂劳动与简单劳动是以任何劳动都包含的智力劳动的复杂程度为依据的，与体力劳动无关。智力劳动的复杂程度由构成智力劳动的智力和知识两要素的状况决定。如果一项智力劳动需要运用的知识、技术、技能和经验比较多，那么对智力能力要求也比较高，从而智力劳动就较复杂。智力劳动的复杂程度由智力劳动过程中运用的知识含量决定。由于复杂劳动需要运用较多的知识、技能，因此需要具备一定专业知识和技能的复杂劳动力才能从事。从劳动结果看，智力劳动的复杂程度要通过凝结于劳动对象中的智力消耗量和知识含量来衡量。由于智力消耗量与劳动复杂程度之间并不存在明显的线性正相关关系，所以，劳动的复杂程度主要由物化于劳动产品中的知识含量决定，劳动产品中物化的知识含量越多，说明劳动越复杂。无疑，从劳动的三种形态的视角对简单劳动与复杂劳动的考察可以得出的共同结论就是：劳动中的知识含量是区分或衡量简单劳动与复杂劳动的根本依据。

因此，以知识含量为核心内容，可以对简单劳动与复杂劳动下定义。简单劳动是指因工艺、技术要求简单，不需要经过多少教育培训和专门训练就能从事的劳动，是每个没有任何专长的普通人都能进行的劳动，劳动中付出的主要是体力和简单的知识和智力。复杂劳动是指包含着较多的技能和知识的运用，劳动中要运用较多的知识和智力，需要经过专门的教育培训与训练才能从事的劳动，它是一种具有一定技能和知识的复杂劳动力的支出，物化于劳动结果中的知识含量较多。

由于各类智力劳动的复杂程度是相对的，它们之间的差别不存在绝对的界限，所以，简单劳动与复杂劳动的区分具有相对性。就每一个人来说，智力劳动能力是在由拥有简单的智力劳动能力逐步向拥有相对复杂的智力劳动能力方向发展，人们的平均劳动能力总是在不断的提高。他在这一时期、这一地点从事的劳动相对复杂，过了一段时间，或者换了一个地域和工种，他的劳动可能变为相对简单的。从全社会看也是这样的，随着社会生产力的发展、科学技术的进步和教育的不断普及，整个社会智力劳动的水平提高，从而简单智力劳动与复杂智力劳动及其细类的平均水平也会不断提高。这样“简单”与“复杂”的界限，会逐步推移，尺度会逐步变化。简单与复杂可以相互转化。复杂可以转化为简单，简单也可以升为复杂。复杂转化为简单是在复杂劳动起作用的条件下实现的；简单上升为复杂，也只有在智力劳动能力提升的过程中，才能成为现实。简单上升为复杂，复杂转化为简单，都是社会进步的表现，同时也是社会进步的要求。

第三节 经典劳动概念的缺陷及其原因

一、经典劳动内涵缺失知识要素

经典劳动概念把人的劳动过程理解为人的体力和智力消耗过程，认为人的劳动过程由人的体力要素和智力要素构成并以这两个要素的消耗状况决定。关于劳动内涵的这一认识被当成是常识性的、不言而喻的，从未有人产生过怀疑；然而，正是这个看似常识性的看法却是武断的、缺乏科学实证的，存在严重缺陷。

首先，劳动是人类与动物的本质区别，当把劳动仅仅归结为人类劳动力在生理学意义上的脑力（即智力）和体力的支出时，矛盾马上就来了，因为从生理学意义上看，动物的活动也是动物的脑力和体力的支出，既然人和动物的活动都是脑力和体力的支出，那又怎么能够把劳动作为人与动物的根本区别呢?！把劳动理解为生理学意义的人的脑力和体力消耗的经典劳动概念，无法把人类与动物区别开来，说明经典劳动概念未能揭示出人类劳动内涵的本质规定性。人类劳动与动物活动的本质区别不在于生理学意义的脑力和体力支出，而在于人类劳动是有目的的活动，而动物的活动是出于其本能。

人力在生理学意义的支出，是在人脑智力活动生成的知识信息的控制、调度和驾驭下进行的有目的的活动。人力支出的意义不在于发出多少体力，而在于做什么和怎么做，要四两拨千斤地去做。也就是说，人类做什么和怎么去做都是事先计划好的，他所得到的结果是他预先知道的，一句话，人类劳动是有目的的活动。人类劳动的目的性源于专属于人类的智力劳动，这样来看，与其说劳动目的性是人类劳动的本质，不如说人类智力劳动是人类劳动的本质。人的智力活动不是简单的生理学意义的智力消耗过程，而是由智力和知识信息相互联结、相互作用形成的，智力和知识信息是构成智力活动的两个基本要素。现代生理学和脑科学的研究表明，只有具有第二信号系统即语言信息系统的人类大脑，能够把直接刺激物的具体信号进行概括化和抽象化，进而生成知识信息，这些知识信息再以语言和符号的形式进行交流并作用于人脑，从而实现人类认识世界和改造世界。因为动物不具有第二信号系统，一些拥有智力的动物的智力活动仅仅是动物对外部具体刺激而引起的条件反射即动物性意识，与人的以知识信息为内容的智力活动不可同日而语。

由于经典劳动概念缺失构成智力劳动的知识要素，结果把人的智力活动与那些拥有智力的动物的智力活动混为一谈，即把人与动物的智力活动都归结为生理学意义的智力消耗过程，而没有认识到人类智力劳动的本质是建立在第二信号系统基础上的知识信息活动，以致经典劳动概念无法解释人类劳动为什么有目的性而动物劳动没有目的性。

其次，以往经济学家对劳动概念的认识深受当时物理学中的能量转化与守恒定律思想的影响，甚至可以说是这个物理学定律的产物。马克思及其后来的经济学家认为，劳动不过是劳动者在生产加工劳动对象的物质变换过程中消耗身体能量进行做功的过程，马克思说："人在生产中只能像自然本身那样发挥作用，就是说，只能改变物质的形态。"（马克思著．资本论．第1卷．北京：人民出版社，2004，第56页）马克思从物质变换或能量转化的视角来认识劳动，把一般的生产过程看成生产使用价值的物质变换过程，劳动即劳动力消耗的体力和智力在生产加工劳动对象的物质变换过程中转化为改造劳动对象的作用力，这些作用力或直接或间接的作用于劳动对象，使劳动对象的物质结构发生改变，从而劳动对象被加工成具有特定使用价值的产品。这样一来，马克思就把人之自然力与大自然之自然力混为一谈了。众所周知，人之自然力受人的理性驾驭、调度和控制，并且通过人之自然力进而驾驭、调度和控制大自然之自然力，从而使生产过程成为实现劳动目的的劳动过程。

就一般的物质生产过程来看，生产过程一定是物质变换过程，但仅仅看到这一点是不够的，一般的生产过程不仅是使用价值的生产过程，更是知识信息的生产过程，是使用价值生产与知识信息生产的统一过程，而且只有知识信息的生产过程才真正反映出人类劳动过程的本质特征。知识信息生产是智力劳动的任务和内容，劳动主体的智力劳动由主体对客体的认识活动和主体对客体的行为活动即实践活动构成。

当智力劳动处于认识活动阶段时，主体通过在思维中操作进入大脑中的客体的信息实现对客体的认识，这个过程是主体在大脑神经系统中进行的信息处理活动，而且本质上是主体的知识信息活动。此时，知识信息是构成主体认识活动的基本要素，或者说主体对客体的认识活动是以知识作为中介实现的。当智力劳动处于主体的行为阶段时，主体通过实践活动把客体改造成人类需要的劳动产品，在客体中实现人的目的。人的劳动行为是在中枢神经系统发出信息指令的启动下发生的，主体发出的知识信息始终调节和控制着主体的行为活动。此时，知识信息是连接人的认识活动和行为活动的中介，或者说，信息活动是行为活动的原因，行为活动的背后是信息活动。

可见，无论从客体到主体的认识活动，还是从主体到客体的生产实践活动，智力劳动自始至终都是通过知识信息作为中介实现的。然而，经典劳动概念只是从劳动行为的角度来认识劳动过程，而且还是把劳动过程仅仅看成引起劳动对象发生显著结构变化的那种产生物质力量的行为活动，而把不引起劳动对象变化或不引起劳动对象显著变化的认识活动给忽略了，更没有揭示出劳动行为也始终由信息活动决定这个本质。总之，经典劳动概念没有认识到劳动过程的信息本质，没有认识到知识信息是构成劳动活动过程的基本要素和中介。

现代高级神经生理学、脑科学以及认知心理学等学科的研究成果表明，智力活动其实是信息活动。知识信息与智力是两种完全不同的客观存在，它们是构成智力活动的两个基本要素。如果说纯粹意义的体力劳动可以归结为人的体力消耗，但是，把智力劳动简单归结为智力消耗就不正确了。由于经典劳动概念是从能量与物质相互转化的生理学角度来揭示劳动的本质，就把人脑复杂的信息活动归结为简单的机械的物理运动形式了，以致对劳动过程的认识陷入了表面化和简单化。

二、经典劳动内涵缺失知识要素的原因

劳动是劳动力或劳动能力的使用，以往人们只把劳动力或劳动能力理解为人

的体力和智力的总和，而把构成劳动力或劳动能力必不可少的知识要素给忽略了。关于劳动力或劳动能力，马克思就明确指出：“我们把劳动力或劳动能力，理解为人的身体即活的人体中存在的、每当人生产某种使用价值时就运用的体力和智力的总和”。（马克思著．资本论．第1卷．北京：人民出版社，2004，第195页）的确，以往人们没有把知识要素作为劳动力或劳动能力的组成内容，由此造成了经典劳动概念内涵中不包括知识要素。难道古往今来的思想家们就真的没有认识到知识在人类认识活动中不可或缺的基础地位与无与伦比的重大作用吗？这岂不是令人费解吗？究其原因，其实人们并非不知道知识对于认识活动的基础性重大意义，而是想当然的把智力与知识混为一谈，认为智力已经包含了知识，把知识作为智力的子集，或者说，把知识作为智力的组成内容，认为知识即是智力。比如，我国经济学家钱伯海就做了这样的阐述，他说：“体力与智力的结合，人们称之为劳动素质。智力是指劳动力的文化科学和知识水平，包括领导者的生产经验和劳动技能。一般说，劳动素质还包括劳动者的勤奋程度和敬业精神。”（钱伯海著．国民经济学．北京：中国经济出版社，2000，第28页）

那么，在经济学的经典劳动定义中使用的智力概念是否包含了知识要素呢？回答是否定的，经典劳动定义中使用的智力概念是不包含知识要素的。因为：第一，智力和知识这两个概念原本就是相互区别的概念，这在流行的心理学教科书中已经做了明确的辨析。智力和知识这两个概念并不是经济学的范畴，智力概念是高级神经生理学、脑科学以及心理学的研究对象，是指人的大脑机能或能力，它反映人的个性心理特征，属于生理学和心理学的范畴；而知识概念属于认识论和心理学范畴，它是人的认识过程中的构成要素和认识成果，属于人的心理活动过程的范畴。智力与知识各有其独立的内涵或规定性，并非相互包含关系，属于不同学科领域的概念范畴，绝不能将两者混为一谈。对于经济学来说，智力这个概念是从其他学科引用来的概念，经济学应该遵循智力和知识概念的原本的内涵规定，不应该将智力与知识这两个概念异化，尤其不能把这两个本质不同的而且已做了明确区分的概念混为一谈。事实上，经典劳动定义中使用的智力概念正是使用了生理学意义上的智力概念，马克思在劳动二重性原理中就明确指出：“一切劳动，一方面是人类劳动力在生理学意义上的耗费。”

第二，如果从下定义的角度来看，规定智力中包含知识要素也不是不可以，问题在于这样给出的界定是否被普遍认可和接受，以及确实按这样界定的内涵去使用这个概念，就是说，一切使用这个概念的人都清楚这个概念的涵义，并且无异议地得到贯彻和遵循，这就是所谓应该遵循概念内涵的统一性和一贯性原则。只要大家约定智力中包括知识要素，那么只要共同遵循这个约定并将其贯彻下去，那么人们也不会产生歧义。然而，令人遗憾的是，经济学使用的智力概念显然不包含知识要素，因为在经典劳动概念中没有知识要素存在的一席之地。

的确，虽然经济学家们在脑海中已经情不自禁地认为智力中包含知识要素，可是在给劳动下的经典定义中所使用的智力概念却又把智力中包含知识要素这一点抛在了脑后，就是说，经典劳动概念中的智力并不包含知识要素。由于大脑中存储的知识信息既不是物质也不是能量，更不是人体的生理构成要素，因此，当经典劳动概念从生理学意义将劳动定义为人的体力和智力的能量消耗过程后，知识信息要素在经典劳动概念里便无存身之处，这就把构成劳动过程最重要的知识信息要素给抹杀了，知识信息要素完全被排除在智力劳动过程之外了。可见，在经典劳动定义里使用的智力概念是不包括知识要素的，这就与他们臆想中的智力概念包含知识要素的想法说法自相矛盾了。

第三，从方法论来看，概念的抽象并不是脱离实际的、单纯思维的过程，而是概念本身客观实现的过程，这是科学抽象的原则。按着科学抽象的这一原则，对劳动概念的抽象亦应符合该原则，具体来说，劳动概念的抽象应该基于对劳动实际过程的考察，劳动概念的生成应该是对现实劳动过程的概括、抽象和反映。劳动包括体力劳动和智力劳动两部分。体力劳动是人运用筋肉、四肢发出作用力的活动，它仅取决于劳动者本人的自然生理状况，因此，人们把体力劳动概括为人的体力消耗是恰当的，反映了体力劳动的实际过程。人们延续体力劳动的思维惯性，依样画葫芦地认为智力劳动既然是人使用其大脑进行的活动，便自然认为智力活动就是人的智力消耗过程。然而，这样的类比思维却是错误的，因为智力活动与体力活动的机理完全没有可比性，智力活动的本质是知识信息活动而非能量消耗活动，而体力活动本质上属于消耗身体能量的过程。

揭示智力活动机理的是神经生理学、脑科学、心理学等学科的任务，经济学需要借鉴这些学科的研究成果，而不是经济学家们凭直观经验对智力活动的机理做主观判断。经典作家对智力活动机理经验主义的主观武断的概括和抽象，是经典劳动定义产生先天缺陷的方法论根源。

第四节 劳动概念的发展与突破

一、劳动概念的重新定义

由于任何劳动都包括体力劳动和智力劳动两部分，而且智力劳动是人类劳动的本质，所以劳动概念的发展根本在于智力劳动概念的发展。由于经典劳动概念内涵中缺失了知识要素，致使经典劳动概念不能完整准确地反映劳动的客观真实状况。在发现了知识信息是构成智力活动的基本要素后，智力劳动概念的内涵与外延范围便具有了崭新的规定性，从而劳动概念进入到一个新境界。现代高级神经心理学、脑科学、认知心理学和认识论等学科研究成果表明，智力活动乃是人脑运用智力进行的加工知识信息的活动，而不是经典劳动概念认为的生理学意义的智力消耗活动。所以，智力劳动是指劳动主体运用大脑智力进行的加工处理知识信息的活动，以及以生成的知识信息在生产过程中发挥作用的过程。需要指出的是，不能把智力劳动与智力活动简单划等号，两者不是包含与被包含的关系，而是交集关系：一方面，智力活动比智力劳动的范围宽泛得多，而智力劳动仅是指以生产为目的的智力活动，或者说服务于生产过程的智力活动才是智力劳动；另一方面，智力劳动的外延范围又比智力活动的外延范围宽，因为智力劳动不仅包括智力活动过程，而且包括智力活动结束后以其生成的知识信息在生产过程中发挥作用的过程。

在经典劳动概念那里，智力劳动仅局限于智力活动范围内，因为经典劳动概念所说的智力消耗只能发生在智力活动过程中。但是，随着我们对智力劳动概念内涵的发展，智力劳动概念的外延范围也扩展了。按照马克思关于劳动不仅是理性的，而且是生产的或实践的，是在理性支配下的生产实践活动的理论，那么智力劳动概念的外延范围也必然扩大。因为发生在个体大脑中的智力活动，属于人的主观认识活动范围，而理性活动本身并不能发挥实践性作用，智力活动发挥实践性作用是通过其认识成果即知识信息驾驭、调度和控制人的劳动行为和机器工作实现的，所以，智力活动以其获得的知识成果发挥生产性作用的过程属于智力劳动的范围。这样，智力劳动概念的外延范围由以往的局限于主体自身的智力活动，发展到智力活动结束后以其生成的知识成果在生产过程中发挥作用的过程。一句话，智力劳动不仅包括加工处理生成知识信息的智力活动过程，还包括智力活动以其生成的知识信息发挥生产性作用的过程。

随着智力劳动概念的发展，体力劳动概念的内涵也需要做出相应的改变。现在，体力劳动概念是指劳动主体在智力劳动生成的知识信息指挥和控制下进行的体力消耗活动。虽然体力劳动的本质规定性仍然是体能消耗活动，这与经典劳动概念的规定是一致的，但是不同之处在于，我们增加了体力劳动与智力劳动的关系，即体能消耗活动是在智力劳动生成的知识信息指挥和控制下进行的。在经典劳动概念那里，体力劳动和智力劳动分别是体能消耗过程和智能消耗过程，两种劳动形式之间的能量消耗过程是各自独立的、并列的，没有任何内在联系。在智力劳动概念发展后，揭示了体力劳动的活动方式受控于智力劳动输出的知识信息，这就与现实生活中的“以知统行”的人类活动方式相符合了。

我们上面是从流动状态的劳动即活劳动的视角对劳动概念所下的定义，人们通常所说的劳动就是指活劳动概念。但是，除了活劳动，还有另外两种劳动形态，这就是马克思提出的劳动三种形态理论。下面从劳动三种形态的视角来全面概括一下本书提出的劳动概念，以便对发展的劳动概念及其三种形态的内在关系有个整体了解。

首先，就潜在状态的劳动即人的劳动能力或劳动力来看，人的劳动能力或劳动力是由人的智力、体力和知识三要素共同构成的有机整体素质。其中，智力和知识共同构成人的智力活动能力的素质基础，体力构成体力活动能力素质基础。

其次，就流动状态的劳动即劳动力的使用或劳动过程来看，劳动力的使用乃是构成劳动力三要素的统一使用，劳动力三要素的统一使用形成了智力劳动和体力劳动。其中，大脑智力与知识两要素相互联结相互作用形成智力劳动。体力劳动则是在智力劳动生成的知识信息控制下的体力消耗过程。虽然智力劳动以其知识信息发挥生产性作用的过程不会发生劳动主体的体力和智力的消耗，但却是智力劳动的有机构成部分，智力劳动概念的外延范围因此扩大了。

不仅智力劳动概念的外延范围扩大了，而且由于知识信息能够脱离生成它的智力活动主体而被储存、保管和传播，以致知识信息能够脱离其智力活动的主体并发挥生产性作用。因此，知识信息是生产它的智力劳动发挥作用的化身或中介。当知识信息成为活劳动的知识构成要素时，作为智力劳动化身的知识信息就与活劳动之间形成了协作劳动或结合劳动。由于任何人的智力劳动都需要大量使用他人的知识成果，因此任何劳动者的智力劳动本质上都是一种协作劳动或共同劳动。

最后，就凝固状态的劳动即劳动结果或劳动产品看，劳动产品是劳动物化的结果即物化劳动。劳动物化包括体能、智能和知识信息的物化，其中体力劳动是体能消耗的物化，智力劳动是智能消耗和生成的知识信息的物化。劳动产品即物化劳动是知识信息物化或信息体化的产物，是知识信息的物质存在形式。由于知识是生产它的智力劳动的化身，而物化劳动的使用价值是知识使用价值的外化和物质化，所以物化劳动的使用价值就是生产它的智力劳动的使用价值的实现形式。

二、对经典劳动概念的重大突破

发展的劳动概念与经典劳动概念相比，至少在以下 7 个方面有重大突破：

第一，构成劳动力的要素包括知识要素。

现实的劳动力总是具有一定知识和技能的劳动力，劳动者的知识素质是构成劳动能力的基本要素，而且是劳动能力最重要的构成要素，劳动能力的提高，劳动能力的大小，主要取决于劳动者的知识素质。这与只把劳动力理解为生理学意义的体力和智力总和的经典劳动观念有重大区别。事实上，即使在人类处于原始的、粗野的、没有诞生人类文明的野蛮时代，人类最初的原始劳动也是以具备哪怕是最低级的抽象思维能力和最微不足道的经验知识为基础和前提条件的，否则就没有人类劳动的目的性，没有劳动目的性的劳动就无所谓人类劳动，也就没有人类的诞生。劳动的目的性是人类劳动的基本特征，是人类劳动与动物的本能劳动的根本区别。劳动目的性是人类大脑知识活动的结果，没有知识的大脑只能是一片空白，不可能产生人类活动的目的性。没有知识的人脑犹如“狼孩”的大脑，与动物的大脑无异，有人脑之名而无人脑之实。毋庸置疑，具备一定的知识和技能是劳动力执行某种分工劳动的必备素质和先决条件，知识是构成劳动力的要素之一。

第二，用知识含量衡量简单劳动和复杂劳动。

古典经济学家和马克思主义经济学家都认为复杂劳动在相同时间内创造的价值是简单劳动的倍数。但是，在回答为什么复杂劳动创造的价值高时，古典经济学家没有明确回答，而马克思主义经济学家给出的两种解释也不能令人满意和信服。发展的劳动概念能够十分明确地回答为什么复杂劳动创造的价值高了。发展的劳动概念揭示了物化于劳动产品中的不仅包括智力和体力的消耗，还包括知识信息的物化，物化的知识信息形成的知识价值构成了商品价值最重要的组成部分，正是这个知识价值的差别决定了复杂劳动创造的价值高，知识价值正是造成复杂劳动是简单劳动倍数的根本原因。

第三，智力劳动的本质是知识信息活动。

在经典劳动概念那里，把智力劳动与体力劳动混为一谈，认为智力劳动与体力劳动一样，也是劳动者运用智力消耗身体能量的过程，而且认为智力劳动与体力劳动之间是没有任何联系的两个各自独立的能量消耗过程。这就把人类有目的的劳动等同于动物本能的消耗身体能量的过程，这显然与人的真实劳动过程相去甚远。经典劳动概念的根本性缺陷就在于把智力劳动看成智力活动消耗能量的过程，而没有认识到智力活动本质上是知识信息活动。

以现代高级神经生理学和脑科学为基础的智力劳动新概念，揭示了智力劳动是劳动者运用智力对输入和储存在大脑中的知识信息进行加工处理生成知识信息的活动。从智力活动的知识成果看，如果生成的知识是对已存在知识的消化、吸收和再现，则属于再现型智力劳动；如果生成的知识是对已存在知识的创新从而产生了新知识，则属于创新型或创造型智力劳动。与此同时，体力劳动乃是在智力劳动生成的知识信息控制下的体力消耗过程，从而体力劳动不再是简单的体力消耗过程，而是从属于智力劳动。任何人的实际劳动行为始终都是在大脑支配和控制下的智力与体力融为一体的有机活动过程。劳动作为劳动力的使用乃是智力、体力和知识三要素的统一使用，而不是经典劳动概念所说的智力和体力两要素的统一使用。

第四，扩大了智力劳动概念的外延范围。

马克思主义哲学的劳动观正确地指出，劳动不仅是理性的，而且是生产的或实践的，是在理性支配下的生产实践活动。无论体力劳动还是智力劳动，一切劳动都必须是生产的，必须在使用价值生产过程中发挥作用。既然劳动是主观见诸于客观的实践活动，那么智力劳动也必须是生产的。智力劳动只有在生产过程中发挥实际作用，才能说它是生产的。那么智力劳动是怎样在生产过程中发挥生产作用的呢？经典劳动概念对此是无能为力的。经典劳动概念中的智力劳动，一方面把智力劳动局限于个体的智力活动；另一方面把智力活动抽象为智力消耗能量的过程，从而把智力劳动在生产过程中发挥作用归结为能量作用。然而，发生在个体大脑中的智力活动，属于人的主观认识活动范围，意识活动本身是无法发出作用力来加工改造劳动对象的；智力消耗能量是为大脑进行智力活动提供动力，消耗的能量不会对生产过程产生任何实际作用。由此可见，如果从经典劳动概念中的智力劳动出发，那么智力劳动对生产过程来说是毫无意义的，这与智力劳动在实际生产过程中发挥的决定性作用的事实相违背，这表明经典智力劳动概念无法反映智力劳动在生产过程中发挥的实际作用。

由于经典劳动概念没有认识到智力活动本质上是知识信息活动，也就不可能认识到智力劳动是以其生成的知识信息发挥作用，并非以智力活动消耗的身体能量发挥作用。知识信息发挥作用是智力劳动发挥作用的实现形式。如果说智力劳动发挥生产性作用的过程是正当的智力劳动过程，那么知识信息发挥作用的过程当然属于劳动过程，这两种提法是一致的。

知识信息可以独立于生成它的主体而发挥作用。由于知识信息能够脱离生成它的智力劳动主体而被储存、保管和传播，以致智力劳动发挥生产性作用的过程可以独立于其主体而存在。也就是说，知识信息可以从一个主体传递给其他主体，并成为指挥控制其他主体劳动行为的指令，如此一来，知识信息可以不是通过生成它的主体的行为劳动来发挥作用，而是可以通过其他主体的劳动行为来发挥作用，但无论是通过其自身还是通过其他主体发挥作用，都属于生成它的智力劳动的劳动过程。

总之，智力劳动概念的外延范围扩展了，现在智力劳动的范围既包括主体生成知识信息的认识活动过程或智力活动过程，又包括生成的知识信息发挥生产性作用的过程。

经典劳动概念只把智力劳动限定在智力活动。在智力劳动概念的内涵发展后，智力劳动的范围除了包括智力活动，还包括智力活动生成的知识信息发挥作用的过程。智力劳动概念的外延范围相比经典劳动概念扩大了。而且，智力劳动概念外延范围的扩大还彻底突破了以往对智力活劳动的认识，过去理解的智力活劳动必须是大脑消耗智能的智力活动，而现在，尽管知识信息发挥生产性作用的过程并不发生智力消耗，但却属于智力活劳动的范围。由于知识信息是智力劳动的成果，是物化劳动，所以，如果说知识信息发挥作用的过程属于劳动过程，等于说物化劳动发挥作用的过程是劳动过程，那么意味着物化劳动创造价值。这完全突破了传统劳动价值论坚守的只有活劳动创造价值，物化劳动不创造价值的理论。关于这方面的深入讨论参见本书第六章第一节。

第五，揭示了劳动者的智力劳动是一种协作劳动。

劳动主体在智力活动中运用的大量知识都是古人和今人的智力成果。由于这些知识是古人和今人的智力劳动的化身，因此这些知识发挥作用的过程属于生成它的主体的智力劳动的范围。当这些知识在劳动主体的智力活动中发挥作用时，意味着劳动者的智力劳动表面上是他个人的劳动活动，实际却是他与知识生产者之间的协作劳动。也就是说，劳动者的个体智力劳动本质上是与他人的知识劳动结合而成的共同劳动。个体智力劳动创造的知识价值中包括他所运用的知识或知识生产者的贡献。这与体力劳动完全不同，体力是劳动者肌体中蕴藏的一种自然物质的机械性力量，体力劳动输出的自然力全部是劳动者本人的贡献，即体力劳动全部是劳动者本人的劳动。这方面的深入研究参见本书第六章第一节智力劳动的知识中介说。

第六，解释了劳动物化的本质是劳动目的性的对象化。

劳动是人类有目的性的生产活动，或者说劳动是为实现生产目的的人类生产活动。对于物质产品生产过程来说，劳动过程就是人与自然之间物质和观念的变换过程，是人的目的、理想、知识、能力对象化为客观物质实在的过程，劳动过程结束时得到的劳动产品不过是观念产品的对象化或物质化。劳动产品是劳动目的性对象化的最终实现形式。

不但人脑消耗智能与体力消耗体能没有差别，就是人体消耗的能量与动物消耗的能量之间也没有什么差别，其实一切能量消耗形式只有量的差异，没有质的差异。所以，当经典劳动概念把劳动物化理解为智力和体力消耗的能量的对象化时，能量物化无法包含人类劳动的目的性信息。由于人体消耗能量的物化与劳动目的性没有任何联系，所以无法用能量消耗量来反映劳动目的性在劳动产品中的实现。这表明经典劳动概念无法说明人类劳动物化的本质是劳动目的性的对象化。

从发展的智力劳动概念出发，智力劳动的物化不再是简单的智力活动消耗智能的物化，而是智力活动生成的知识信息的物化。物化的知识信息中包含着人类劳动的目的性信息，知识信息的对象化使劳动目的性在劳动产品中得以实现。劳动目的性首先在智力活动设计的观念产品中实现，然后在智力劳动生成的知识信息的控制下，对劳动对象进行加工改造，劳动过程结束时得到的劳动产品就是观念产品的物质实现。就是说，由劳动目的性决定并反映劳动目的性的观念产品物化形成物质产品，从而劳动目的性在物质产品中得以实现。由此，从发展的劳动概念出发解释了劳动物化的本质是劳动目的性的对象化。

第七，物化劳动的使用属于智力劳动的继续。

不仅知识信息发挥生产性作用的过程属于劳动过程，从而扩大了智力劳动概念的外延范围，而且智力劳动还通过凝固状态的物化劳动（指劳动资料），即生产过程结束时获得的劳动成果即劳动产品，进入其他生产过程继续发挥生产性作用，从而再次扩展了智力劳动概念的外延范围。行为劳动将智力劳动生成的知识信息物化于劳动产品中，形成了产品结构和由产品结构决定的使用价值，使当下生产过程的智力劳动的有用性演变或变身为物质产品的使用价值。也就是说，劳动产品是当下生产过程的智力劳动功能的外化和物质化，是生产它的智力劳动的化身。

对于劳动资料产品的生产过程来说，表面上是生产劳动资料产品，实质却是把全部活劳动的有用性变身为劳动资料产品的使用价值。就像中国的很多家长总是把自己的理想强加给孩子，结果孩子变成了实现家长理想的载体和工具。劳动资料使用价值表面上是物的使用价值，实质却是生产它的智力劳动的使用价值。劳动资料发挥作用实质是物化的智力劳动重新作为活劳动发挥作用，是智力劳动的延伸和继续。劳动资料是生产它的智力劳动发挥生产性作用采取的一种迂回实现形式。由于智力劳动采取这种迂回实现形式放大了人类劳动能力，从而实现和证明了智力劳动的伟大。物化劳动的使用过程属于劳动过程，意味着物化劳动创造价值，这与上面关于知识信息的使用属于劳动过程并创造价值如出一辙，只不过比知识信息的提法更彻底。关于这方面的深入探讨参见本书第六章第二节。

第五章　活劳动的物化

第一节 活劳动物化原理

一、马克思劳动物化理论及其局限性

1. 马克思劳动物化理论的基本内容

劳动物化理论是用来解释劳动是如何形成商品使用价值和价值的，说明劳动与使用价值和价值之间的内在关系。马克思指出：“在劳动过程中，人的活动借助劳动资料使劳动对象发生预定的变化。过程消失在产品中。它的产品是使用价值，是经过形式变化而适合人的需要的自然物质。劳动与劳动对象结合在一起，劳动物化了，而对象被加工了。在劳动者方面曾以动的形式表现出来的东西，现在在产品方面作为静的属性，以存在的形式表现出来。劳动者纺织，产品就是纺织品。”（马克思著．资本论．第1卷．北京：人民出版社，2004年，第211页）马克思认为，劳动过程就是劳动的物化过程，劳动物化就是通过活劳动将自然客体改造成对人类有用的产品的过程，劳动过程就是加工改造劳动对象生产产品的过程，劳动活动随着劳动过程的结束，无论是体力劳动还是智力劳动都消失于生产过程之中，这种消失的流动状态的劳动在劳动过程结束时就转化为劳动的另一种形态——物化劳动的形态即劳动产品。在这里，马克思用劳动物化概念说明了劳动与商品使用价值的关系，而且马克思将商品使用价值与物化劳动作为同义语。

马克思劳动物化理论包括两个方面，一方面是具体劳动物化形成产品使用价值的理论，另一方面是抽象劳动物化形成商品价值的理论。马克思基于对现实生产过程中具体劳动物化形成产品使用价值的考察，进一步抽象出抽象劳动物化形成商品价值的理论。抽象劳动物化形成商品价值的理论是马克思劳动价值理论的核心内容，它回答了价值源泉理论有关价值实体的形成与构成的问题，以及由价值实体构成内容决定的价值量计量理论。马克思用纯粹抽象法对具体劳动物化形成产品使用价值的过程进行了理论抽象，他是这样来阐述这个抽象逻辑的，他说："如果我们把劳动产品的使用价值抽去，那么也就是把那些使劳动产品成为使用价值的物体的组成部分抽去。它们不再是桌子、房屋、纱或别的什么有用物。它们的一切可以感觉的属性都消失。它们不再是木匠劳动、瓦匠劳动、纺纱劳动或其他某种一定的生产劳动的产品了。随着劳动产品的有用性性质的消失，体现在劳动产品中的各种劳动的有用性质也消失了，因而这些劳动的各种具体形式也消失了。各种劳动不再有什么差别，全部化为相同的人类劳动，抽象人类劳动。"他接着说："现在我们来考察劳动产品剩下来的东西。他们剩下的只是同一的幽灵般的对象性，只是无差别的人类劳动的单纯凝结，即不管以哪种形式进行的人类劳动力耗费的单纯凝结。这些物现在只是表示，在他们的生产上耗费了人类劳动力，积累了人类劳动。这些物，作为它们共有的这个社会实体的结晶，就是价值——商品价值。"（马克思著．资本论．第 1 卷．北京：人民出版社，2004，第 51 页）至此，马克思通过对具体劳动与使用价值之间物化关系的抽象，逻辑地得出了商品价值实体是抽象人类劳动凝结的结论，商品具有价值只是因为抽象人类劳动对象化或物化在里面。

马克思劳动二重性原理是对劳动物化问题的高度概括，他说："一切劳动，一方面是人类劳动力在生理学意义的耗费；就相同的或抽象的人类劳动这个属性来说，它形成商品价值。一切劳动，另一方面是人类劳动力在特殊的有一定目的的形式上的耗费；就具体的有用的劳动这个属性来说，它生产使用价值。"（马克思著．资本论．第 1 卷．北京：人民出版社，2004，第 60 页）马克思高度评价他自己提出的这个劳动二重性理论，他说："商品中包含的劳动的这种二重性是首先由我批判地证明了的。这一点是理解政治经济学的枢纽。"（马克思著．资本论．第 1 卷．北京：人民出版社，2004，第 54 页）马克思以劳动二重性理论为基础建立起马克思主义经济学的劳动价值论，正是这个劳动二重性理论的发现使其建立的劳动价值论区别于过去古典经济学的劳动价值论。劳动二重性理论被认为是马克思的最伟大发现，因为如果你承认了劳动二重性理论，那么你就必须承认马克思的劳动价值论，而接受了马克思劳动价值论，你就必然接受用劳动价值论解释的资本主义经济现象的几乎全部结论。

2. 马克思劳动物化原理的局限性

从马克思劳动二重性原理来看，劳动物化理论包括两个方面内容：一是劳动物化形成商品使用价值的理论；一是劳动物化形成商品价值的理论。关于劳动物化形成使用价值的问题并没有引起马克思的重视，虽然马克思提出劳动的各种有用形式创造了使用价值，但是劳动有用形式由什么东西决定？这个决定劳动有用形式的东西又是如何物化形成使用价值的？马克思并没有探讨这些问题。在马克思看来，具体劳动及其与使用价值的关系不属于经济学的范畴而属于具体技术科学的范畴。马克思认为形成商品价值的劳动是抽象劳动，只有抽象劳动物化形成商品价值的问题才是经济学问题。

抽象劳动是对具体劳动的抽象，只有搞清楚了具体劳动的内涵，才能对具体劳动进行抽象，进而形成完整准确的抽象劳动概念。由于具体劳动是指劳动具体有用形式不同的劳动，因此劳动的具体有用形式是具体劳动的本质规定性，是具体劳动之所以为具体劳动的本质规定性。那么“是什么决定了劳动的具体有用形式”呢？马克思本人和后来的经济学们都没有探讨这个问题。由于马克思没有探讨“是什么决定了劳动的具体有用形式”，以致他在对具体劳动进行抽象提炼劳动共性特征即抽象劳动概念时，完全没有考虑对具体劳动应该包含的决定劳动有用形式的要素的抽象，只把具体劳动的共性特征归结为体力和智力的消耗。体力和智力作为一般生理学意义的能量消耗不包含任何决定劳动有用形式的因子，自然也不包含形成使用价值的因子。

马克思为什么在抽象劳动概念中把具体劳动中的本质规定性即“形成使用价值的劳动有用形式”的内容给丢掉了呢？因为马克思认为对具体劳动的抽象就是要抽象掉劳动的各种有用形式，因此抽象劳动概念中就不应包含有关劳动有用形式的规定性。显然，马克思把抽象掉劳动的各种有用形式理解为舍弃掉劳动的各种有用形式，从概念形成逻辑来看，这种理解是有失偏颇的。因为概念抽象是指从个性中概括出共性，抽象掉个性特征是为了概括出共性特征，而不是把寓于个性中的共性一起抛弃掉，就如同不能把婴儿和洗澡水一起倒掉一样。比如，每个人的两条腿都各不相同，有的人腿长，有的人腿短，世界上没有两条完全一样腿的人，然而，我们不能因为每个人的两条腿都各不相同就舍弃人是两足动物这个共性特征。同理，虽然具体劳动的劳动有用形式各不相同，但是抽去各不相同的劳动有用形式后剩下的是所有劳动都必须有用这个共性特征。抽象劳动有用性简称劳动有用性，是对具体劳动的劳动有用形式的抽象概括。

由于马克思没有探讨“是什么决定了劳动的具体有用形式”这个问题，也就不可能提炼出决定抽象劳动有用性的因素，因此抽象劳动概念中就不可能包含决定劳动有用性的共性因子。由于抽象劳动概念内涵不完整，所以对抽象劳动物化形成的价值实体的认识也不会完整准确。关于这方面的深入讨论参见第七章第二节和第三节。

接下来，从发展的劳动概念出发，探讨体力劳动和智力劳动的物化原理。

二、体力劳动物化原理

在劳动过程中，体力劳动在大脑输出知识信息的指令下通过激发、控制和驾驭人的器官运动输出体内蕴藏的自然力发挥作用。可见，体力劳动的性质是输出体内蕴藏的自然力，其作用是身体发出的自然力作用于劳动对象，使劳动对象发生位置移动或结构形态改变。体力劳动的性质和作用决定了只能从物质变换过程来考察体力劳动物化的内容与性质。

体力劳动以作用力的形式在物质变换过程中发挥作用，从物理学观点看，衡量力的作用过程是以功来表示，人之体力消耗实际就是身体发出作用力的做功过程，而且做功过程同时也就是能量的转化过程。在物质变换的生产过程中，由于劳动分工，体力劳动会以极其不同的具体劳动形式参与到这个物质变换过程中，体力劳动发出自然力的作用方式和作用对象各不相同，比如搬运工发出作用力使物品产生位置移动，机器操作工操作机器设备加工劳动对象使其结构形态发生改变，装配工把零部件组装成一个具有新功能的产品。按体力劳动是否直接作用于劳动对象，可以区分为直接体力劳动和间接体力劳动。直接体力劳动是指从事体力劳动的劳动者使用劳动工具直接作用于构成产品体的那些劳动对象，使这些劳动对象发生一定的结构变化，这些被加工改造的劳动对象最终组装成产成品。由于直接体力劳动发出的作用力通过劳动工具传导给劳动对象，因而劳动对象的结构变化中就包含着这种体力的作用，换言之，直接体力劳动消耗的体力凝结在了劳动产品中。比如那些生产线上的蓝领工人从事的体力劳动就是直接体力劳动。间接体力劳动是指从事辅助体力劳动的劳动者，他们的体力劳动不直接作用于构成产品体的那些劳动对象，他们为直接生产过程提供服务，比如为生产线提供维修服务的体力劳动，生产车间的清洁工的体力劳动，等等，都是间接体力劳动。间接体力劳动由于其发出的体力不能直接传导到劳动对象身上，因而不能使劳动对象发生一定的结构变化，那么最终产品中就不存在任何他们作用的痕迹，这表明间接体力劳动消耗的体力没有直接凝结在劳动产品中。

从物质与能量转化守恒的物理学视角来考察体力劳动的物化过程，能更好地帮助我们理解体力劳动的物化原理。使用价值的生产过程是一个物质变换过程，而物质变换过程本质上就是能量与物质的转化过程，整个生产过程消耗的能量（既包括自然力也包括人之体力劳动消耗的能量）最终都将转化为最终生产出来的产品身上，劳动产品既是做功的结果同时也是能量的转化形态。因此，在体力劳动发出作用力改造劳动对象的做功过程中，随着作用力对劳动对象的作用，作用力消失的同时劳动对象被加工改变了，消失的能量转化为劳动对象的改变。也就是说，作用力是劳动对象发生改变的现实物质力量，没有作用力就没有劳动对象物质形态的改变。所以，体力在改变劳动对象过程中将其消耗的体能物化在了产品之中。这就是马克思所说的劳动物化。对于体力劳动来说，马克思以能量视角得出劳动物化就是消耗的体力凝结于劳动对象的理论显然是正确的。尽管体力劳动发出作用力的作用对象并非都直接指向形成劳动产品的劳动对象，有直接体力劳动与间接体力劳动之分，而且直接体力劳动的体力消耗直接凝结在了劳动产品身上，而间接体力劳动的体力消耗没有直接凝结在劳动产品身上，但无论他们的体力消耗是否真的凝结在了劳动产品身上，只要是为生产产品支出的体力消耗就都视为物化在了劳动产品身上。

体力劳动并非只是单纯的体力消耗，人之体力支出行为受控于人的大脑智力活动，是在人之大脑智力活动发出的信息指令控制下，由身体四肢的肌肉紧张产生的作用力。体力发出的作用力受控于大脑中枢神经发出的信息，信息与作用力总是相互结合在一起，作用力是知识信息的载体，因此作用力不只是单纯的能量，还包含了信息。由于信息与能量是完全不同的构成世界的两类基本要素，当人之体力发出的作用力物化于产品时，作用力所包含的知识信息也必然物化于产品之中。由于知识信息是智力劳动的成果，因而作用力中包含的知识信息的物化属于智力劳动的物化范畴。当体力劳动作为与脑力劳动对应的概念时，体力劳动是一种现实的劳动形式；当体力劳动与智力劳动相对应时，体力劳动是构成任何现实劳动的有机组成部分。即使是现实形态的体力劳动，我们仍然把体力劳动中包含的智力劳动的成分纳入智力劳动物化理论之中，体力劳动物化原理只针对体力消耗，这种按劳动主体构成探讨劳动物化原理的方法，我们称之为结构化分析方法，使用这种方法便于从整体结构上把握劳动物化的全貌。

三、生产使用价值的智力劳动的物化原理

虽然智能和体能都是一种能量支出形式，但性质却完全不同。体力劳动消耗的体能通过转化为机械力对劳动对象做功，从而使劳动对象的物质结构发生改变，而智力劳动消耗智能对劳动对象不会产生任何物质性作用力。单纯从生理学意义的能量消耗来看，大脑进行的信息活动是人脑细胞的活动过程，人脑细胞的活动过程需要消耗能量，因此大脑消耗智能是为了维持大脑进行信息活动。显然，这与体力劳动消耗能量的意义根本不同，体力劳动消耗体能是为了发出作用力对劳动对象进行加工改造；而智力活动消耗智能是支持大脑进行知识信息活动，智能消耗从属于大脑进行的知识信息活动；智力劳动不是以其消耗的智能对生产过程发挥作用，而是以其生成的知识信息发挥作用的，知识信息通过控制人

的行为和机器运行实现对劳动对象的加工改造。所谓人的“意念”搬移物体只是骗术或魔术，根本就不存在。那种认为智力劳动消耗的智能像体力劳动消耗的体能一样，在加工改造劳动对象的过程中将其消耗的能量物化于产品中，并转化为劳动对象物质结构的变化的认识是错误的。

智力劳动需要消耗能量，但大脑在智力活动过程中消耗的能量与取得的知识成果之间并不遵守能量转化守恒定律。就是说，智能消耗的多少与取得的知识成果之间并不呈现正比例关系，不能简单地说消耗智能越多，取得的知识成果就越大，反之，也不能说取得的知识成果大消耗的智能就一定多。一个人在进行智力活动时消耗能量的多少不仅与知识活动的复杂程度和难度有关，还与一个人的智力水平、用脑方法、用脑习惯、用脑卫生、知识水平以及使用的智力工具如计算机等多种因素有关。比如，让一个只具有高中以下知识水平的人去研究爱因斯坦广义相对论的问题，即使他天天冥思苦想，江郎才尽，乃至穷其毕生精力也难以获得任何知识成果。

马克思把劳动过程简化为一个简单的劳动过程：“在劳动过程中，人的活动借助劳动资料使劳动对象发生预定的变化。”从使用价值的生产过程来看，马克思认为劳动过程就是物质变换过程，即劳动者借助劳动资料输出作用力作用于劳动对象并使之发生预定结构变化的物质变换过程。如果从物质变换过程的视角考察劳动过程，那么这个物质变换过程的实质是作用力做功改造劳动对象的能量与物质的变换过程。作用力加工改造劳动对象的做功过程就是能量与物质转化的过程，作用力则来自于人的体力和劳动资料控制的自然力。作用力对劳动对象做功使其物质结构按照劳动目的发生改变，但是，劳动目的性不是由能量消耗本身或作用力做功决定的，能量消耗或作用力做功本身是没有目的性的，它不能决定劳动对象被改造成什么结构状态；劳动对象被改造成什么样的结构状态是由智力劳动生成的知识信息指令决定的，这些知识信息指令控制着劳动资料的工作方式及其发出的作用力强度。智力劳动通过生成的知识信息驾驭、调度和控制着整个物质变换过程，全部生产活动都不过是主体目的性的实现过程。

智力活动生成的知识信息构成了生产过程的信息流，随着信息控制下的人的作用力和机器的作用力按照预定的方式作用于劳动对象，主体的目的性通过知识信息的物化最终在劳动对象中得以实现，从而改变了劳动对象的结构和状态，使之成为符合预先按照人的目的设计的产品。与此同时，作用力本身承载着智力劳动输出的信息指令，在作用力加工改造劳动对象的过程中，将其本身承载的知识信息凝结于产品结构之中，从而产品结构成为编码储存知识信息的载体。劳动对象结构形态的改变实质是劳动对象不断进行的信息体化过程，劳动结束时获得的劳动产品就是知识信息物化形成的信息体，产品特有的结构决定的使用价值就成为凝结于其中的知识信息使用价值的物质实现形式了。比如竣工完成的建筑物不过是建筑师在大脑中已经建成的知识形态的建筑物的实现而已。如果去掉产品的物质外衣，产品剩下的就只是观念形态的知识产品了。例如，仿制某设备，首先要把设备拆成零件和部件，然后对零件和部件进行测绘形成各种尺寸数据，根据这些测绘数据重新设计出图纸，最后根据这些设计图纸制造所要仿制的设备。仿制过程中测绘是关键环节，测绘的本质就是把设备中物化的知识信息重新再现出来，仿制的设备无非是把被仿制设备中物化的知识信息重新物化到仿制设备中，形成与被仿制设备相同的使用价值，这个例子说明设备的使用价值就是知识使用价值的物质化。

总之，创造使用价值的智力劳动的物化包括生成的知识信息的物化和智力活动消耗智能的物化。知识信息物化的结果是将劳动对象加工改造成人类需要的使用价值，或者说产品使用价值是知识信息使用价值的外化和物质存在形式。智力活动消耗智能是为了支持大脑进行知识信息活动，因此智能消耗的物化从属于知识信息的物化。

四、提高生产效率的智力劳动的物化问题

商品使用价值的生产不仅要解决把自然界不存在的使用价值生产出来的问题，而且，由于生产使用价值的生产要素是稀缺的，人类必须解决生产要素的最佳配置和有效利用的问题，即生产效率问题。生产效率解决的是如何以最少的资源消耗生产出尽可能多的满足人类需要的使用价值。生产效率问题源于生产使用价值需要投入的资源如人力、物力、财力都是稀缺的，如果资源取之不尽用之不竭，而且资源的利用也不产生环境破坏，那么生产效率就不是问题，也就不需要研究提高生产效率的知识体系了，当然也就不存在经济学和经济管理学了。如果不考虑生产效率，或者说以牺牲生产效率为代价，那么财富的增长就容易得多。一些政府之所以会经常遭到社会舆论的批评，就是因为他们在追求财富增长速度（即 GDP 增长速度）时付出的代价非常高，比如高消耗、高能耗、高污染。

怎样衡量生产效率？生产效率是指以最少的投入获得最大的产出，即：在既定的投入条件下获得更高的产出；或者，用较少的投入获得了相同的产出。比如消耗更少的能源、原材料、劳动时间等，或者利用同样多的资源能够生产出更多的使用价值量，比如过去消耗一度电只能生产一件某产品，现在消耗一度电能生产两件某产品。生产效率可以用实物量的消耗或利用水平来衡量，但由于实物量无法汇总计算和比较，因此资源投入与产出的关系的确定需要用价值尺度计量，

通常用货币尺度。

“生产什么物品和劳务以及各生产多少”与“怎样生产”是使用价值生产过程中的两个基本问题。“生产什么”就是生产什么使用价值的问题，“怎样生产”就是解决生产效率的问题。无论是解决“生产什么”还是解决“怎样生产”的问题，首先必须依靠智力劳动来解决。为此，可以把生产使用价值智力劳动区分为解决“生产什么”的智力劳动和解决“怎样生产”的智力劳动。相应的，智力劳动在生产过程中运用和生成的知识总体上可以分为两大类：一类是关于设计和制造产品使用价值的知识体系，即关于“生产什么”的知识体系；一类是关于如何有效率地组织生产的知识体系，即“怎样生产”的知识体系。

解决“生产什么”的智力劳动与解决“怎样生产”的智力劳动之间并不存在严格的界限，两者之间相互渗透和融合，你中有我，我中有你。“生产什么”是生产的目标、起点和最终劳动结果，“怎样生产”是生产的过程和手段。生产目的决定生产手段，生产手段为实现生产目的服务。比如，制作面包需要的设备包括烤箱、打蛋机、和面机、发酵箱、冰柜等设备；生产方便面需要的机器设备包括搅面机、压面机、蒸煮机、切断机、工作台、油炸机、冷却机、包装机等设备。可见，虽然面包和方便面两种食品的使用价值如此接近，但生产面包和方便面的生产手段却大相径庭，足见生产什么使用价值决定了使用什么生产手段或劳动工具进行生产。虽然劳动工具本身就意味着生产效率，但是劳动工具也有很多选择，比如同类设备的品牌、型号、规格、能耗、功能等技术参数的差别，因此，仍要从生产效率角度考虑生产设备的选择问题。

对于整个生产过程来说，一切劳动都是生产使用价值的整体劳动的有机构成部分。生产效率乃是生产使用价值的整体劳动的效率。在整体劳动中，直接影响并决定生产效率的劳动是那些直接从事使用价值生产的劳动，就是说，生产效率最终要体现在进行加工改造劳动对象的生产劳动身上，即资源在他们手上消耗，产品由他们产出。而以提高生产效率为目的劳动并不直接影响生产效率，它通过提升直接从事使用价值生产的劳动的效率而间接影响生产效率。由此可见，以提升生产效率为目的的劳动从属于或依附于直接生产使用价值的劳动。比如，管理劳动是为了提升生产效率而存在的劳动形式，管理者本人并不直接从事生产使用价值的劳动，而是通过指挥、组织、控制和协调让别人把活干得更好，使直接生产使用价值的劳动更有效率。所以，生产效率不应作为管理的直接目的，管理的直接目的应该是让别人更好的干活，确保生产使用价值的生产劳动有效率。管理的直接目的实现了，管理的最终目的——提高生产效率才能实现。

虽然以提高生产效率为目的的劳动的物化也必然是体力、智力和生成的知识信息的物化，但由于这类劳动服务于或从属于创造使用价值的劳动，因此，这类劳动作为整体劳动的一部分随着创造使用价值的劳动的物化而物化，依附于生产使用价值的劳动形成的价值实体身上，与之构成统一的价值实体。

第二节　活劳动形成的价值实体

一、劳动物化形成的价值实体

马克思用劳动物化来说明价值的来源或价值实体是什么，这是马克思提出物化劳动概念的真正目的所在，他说，“处于流动状态的人类劳动力或人类劳动形成价值，但本身不是价值。它在凝固的状态中，在对象化的形式上才成为价值。”（马克思著．资本论．第1卷．北京：人民出版社，2004，第65页）“把价值看作只是劳动时间的凝结，只是物化的劳动，这对于认识价值本身具有决定性的意义。”（马克思著．资本论．第1卷．北京：人民出版社，2004，第242页）马克思认为，“使用价值或财物具有价值，只是因为抽象人类劳动对象化或物化在里面。”（马克思著．资本论．第1卷．北京：人民出版社，2004，第51页）因此，价值“只是无差别的人类劳动的单纯凝结，即不管以哪种形式进行的人类劳动力耗费的单纯凝结”。（马克思著．资本论．第1卷．北京：人民出版社，2004，第56页）由于马克思所说的无差别的人类劳动就是人类生理学意义的体力和智力的消耗，所以，价值实体由劳动力在劳动过程中消耗的体能和智能的物化构成。

马克思所说的劳动物化并不是指劳动真的凝结在了产品中，这只是他的比喻性的形象说法，是指劳动体现、实现在某种使用价值中，而不是说劳动必须以某种可以捉摸的东西固定在劳动产品之中，即劳动对象中不会凝结任何智能和体能的能量因子，正如“凝结”不是指劳动遇冷而冻结，“结晶”也不是说劳动由液体变为晶体一样。对此，马克思明确地指出：“同商品体的可感觉的粗糙的对象性正好相反，在商品体的价值对象中连一个自然物原子也没有。因此，每一个商品不管你怎样颠来倒去，它作为价值物总是不可捉摸的……它们的价值对象性纯粹是社会的。”（马克思著．资本论．第1卷．北京：人民出版社，2004，第61页）无疑，马克思所说的价值实体只是劳动输出物的一种抽象形式，而且劳动输出物只有在抽象形式上才能体现社会关系。价值实体是对劳动输出物的抽象，至于劳动输出物是否真的凝结在产品身上并不是这种抽象的前提和基础。马克思之所以把劳动输出物对象化在商品身上，只是因为提出价值实体这个概念是为了说明商品具有价值属性，当然就把价值实体归结在劳动产品身上了。

二、价值实体由时间价值和知识价值构成

价值实体是抽象劳动的物化，马克思将抽象劳动定义为劳动力的体力和智力的支出，因此，马克思定义的价值实体由劳动力支出的体力和智力构成。然而，由于劳动概念和劳动物化理论的发展，提出了与经典劳动物化理论不同的智力劳动物化理论。智力劳动的本质不是大脑生理学意义的智能消耗过程，而是大脑进行的知识信息活动，因此，智力劳动物化的本质乃是其生成的知识信息的物化。除了知识信息的物化，由于人脑在进行智力活动过程中当然需要消耗大脑智能，所以，智力劳动的物化自然包括智能的物化。由此，智力劳动形成的价值实体由智力和知识两要素的物化构成。再加上体力劳动消耗的体力的物化，那么劳动物化形成的价值实体由体力、智力和知识信息三个基本要素构成。这与传统劳动物化理论认为价值实体由体力和智力两个要素构成是不同的。

现在，形成价值实体的劳动量由体力劳动的体力消耗量和智力劳动的智能消耗量以及生成输出的知识信息量构成。形成商品价值实体的劳动量就是商品价值量，对劳动量的计量就是对价值量的计量。由于劳动力的体力和智力的消耗量与劳动持续时间成正比，所以马克思基于经典劳动概念认为，劳动量用劳动时间计量。然而，我们发展的劳动物化理论揭示了，商品价值由体力劳动创造的价值和由智力劳动创造的价值共同构成，其中，体力劳动创造的价值用体力消耗量计量；智力劳动创造的价值由智能消耗量和知识价值量两部分计量构成。鉴于体力消耗量和智能消耗量与劳动时间成正比，为今后叙述方便起见，我们把用劳动时间计量的体力消耗量和智能消耗量简称为时间价值。知识价值与劳动时间没有关系，知识价值由知识的有用性决定，马克思的商品价值构成中没有包括知识价值。这样一来，商品的价值量由构成价值实体的时间价值和知识价值共同构成，对价值量的计量就归结为关于时间价值和知识价值的计量问题。

若以 V_H表示商品中凝结的活劳动价值，V_{HT}表示商品中凝结的时间价值，V_{HZ}表示商品中凝结的知识价值，那么活劳动形成的价值 $V_H = V_{HT} + V_{HZ}$。

第六章　物化劳动的劳动原理

第一节　智力劳动的知识中介说

一、智力劳动的知识中介说

发展的智力劳动概念揭示了智力劳动不是以智力活动对生产过程发挥作用，而是以生成的知识信息在生产过程中发挥作用。对于劳动过程来说，智力劳动只有在使用价值的生产活动中发挥实际作用或施加了影响才属于生产劳动，因此，智力活动生成的知识信息在生产过程中发挥作用的过程属于劳动范围，从而智力劳动概念的外延范围扩大了。智力劳动既包括发生在大脑中进行加工处理知识信息的智力活动，又包括生成的知识信息在生产过程中发挥作用的过程，即知识信息的物化过程。

为了分析智力劳动的这两个劳动过程的关系，我们把发生在大脑中进行加工处理生成知识信息的智力活动称之为概念劳动。按照概念劳动生成的知识信息指令执行加工改造劳动对象的实践性劳动活动称之为行为劳动。概念劳动是智力劳动主体在思维中根据过去经验、知识对来自客体的信息进行识辨、存储、加工改造、再生创造的智力活动，是主体通过认识活动形成的计划、方案、设计、工艺、规范、标准、程序等知识成果。概念劳动生成的知识信息是其劳动结果，因而知识信息是物化劳动。知识信息只是一种精神力量，它本身不能产生改造劳动对象的物质力量，它只有与行为劳动结合才能将精神力量转化为巨大的物质力量。在生产过程中，概念劳动主体乃是把在认识过程中形成的知识成果转化为改造客体的指令信息，通过这些知识信息指挥和控制人的行为和劳动资料的使用，从而使智力劳动成为整体生产劳动的灵魂和策源地。

概念劳动必须通过行为劳动才能发挥实际作用。概念劳动与行为劳动之间的关系是概念劳动先于行为劳动，即“以知统行”。虽然从整体劳动的视角来看，概念劳动与行为劳动即“知与行”一定是统一的，但是，从个体劳动来考察，概念劳动与行为劳动即“知与行”是可以分开的。就是说，概念劳动与行为劳动可以是发生在同一主体身上，也可以基于分工发生在不同主体身上。例如，一个技术发明家既从事有关发明的概念劳动又进行把发明变成现实的动手劳动，此时概念劳动与行为劳动统一于发明家一个人身上。如果发明家只是把图纸设计出来，然后交给工人按他的图纸进行生产，此时概念劳动与行为劳动就分离了，发明家只从事概念劳动，工人则执行行为劳动。

概念劳动之所以能够与行为劳动分开，是因为连接概念劳动与行为劳动的知识信息的特性使然，即知识信息能够在脱离生成它的人脑后被储存、保管和传播，这乃是知识信息具有的可储存和传播的性质。知识信息可以从生成它的信源（即概念劳动主体）传播给其他劳动主体（包括概念劳动主体和行为劳动主体）。因此，概念劳动主体生成的知识信息能够以三种途径作用于其他主体：一是概念劳动主体生成的知识信息指挥自己的劳动行为，即概念劳动主体与行为劳动主体是一个主体；二是概念劳动主体生成的知识信息成为其他行为劳动主体的行为指令，从而知识信息在其他主体身上发挥作用；三是概念劳动主体生成的知识信息成为其他概念劳动主体进行智力活动的知识构成要素，从而知识信息在其他概念劳动主体身上发挥作用。

如果知识信息是从一个概念劳动主体传播给其他概念劳动主体，那么概念劳动主体之间形成了协作智力劳动。就是说，表面上由接收知识信息的劳动主体单独完成的概念劳动，实际是由输出与输入知识信息的概念劳动主体间共同协作完成的。如果知识信息是从一个概念劳动主体传播给其他行为劳动主体，那么行为劳动主体在接收了这些知识信息后，该信息就成为行为劳动主体的行为指令了。当行为劳动主体按接收的知识信息执行劳动活动时，就在概念劳动主体与行为劳动主体之间形成了协作劳动。这样一来，表面上由行为劳动主体单独完成的劳动实际是由概念劳动主体与行为劳动主体共同协作完成的。

知识信息是智力劳动借以发挥作用的中介，知识信息作为智力劳动的化身在延续智力劳动过程。其一，无论概念劳动主体与行为劳动主体是否为一个主体，知识信息是使概念劳动与行为劳动结合起来的中介。概念劳动主体通过输出知识信息，驾驭、调度和控制行为劳动主体，并通过行为劳动主体在生产过程中发挥生产性作用，从而知识信息成为概念劳动主体在生产过程中发挥实际作用的中介，即知识信息扮演着智力劳动化身的角色。其二，知识信息是智力劳动由一个概念劳动主体进入其他概念劳动主体的中介。任何概念劳动主体都需要利用其他概念劳动主体提供的知识信息，每个概念劳动主体进行的知识信息活动都必以其他概念劳动主体提供的海量知识为前提和基础。知识信息是概念劳动主体间结合起来的中介，是概念劳动主体间开展协作劳动的中介。

二、没有智力消耗的智力劳动过程

从经典劳动概念出发，劳动力的体能和智能消耗以后就消失于生产过程中了，活劳动就转化为一个没有活力（即体能和智能）的死劳动即物化劳动。由于物化劳动中没有包含活劳动的任何一个能量因子，因此，物化劳动的使用完全不具有消耗体能和智能的劳动属性。既然物化劳动的使用不具有劳动性，自然也不创造价值。的确，劳动力与其体力和智力是不可分割的，难以想象脱离了人体的体能和智能还能继续作为人的本体力量发挥作用。从能量转化的角度来看，消耗的人体生物能量转化为加工改造劳动对象的机械力，并在作用于劳动对象的过程中耗散了，此时虽然被作用的物质对象产生了机械运动或物理化学变化，但是物质产品中却没有凝结任何已消耗的智能和体能的因子。因此，已消耗的体能和智能的凝固状态只是虚拟的观念形态的产物，根本不存在继续把它们作为劳动要素进行再利用的客观基础和可能性。由此可见，从经典劳动概念出发，物化劳动的使用不属于劳动范畴，自然也不能创造价值。

围绕物化劳动是否创造价值问题的分歧，致使马克思经济学与西方经济学分道扬镳了。显然，这是一个充满诱惑和令人困惑的课题，至今没有令人信服的答案。幸运的是，本书已经掌握了解开谜团的钥匙，这把钥匙就是发展的智力劳动概念以及建立其上的智力劳动物化新原理。发展的智力劳动概念否定了经典劳动概念把智力劳动归结为生理学意义的智力消耗过程的认识，揭示了智力劳动的本质是知识信息活动，指出智力劳动不是以消耗的智能在使用价值生产过程中发挥作用，而是以生成的知识信息发挥作用的。尽管劳动力已消耗的体能和智能已不能继续发挥作用，但是智力劳动生成的知识信息却可以继续发挥作用。知识信息不会像人的体能和智能那样由于被消耗而灭失，而是能够在脱离人脑后被储存、保管和传播，继续发挥作用。由此可以得出知识信息在生产过程中发挥作用的过程属于智力劳动过程的结论，从而随着智力劳动概念内涵的深化，智力劳动的外延范围也扩大了。智力劳动过程不仅包括传统意义的智力活动，而且还包括智力劳动生成的知识信息发挥生产性作用的过程。

智力劳动在以知识信息为中介发挥作用的劳动过程中，概念劳动主体是否发生智力消耗呢？有两种可能的情况：一种情况是，在知识信息发挥作用的过程中没有智力的运用和消耗，只是知识信息在发挥作用而已。这种情况通常发生在身处使用价值生产过程之外的概念劳动主体。不过，身处使用价值生产过程之中的概念劳动主体也可能不发生智力的运用和消耗。比如，不需要修改的技术图纸，当技术图纸进一步在工艺、制造、过程管理等业务活动中发挥技术的基础性作用时，技术设计人员不再需要进行技术设计的相关工作，在技术图纸发挥使用价值的这个阶段，虽然技术设计人员没有发生智力活动，但仍属于技术设计人员的劳动时间。在知识信息发挥作用的过程中，虽然概念劳动主体没有发生智力的运用和消耗，但发挥作用的这个过程却是概念劳动的延伸和继续，仍属于概念劳动主体的劳动范围。

另一种情况是，在概念劳动主体生成的知识信息驾驭、调度和控制行为劳动主体时，概念劳动主体难免出现错误和偏差，甚至出现生产过程失控或生产结果背离预期目的的现象。为此，概念劳动主体在生产过程中需要及时对生产活动进行反馈调节，以便纠正偏差、排除扰动，或对原来设定的目的和计划方案做出切合实际的调整和修正，以便适应客观实际。概念劳动主体通过对生产结果进行的差异分析和合理性评价，从生产效率的正负、大小，从生产功能和效率的优劣、高低上获得对生产目的、生产过程的再认识；然后通过事后评价来重新审视原来的生产目的、方案和操作方式等，进而做出调整和修正，从而制定出更加合理的行动方案用于指导以后的生产活动。在这种情况下，概念劳动主体始终处于智力活动中，始终伴随智力的运用和消耗。

总之，无论知识信息发挥作用的过程是否同时伴随主体智力的消耗，知识信息发挥作用的过程即知识信息物化过程都属于智力劳动过程，这不仅扩大了智力劳动概念的外延，而且突破了马克思关于只有消耗体力和智力的劳动才是活劳动的认识。

三、协作劳动的知识中介说

分工协作是社会劳动的基本特征，任何人类劳动都是分工协作的劳动，一方面任何人的劳动不过是一定范围的整体劳动分解下来的某一分工劳动；另一方面任何人的劳动又离不开其他人的劳动，要与他人协作才能实现。随着科学技术尤其是信息技术在生产中的广泛运用，生产社会化的程度不断提高，分工协作越来越发达，特别是从事智力劳动的脑力劳动之间的分工协作更是高度精细且高度依赖。按照马克思只有活劳动创造商品价值的观点，那么商品价值是由生产过程中的整体活劳动或简称整体劳动创造的。整体劳动由分工协作的个体劳动组成，那么个体劳动之间的分工－协作是以什么为中介联结在一起的呢？任何个体的劳动皆由智力活动和体力活动两部分组成，人的智力活动生成的知识信息支配人的行为活动，既然人们的劳动活动由智力活动决定，所以劳动协作首先是个体间在智力活动方面的相互衔接、配合，于是，要弄清个体间劳动协作的实现方式，关键要弄清个体间智力活动是以什么为中介联系在一起的。

个体的智力活动总是在思维中由大脑业已形成的认识结构对来自客体或认识对象的信息进行识辨、存储、加工改造、再生创造的过程，而且大脑处理信息的思维能力和形成的认识结构都是过去的经验、知识不断刺激和同化作用的结果。智力活动是发生于人脑中的观念活动，是主体获取客体信息和加工处理信息的活动过程。由于认识活动总是在个体的大脑中进行，他人并不曾进入某人的神经系统，进入某人神经系统的是他人的认识成果——知识信息，所以主体之间智力活动的协作就绝不可能是主体之间的直接接触，而是通过知识“中介”发生的“灵魂”碰撞。比如，工人与技术人员的劳动协作，工人在动手操作机器设备加工劳动对象之前，首先要看懂技术人员设计的图纸，之后将图纸的知识信息转化为支配手和脚操控机器设备的信息，由此原材料被加工成图纸设计的形状和结构。在这个过程中，工人与技术人员的分工协作是以图纸为中介实现的，图纸信息将工人的智力活动与技术人员的智力劳动联结在一起，从而实现了工人与技术人员的劳动协作。总之，由于智力活动只存在于每个人的大脑中，是在个体的大脑中进行的，劳动者之间智力劳动的协作不会是劳动者之间智力活动的结合，个体间智力劳动的协作只能通过彼此向对方大脑传递自己的劳动成果即知识信息而将彼此的智力劳动联结在一起，与主体之间是否直接接触没有关系。

主体间智力劳动的分工协作是以知识信息为中介实现的，如果我们在直接劳动过程中使用了他人的知识信息，就是我们与他人之间开展了劳动协作，而这个劳动协作不需要以全体劳动主体共同处于同一直接生产过程为先决条件，比如，一个由许多专家进行的集体科研项目，参与者只要完成他所承担的分项任务即可，比如他的任务是对统计数据建立数学模型并进行分析与预测，那么他只要最终把所承担的任务的研究成果（即知识成果）提供给需要这个成果的其他成员，那么他就履行了自己的职责，他的劳动自然属于整体劳动的一部分，至于他与其他成员是否共处同一工作场所，还是远隔千山万水并不重要。因此，任何个体的智力劳动都是协作劳动而非个体自身单纯消耗智力的活动，个体在智力活动过程中通过利用他人的知识成果，实际上形成了与其他个体智力劳动的协作关系，知识成为连接个体与其他个体智力劳动进行协作的“中介”。知识信息作为智力劳动的化身，它是智力劳动者之间实现协作劳动的中介，当它成为主体活劳动的知识构成要素时，知识要素与主体活劳动的结合本质上是生成知识的智力劳动与主体之间结成的协作劳动。

知识信息是社会的存在物，是前人和他人的经验和知识，即前人和他人的智力劳动的成果。在构成个体智力活动过程的知识要素中，属于个体自创的知识是很有限的，他大量地利用别人的经验和知识，而且吸收他人的经验和知识越多，他的认知能力和解决问题的能力越强。由于主体在智力活动过程中大量使用其他主体的智力劳动成果即知识，所以，尽管表面上主体的智力劳动表现为他自己的智力活动，但实际上已经不单纯是他自己的活动，而是通过知识与其他主体的智力活动结合在一起形成了协作劳动，此时，主体的劳动已经具有了社会性，是一种社会性的劳动。正如马克思所说："甚至当我从事科学之类的活动，即从事一种我只是在很少情况下才能同别人直接交往的活动的时候，我也是社会的……不仅我的活动所需的材料，甚至思想家用来进行活动的语言本身，都是作为社会的产品给予我的，而且我本身的存在就是社会的活动。"（马克思，恩格斯著．马克思恩格斯选集．2 版．第 4 卷．第 732 页）毫无疑问，我们现今关于认识对象所达到的认知高度和取得的成就，乃在于我们利用了他人的知识成果。所以，不要以为我们今天的认识成就是我们个人的成就，我们的认识活动是在利用别人知识成果的基础上取得的，我们的认识成果乃是我们与他人协作劳动或共同劳动的产物。

四、智力劳动间的跨时空协作性质

上面对主体间智力劳动分工协作的实现方式所做的分析表明：对于某一生产过程来说，主体间的智力劳动的分工协作，是通过将自己完成的知识成果以知识信息的形式传递给与之衔接的其他劳动主体来实现的，知识信息是智力劳动主体间实现分工协作的唯一方式。从这个事实出发，将逻辑地推出令人兴奋而惊诧的结论，即：由于知识信息的可储存性和传播知识的载体能够跨越时空限制，以致一些智力劳动者只要借助某种存储知识信息的载体将其知识成果传递给处于生产过程中的主体就可以了，而不必亲自进入生产过程将其知识成果传递给使用者，此时，这些智力劳动者的劳动已经成为生产使用价值的整体劳动的一部分。就是说，即使智力劳动者置身于生产过程之外，只要他的知识成果是生产过程所需要的，那么他所完成的智力劳动就属于生产过程所必要的整体劳动的有机组成部分，他自身就成为这个生产过程的劳动主体的一分子。只不过他通过知识作为自己的化身来实现自己是当下直接生产过程中的劳动主体的一分子。

从理论上说，我们在劳动过程中运用的任何知识如果不是已经由前人和他人完成了，那么发现和创造这些知识的劳动就需要我们自己去完成（当然，也许我们根本就不胜任而无法完成），可见，前人和他人生产这些知识的物化劳动是对我们活劳动的一种替代。因此，相对于直接劳动过程来说，虽然前人和他人创造知识的智力劳动是过去的劳动即物化劳动，但该物化劳动应该属于整体劳动中分离出去的个别局部的分工劳动，这个分工劳动又以其知识成果的形式为直接生产过程中的主体的智力活动过程所利用，从而实现了协作劳动。总之，当处于直接生产过程之外的其他人的知识成果帮助我们完成了本该由我们完成的工作时，他人与我们本质上形成了一种分工协作的劳动关系，他人与我们一道完成了看似我们独立进行的劳动过程。比如，造船设计师运用的浮力定律如果不是两千年多年前的阿基米德已经发现了，那么，今天的造船设计师们就要重新进行阿基米德当年的认识活动，因此，阿基米德通过他所发现的浮力定律参与到今天造船设计师的设计工作中来了。由此观之，从形成劳动者主体认知结构的知识，到关于劳动者主体解决客体对象涉及的各种基础知识和应用知识，大脑运用的林林总总的知识真是举不胜数，无以计量，简直是浩如烟海！劳动者在劳动过程中要用到多少知识?！有多少古往今来的知识创造者进入到了今天的劳动过程中来?！每个劳动者的智力劳动的背后都是社会提供的有史以来人类积累的巨大知识宝库，人们对客体对象的认识能力同他对这个知识宝库营养的吸收程度成正比。

如某智力劳动以其生产的知识与生产过程中的主体结合，便现实了彼此之间的协作劳动，可见，知识既是智力劳动间实现协作的中介，又是智力劳动借以发挥作用的实现形式，即知识是智力劳动的化身。知识成果可以脱离人脑为物质载体存储而独立存在，由于存储知识信息的物质载体能够保存很长时间，而且在物质载体不能继续存储信息前还可以将信息转换到其他物质载体上继续存储，这使知识信息能够超越时空的局限世代相传。知识的这个超时空特性使智力劳动间通过知识中介的协作方式发生了根本性的变化，协作劳动中的智力劳动不再受人身的局限，打破了从事共同劳动的主体必须在同一生产过程一起工作的时空限制。我们将智力劳动不受时空限制，可以跨时空与多个直接生产过程的劳动者结合形成协作劳动的性质称为智力劳动的跨时空特性。不同时空的知识劳动者可以通过知识做媒介与多个直接生产过程的劳动者形成劳动的结合关系。

智力劳动的跨时空特性打破了活劳动必须身处直接生产过程中的时空限制，使智力活劳动与物化智力劳动的区分只具有相对的意义。因为既然知识是智力劳动发挥作用的实现形式，那么，从结果看，弄清生产知识的这个智力劳动发生在何时何地就没有什么实际意义，你可以说生产知识的智力劳动是过去劳动即物化劳动的产物，你也可以说这个智力劳动是属于当下生产过程的活劳动。设想一下，如果你把某个生产过程的时空边界向后延伸开来，那么，逝去的人们的物化劳动就成为延伸的生产过程的活劳动了。

如果说知识是一个人的思想和灵魂，那么知识的可存储性和可传播性就令人的思想和灵魂永生。正如100年前中国诗人臧克家在诗中所说："有的人活着，他已经死了；有的人死了，他还活着。"任何个体的认识活动都离不开前人或他人的知识成果，当你在智力活动过程中使用他人的知识成果时，前人或他人已经借知识的时空隧道穿越来到你身旁，成为你的助手或合作者甚至是主导者，他们在与你一道工作，你的劳动贡献中包含着他们的劳动贡献。正如凯恩斯说过的一句有名的话："经济学家以及政治哲学家的思想力量之大，往往出乎人预料。事实上，统治世界的就是这些思想。许多实践家自以为不受任何学理之影响，却往往当了某个已故经济学家之奴隶。"（凯恩斯著，徐毓单译．就业利息和货币通论．北京：商务印书馆，1983，第330页）

第二节　物化劳动的使用是智力劳动的延伸和继续

一、物化劳动是活劳动的物质存在形式

马克思提出劳动有三种可能的存在形态，即：潜在状态的劳动即劳动能力或劳动力，流动状态的劳动即劳动力的使用或劳动过程，以及凝固状态的物化劳动即劳动结果或产品使用价值。马克思认为，劳动的这三种形态不仅相互联结、互为条件，而且相互转化、相互替换。马克思提出流动状态的劳动是劳动力的使用过程，流动状态的劳动以潜在状态的劳动为基础和前提，而流动状态的劳动则表现了劳动力的使用价值。对于生产过程来说，有意义的是劳动力的使用而不是劳动力，由潜在状态的劳动到流动状态的劳动是对劳动力的必然要求，劳动力只有使用起来发挥其使用价值的作用才有意义。从流动状态的劳动与凝固状态的物化劳动关系看，马克思认为，生产使用价值的劳动过程就是劳动的物化过程，就是劳动创造使用价值的过程，劳动结束时，流动状态的劳动全部物化了，以动的形态存在的活劳动转化为以静的形态存在的物化劳动。关于产品使用价值与劳动有用性之间的关系，马克思在有用性劳动的定义中做过清晰的表达，指出："由自己产品的使用价值或者由自己产品是使用价值来表示自己的有用性的劳动，我们简称为有用劳动。"（马克思著．资本论．第1卷．北京：人民出版社，2004，第55页）马克思在这个定义里，揭示了劳动的有用性不会随着劳动物化而消失，而是转化为产品的使用价值，产品使用价值是劳动有用性的存在形式，即劳动有用性化身为产品使用价值。就是说，马克思已经把产品使用价值作为创造它的有用劳动的表现形式，或者说产品使用价值是创造它的有用劳动的一种存在形式。

马克思解释了静态的物化劳动是凝固的活劳动，但却否定动态即使用中的物化劳动与活劳动之间存在关系，认为物化劳动的使用与凝固其中的活劳动之间没有任何关系。然而，恰恰相反，既然产品使用价值是有用劳动的一种存在形式，那么，如果将马克思关于有用劳动与使用价值的关系进一步从使用状态观察，就会发现产品使用价值表面上是产品本身在发挥作用，实质却是有用劳动借产品使用价值这个载体在发挥作用。就是说，使用价值源于构成具体劳动的各种有用形式，如果由表及里地分析使用价值与创造它的有用劳动之间的关系，那么抽去产品的物质外衣，使用价值其实是创造它的有用劳动的使用价值，使用价值的作用恰恰是劳动有用性的再现和证明。遗憾的是，马克思认为物化劳动与活劳动之间是并列的、相互独立、相互排斥的对立关系，因而没有把使用价值发挥作用归结为创造它的有用性劳动，更没用把使用价值发挥作用视为有用性劳动的延伸和继续。

生产过程结束时，活劳动物化了，变成了劳动产品或物化劳动，因而物化劳动否定了活劳动。问题的关键是，怎样认识物化劳动否定活劳动的性质？或者说，物化劳动对活劳动的否定是绝对否定还是辩证否定呢？马克思认为物化劳动对活劳动的否定是绝对否定，即：物化劳动中不包含任何活劳动的因子，物化劳动不再与活劳动有任何关系，是与活劳动完全对立的另一种劳动形态。马克思之所以把活劳动与物化劳动完全对立起来，根源于他的经典劳动概念，马克思从经典劳动概念出发，必然得出活劳动与物化劳动完全对立的结论。因为马克思把活劳动定义为劳动力的生理学意义的体力和智力的能量消耗，所以随着劳动力的使用，其消耗的能量消失于生产过程之中，劳动结束时生产的产品使用价值中不会包含任何一个活劳动的体力和智力的能量因子。这也表明马克思关于劳动力消耗的体力和智力凝结于产品中形成价值实体的提法，只是一种理论上的假定，是观念形态的价值实体，并不存在客观真实的凝结。由于物化劳动对活劳动的否定中没有保留任何活劳动的因子，以致物化劳动与活劳动之间没有任何联系的纽结，是完全对立的两种劳动形态。这样一来，马克思关于物化劳动的使用与创造它的活劳动之间就不可能有任何联系，也就不能认为物化劳动在延伸和继续着活劳动。既然物化劳动的使用不属于劳动范畴，那么物化劳动也就不可能创造价值。马克思把否定物化劳动创造价值作为劳动价值论的根本，马克思的劳动价值论是活劳动唯一创造价值的理论。

从发展的劳动概念出发，物化劳动对活劳动的否定不再是绝对否定，而是活劳动的自我否定，即：否定活劳动的物化劳动中保留着被否定的活劳动中的最重要的知识要素，这个知识要素把物化劳动与活劳动连接起来，从而物化劳动不是与活劳动完全对立的另一种劳动形态，而是由活劳动转化而来，是活劳动的新质形态。我们在智力劳动物化原理中揭示了产品使用价值的生产过程乃是智力劳动生成的知识信息的物化过程，驾驭和控制生产活动的知识信息规定着劳动对象的改造活动，产品的特定结构及其使用价值是知识信息外化或物化的产物，从而劳动产品是知识信息的物质存在形式即知识信息的载体。换言之，产品使用价值源于智力劳动生成的知识信息的物化，是观念中的知识产品的显性化、现实化和物质化，如果除去产品的物质外衣，剩下的就是观念形态的产品。既然知识产品是智力劳动的创造物，是智力劳动的化身，那么产品使用价值当然也是智力劳动的物质存在形式。

总之，物化劳动对活劳动的否定是活劳动的自我否定，是活劳动转化为物化劳动并通过物化劳动继续发挥活劳动作用的一种迂回形式，是活劳动的有用性变身为产品使用价值，并通过产品使用价值实现和证明自己劳动的有用性。一言以蔽之，物化劳动不是终结了活劳动，而是作为活劳动的新质形态延伸和继续着活劳动。

二、物化劳动的使用是智力劳动的延伸和继续

在经过了物化劳动否定智力活劳动后，还必须进行智力劳动形态的第二次自我否定，即动态的物化劳动否定静态的物化劳动。从哲学上的否定之否定规律看，事物的第二次否定即否定之否定阶段仿佛出现了向出发点的复归，即否定之否定阶段重复事物没有进行两次否定前的开始阶段的某些特点、特性。按照否定之否定规律，智力劳动的第二次否定向开始阶段即智力活劳动阶段复归，重复活劳动的某些特点、特性，即物化劳动的活劳动化。智力劳动为什么必须进行第二次否定呢？处于未使用状态的使用价值即静态的物化劳动，还必须在使用状态中展现其使用价值，并通过使用过程检验其使用价值的有效性，由此，静态的物品使用价值必须为使用状态的物化劳动所否定。

为什么使用状态的物化劳动对静态物化劳动的否定必然是向智力活劳动的复归？换言之，为什么使用状态的物化劳动能够“复活”已经物化了的智力劳动？原因有二：其一，使物化劳动“复活”的内在根据源于物化劳动中保留着被否定的活劳动中最重要的知识要素，正是物化于使用价值中的知识信息驱动着物化劳动进行自我否定。物化劳动的使用价值是知识使用价值的外化和物质化，如果除去物化劳动的物质外衣，那么物化劳动发挥的使用价值作用本质上不过是物化的知识信息在发挥作用。由于物化的知识信息是智力活劳动的成果和化身，因此，产品使用价值发挥作用就是物化其中的智力劳动在继续发挥作用，此时已物

化的智力劳动“复活”了，仿佛回到了智力活劳动。其二，使物化劳动“复活”的能量源于人之力和自然之力。物化劳动是“死劳动”，为什么“死劳动”会“死而复活”成为“活劳动”呢？是什么力量使“死劳动”复活的呢？虽然物化劳动的使用价值是物化其中的智力劳动发挥作用的实现形式，但由于物化劳动已经与人体脱离，不再有人的体能和智能来推动其发挥作用或继续劳动，所以，人们把物化劳动的使用价值归结为物的使用价值而不再作为人的劳动的使用价值，从而把物化劳动与活劳动严格对立起来。其实，虽然物化劳动使用价值的运用失去了形成它的活劳动的能量支持，然而，物化劳动使用价值却能够驾驭和控制自然之力，使自然之力为其所用，比如机器设备可以控制和利用电能、太阳能、核能、风能等作为动力进行做功并改造劳动对象。物化劳动控制自然之力做功，实质是物化其中的智力劳动的知识信息成果驾驭、调度和控制自然之力做功，因此，当物化智力劳动与其驾驭、调度和控制的自然之力结合后，物化智力劳动便“复活”了。

物化劳动是智力劳动的变态存在形式。物化劳动的使用是对已物化的智力劳动的“复活”，是智力劳动的延伸和继续。当物化劳动的使用属于智力劳动过程时，物化劳动和活劳动一样创造价值。对于劳动价值论来说，这似乎是一个离经叛道的结论，令人难以置信，然而却是从发展的劳动概念合乎逻辑得到的，是千真万确的，这都拜劳动概念的发展所赐。这在经典劳动概念看来是不可思议的，它彻底颠覆了既往的劳动价值论关于物化劳动的使用不是劳动也不创造价值的铁律，突破和发展了马克思始终强调的“活劳动是价值的唯一源泉，物化劳动只是转移原有价值而不创造新价值”的理论。

习惯于劳动是劳动力的体力和智力消耗的人们，可能无法接受物化劳动的使用属于劳动范围的理论。只有理解了智力劳动在生产过程中并不是以其消耗的智力发挥作用，而是以其生成的知识信息发挥作用，才能理解和接受智力劳动过程包括两个阶段：第一阶段是接收、存储、加工、生成知识信息的智力活动过程，这个过程是脑力劳动者进行的认知活动，这个过程需要消耗劳动者的智能。第二阶段是智力劳动以其生成的知识信息成果并以物化形态在生产过程中发挥实际作用的过程，这个过程虽然没有劳动力的智能消耗，但却是知识成果延伸和继续智力劳动的过程。如果不把知识信息成果及其物化形态在生产过程中发挥作用作为智力劳动过程，那么第一阶段的智力劳动对于生产过程来说就是毫无意义的劳动，就是“不下蛋的母鸡”。

毋庸置疑，不仅人脑运用其智力加工处理知识信息的智力活动是智力劳动，而且以其生成的知识信息在生产过程中发挥作用的过程也属于其智力劳动范围。

这是对智力活劳动时空范围的一次根本性的突破，智力劳动超越了人体的局限，智力劳动的知识成果成为它的化身和继续劳动的根据。产品使用价值即物化劳动作为智力活劳动发展转化而来的新形态，当为其他生产过程利用时，该物化劳动的使用就是创造它的智力活劳动发挥作用的过程，比如生产过程中使用的机器设备，机器设备替代活劳动发挥的巨大生产力作用乃是物化于机器设备的智力劳动发挥作用的迂回表现形式。

三、智力劳动形态的“三位一体”说

智力活劳动即动态智力劳动、物化智力劳动即静态智力劳动以及物化智力劳动的使用即使用状态的物化劳动，是智力劳动的三种形态。智力劳动的这三种状态之间不是彼此孤立相互对立的关系，而是智力劳动自我否定自我发展过程中形成的三种演化形态，也就是说，智力劳动有三种变身。由此，我们将智力劳动这三种形态的统一称为智力劳动的“三位一体”说。这就好像大乘佛教中的三世佛的说法，三世佛是说在时间长河中佛有三种变身或存在形态，一个是主宰前世的过去佛燃灯古佛，一个是主宰今生的现在佛释迦牟尼佛，以及主宰死后的未来佛弥勒佛。

在哲学里，否定之否定规律揭示了事物自己发展自己的完整过程，事物在自身内在矛盾或内在否定性力量的推动下，现存事物转化为自己的对立面，由肯定达到对自身的否定，进而再由否定达到新的肯定，即否定之否定。智力劳动的三种形态的演化过程就是一个典型的否定之否定过程。这个否定之否定的过程首先是物化智力劳动对智力活劳动的第一次否定，然后是物化智力劳动的使用对物化智力劳动的第二次否定，即：智力活劳动→物化智力劳动→物化智力劳动的使用。这个过程反映了活劳动经过自我否定的辩证发展过程的前世今生。

智力劳动之所以进行两次自我否定，呈现出否定之否定的曲折发展过程，是由智力劳动的知识信息活动本质决定的。智力劳动是以其知识信息成果对生产过程发挥实际作用的，而知识信息必须依附于一定的物质载体形式存在，即知识信息必须经过物化变身为现实使用价值才能发挥实际作用，所以，当智力劳动生成的知识信息取得了产品使用价值这种物质存在形式后，智力劳动就现实了第一次自我否定，即以物化劳动否定智力活劳动。仅仅停留于物化劳动是不够的，物化劳动只有通过使用状态才能呈现出物化其中的智力劳动的实际作用。当物化劳动与其驾驭、调度和控制的自然力结合后，物化智力劳动便“复活”了，从而实现了物化劳动使用对物化劳动的第二次自我否定。

第三节 知识的活化与物化

一、知识产品及其生产性

知识信息必须依附于一定的物质载体形式存在，这个信息体化的物质载体就是知识产品，可以说，知识与知识产品是同义语。从广义或一般意义上说，人类创造的一切产品都是知识产品。按物质载体与物化其中的知识信息的关系，劳动产品即广义的知识产品，可以区分为知识产品（即狭义的知识产品，通常所说的知识产品概念）和物质产品。如果物质载体是专门为了存储、保管和传播知识而设计制造的，比如，图书、胶卷、U 盘、硬盘、可视化图像，等等，这些劳动产品不是以物质载体本身的使用价值来满足人们的需要，而是由载体中存储的知识信息来满足人们的需要，那么这类产品就是知识产品。比如，书籍的使用价值是印刷在纸张上的知识内容，尽管印制精美的图书有一定的艺术品位而提供一些额外的使用价值，这将有助于扩大销售，但人们需要书籍的目的是为了获得印刷在纸张上的知识内容而不是那些精美的纸张。知识产品的物质体只是知识信息的载体，知识产品的使用价值乃是物质体中包含的知识信息的有用性，而不是存储或传递知识信息的物质载体本身的使用价值。物质产品是以载体本身的使用价值即实物使用价值来满足人们需要的产品，比如房子、汽车、机器设备，等等。

按知识信息依附的物质载体是否具有实体性可以区分为有形物质和无形物质。相应的，知识产品可以区分为实物形式的知识产品和服务形式的知识产品两种。实物形式的知识产品是以有形物质为载体的知识产品，比如存储知识信息的书籍、硬盘、软盘、光盘等知识产品形态。服务形式的知识产品是以无形物质为载体的知识产品，比如教师用声音向学生传授知识、演唱者用美妙动听的声音演唱歌曲，就是以无形的空气为载体的服务形式的知识产品。

当劳动者在劳动过程中运用了有关知识解决生产实际问题时，那么他所运用的全部知识就都具有了生产性，或者说这些知识是生产性知识，这些生产性知识作为智力劳动的化身构成了创造价值的整体劳动的有机组成部分。生产性知识包括运用于产品研发、设计、制造以及生产组织等各方面的知识，诸如科学技术、管理和人文社会科学的各类知识。

二、人脑智力和人工智能使知识活化或“复活”

知识或知识产品是生成它的智力劳动的物化劳动形态，是“死劳动”，它们静静的呆在那里，它们自己不会自动发挥作用，它们需要某种特殊力量来激活或活化。知识产品中包含的知识信息只对人脑或人工智能发生作用，或者说只有人脑智力或人工智能能够对知识信息的刺激进行反应，所以，知识只有与人脑或人工智能结合才能发挥作用。当人们运用有关知识进行智力活动时，这些知识在分析问题和解决问题过程中发挥出实际作用，从而这些知识便被人脑智力激活了。

除了人的智力能够进行知识信息活动，人工智能模拟人的思维也能够激活知识，从而进行知识信息活动。美国斯坦福大学人工智能研究中心的尼尔逊教授对人工智能下了这样一个定义："人工智能是关于知识的学科——怎样表示知识以及怎样获得知识并使用知识的科学。"美国麻省理工学院的温斯顿教授认为："人工智能就是研究如何使计算机去做过去只有人才能做的智能工作。"这表明，人工智能乃是让计算机去完成以往只有人的智力才能胜任的获得知识并使用知识的工作。人工智能能够用知识生产知识，从而使知识发挥出使用价值作用。

只要知识产品中凝结的知识信息为人的智力或人工智能接收并运用于智力活动中，那么这些知识信息在人的智力或人工智能运用下生成新知识信息。人和机器体系按照智力劳动生成的知识信息指令发出作用力，随着人和机器发出作用力改造劳动对象，一方面知识信息物化形成了产品的特有结构和使用价值，或者说劳动产品特有的结构和使用价值乃是这些知识信息物化的产物；另一方面知识信息物化形成了知识价值实体。知识价值实体是智力与知识或人工智能与知识共同的产物。

三、知识与活劳动一起物化

知识是智力劳动的物化成果，是智力劳动的化身，是智力劳动发挥作用的实现形式。智力劳动不必置身于直接生产过程中，智力劳动只要以其生成的知识信息在直接生产过程中的智力活动发挥作用就行了。知识在智力活动过程中发挥作用的过程就是生成它的物化智力劳动继续劳动的过程。既然知识被活劳动激活发挥使用价值的过程就是知识本身的劳动过程，那么人们自然要问，知识进行劳动形成的价值实体是什么呢？这是知识劳动论必须回答的问题。

知识不是一种独立的生产力，它不能独立的发挥作用，知识信息必须成为智力活动的知识构成要素时，才能发挥出作用。由于智力劳动间的协作劳动是通过知识信息连接起来的，从现象上，人们看到的只是身处生产过程中的活劳动在进行劳动，而且生成的知识信息表现为智力活劳动的知识成果，知识成果物化形成的知识价值实体也被视为活劳动的物化。然而，任何智力活劳动本质上都是凝结为知识的物化智力劳动与活劳动结合而成的一种协作劳动。如果没有知识要素参与智力活动中，智力活动就不可能形成知识信息活动，也就不可能生成知识信息，也就不会有知识信息物化形成知识价值实体。

由于知识作为创造它的智力劳动的化身，总是与运用它的活劳动结合在一起，所以任何活劳动都是一种协作劳动。表面上由活劳动取得的知识成果实质却是协作劳动共同的劳动成果，知识成果物化形成的知识价值也是协作劳动共同的产物。这样来看，那些生产或提供知识产品的行业如科研、教育部门，虽然不直接从事物质财富的生产，但由于其知识成果为物质财富生产过程中的智力劳动利用，那么这些部门的劳动就成为物质财富生产领域的整体劳动的一部分，物质生产部门新创造的价值中也包含它们的贡献额。

第四节　劳动资料劳动与物化

一、劳动资料与消费品

一般物质产品的使用价值是其物质体本身所具有的使用价值，它由知识物化的使用价值转化而来，是知识使用价值的物质化。从最终物质产品用途来看，物质产品可以区分为用于个人消费的消费品和用于生产消费的劳动工具类物品，即劳动资料。消费品是为了维持劳动力的生产和再生产所需要的生活资料，比如衣食住行类物品，这些生活资料在被人类消费后其使用价值被人体吸纳后就消失了，它们不会在生产财富的直接生产过程中发挥使用价值的作用。消费品的使用价值止于消费过程，不会进入生产过程，不具有生产性，也不会创造价值。

生产资料包括劳动资料和劳动对象。劳动资料是指劳动手段，不仅包括机器设备、计算机、仪器、器具、量具等，而且包括建筑场所、道路港口、交通工具等。在西方经济学中，把劳动资料称为资本品或资本。劳动资料中最重要的是劳动工具，是劳动资料中最主要的具有决定意义的因素，马克思称之为劳动资料的“骨架”和“肌肉”。生产工具是劳动者和劳动对象之间的中介，直接传递着人对自然界的作用，是衡量人类征服自然的能力的尺度。

人类劳动的根本特征是，人类首先发明制造出劳动工具，然后利用劳动工具加工改造劳动对象，这是一种迂回的生产方式，例如人类先去制造猎枪，然后再去打猎。人类的生产方式是一种根本区别于动物靠自己身体直接从自然界获取生存资料的动物劳动方式，动物凭自身的力量以弱肉强食的丛林法则获取生活资料。尽管个别动物如猴子能够借助石头、棍棒等现成的简单工具进行猎食，但它们却不会像人那样制造工具。“工欲善其事，必先利其器”，“器”就是人做事情所使用的工具，这句话讲的就是人做事情一定要使用有效的工具。人类劳动总是借助于劳动工具进行的，工人要做好生产加工的工作，就要为他准备好劳动工具；设计人员要做好设计工作，就要为他准备好设计工具；管理人员要做好管理工作，就要为他准备好管理工具。劳动过程简单来说就是劳动者使用劳动工具作用于劳动对象生产使用价值的过程。人类的进化史表明，人类劳动是从制造工具开始的，人类能够制造工具这件事表明，人类已从被动地适应自然发展到自觉地主动地改变自然，从此人类获取生活资料的活动就发生了质的变化，劳动这个概念就是在这个意义上被使用的，这就是由猿变人的起点。

对于某生产者来说，如果生产的产成品是供其他生产者用作劳动对象，需要进一步加工改造，那么该生产者的产成品属于中间产品或半成品。就最终产品来看，半成品只是从天然资源出发到生产出最终产品的整个社会生产过程的中间产品形态。所以，从整个社会生产来看，只把未经人类劳动改造的天然资源作为构成生产资料中的劳动对象部分。把构成生产要素的劳动对象界定为进入生产过程中的天然资源要素，这就把马克思经济学中的劳动对象要素与西方经济学所说的土地要素对应起来了。在西方经济学中，把用作劳动对象的未经人类劳动改造的天然资源要素称为土地要素。这样一来，马克思经济学的生产三要素：劳动者（即劳动）、劳动资料和劳动对象，与西方经济学的生产三要素：劳动、资本和土地的提法就一一对应起来了，即：劳动者——劳动，劳动资料——资本，劳动对象——土地。

与消费品根本不同，劳动资料只有在生产过程发挥使用价值作用，才能体现出生产该劳动资料的人类劳动的意义与作用。劳动资料作为物化劳动，与活劳动一起创造使用价值和价值。

二、劳动资料在生产中的作用

经济学分析劳动资料在生产中的作用时，是把生产过程中的各种劳动工具作为一个整体来考察的。从机械设备到非机械性的劳动工具，机械设备如发动机、传动设备、车床等，非机械性的劳动工具如充当劳动对象容器的劳动资料（如管、桶、篮、罐、货架等）。除了那些处于生产线上直接把劳动的作用传导给劳动对象的各种劳动资料外，那些处于生产线之外，虽然不直接加入生产线上的劳动过程，但却是劳动过程所需要的物质条件，比如厂房、道路、交通工具等，它们也构成劳动资料的组成内容。

人类为什么投入大量劳动用在生产工具上，而不是直接把这些劳动用在生产消费品上？因为人类从长期的劳动实践中认识到，当把人类劳动的使用价值转化为工具的使用价值后，借助于劳动工具能够将强大的自然力并入生产过程，从而劳动工具放大了人的劳动能力。例如，机器延长了人的四肢，放大和代替了人的体力；电脑延长了人脑，放大和代替了人的智力。借助于合适的劳动工具不但可以使劳动更有效率，起到四两拨千斤、事半功倍的作用，而且还可以做一些人类身体不能企及的事情，如高度危险的工作、高度困难的工作。所以，劳动资料是人类劳动器官的延长，而且突破了劳动力的生理器官的局限。具体来看，劳动资料在生产中发挥的使用价值作用有两个，其一是劳动资料驾驭和控制自然力，使自然力成为加工改造劳动对象的力量源泉，从而极大地提高了劳动生产率；其二，劳动资料能够延长、替代和超越人类四肢、大脑以及眼耳鼻舌身等身体器官的功能，从而极大地扩展了人的劳动能力。

人类所生产的一切都是两种根本的生产力——自然力和劳动——的结果。蕴藏在人体内的体力即人类自身的自然力是很弱小的，300 斤的东西就能压垮他，公牛可以像扔垃圾一样摔打他。人类的体力远不如其他许多动物如大象、牛、马、虎、狼等，人类仅凭一己之力，根本无从谈起对自然资源的改造利用。幸运的是，人类是理性动物，能够认识自然界的运动规律，而且按自然规律，能够发明、设计和制造工具，利用这些工具人类可以控制巨大的自然力。虽然 300 斤的东西就可以把人压垮，但是人类发明的吊车却可以吊起几十吨重的东西，一个小小的千斤顶更是撑起成千上万公斤也不在话下。利用工具人类实现了上天入地，移山填海，沧海变桑田。

首先，人类通过创造劳动工具实现了对自然界蕴藏的巨大自然力的利用。在机器大工业时代，对巨大自然力的利用是通过机器实现的，机器是劳动资料系统的核心。正如马克思指出："劳动资料取得机器这种物质存在方式，要求以自然力来代替人力，以自觉应用自然科学来代替从经验中得出的成规。"（马克思著．资本论．第 1 卷．北京：人民出版社，2004，第 423 页）机器的使用开创了人类的有动力工具时代。以机器为核心的劳动资料或机器体系，是由发动机、传动机构和工作机三部分构成。发动机是产生动力的设备，机器体系的巨大作用力就源于动力机，动力机的动力则来源于巨大的自然力，如蒸汽机的动力来源于煤炭的燃烧，汽油发动机的动力来源于汽油的燃烧，风力发电机的动力来源于风力，等等。动力机的动力通过驱动传动机构的飞轮、转轴、齿轮、蜗轮、杆、绳索、皮带、连接装置等运动起来，从而把运动分配并传输到工作机上。工作机上安装的各种工具在取得了适当的运动和力量之后，作用于劳动对象使劳动对象按人们需要的结构发生变化，生产出产品。机器的工作原理并不是经济学的研究范畴，但只有将机器体系与自然力之间的关系分析清楚，才能将劳动资料的劳动原理及其物化形成的价值实体分析清楚。

其次，劳动资料是人的身外器官，是人的身体器官的延长，并且在很多方面替代和超越人的技能和努力。劳动资料在使用价值的很多方面呈现出人类无法比拟的优势，有些使用价值人类根本就无法企及，比如机器能够在水下、高空、严寒、酷热、污染等高度危险、高度困难、极端恶劣的环境条件下工作，而人是根本做不到的。

即使在手工业时期的简单的手工工具，也是成倍的放大了人类的劳动能力。俗语讲的“手巧不如家什妙”，说的就是手工工具的重要性。劳动资料从手工工具发展到机器是劳动资料的质变和巨变，因为机器的特性在于“机器不是工人手中的工具，而是一种人为的手”。就是说，“机器就是一套装置，在简单动力推动下实施从前由一个人或几个人进行的技术操作所构成的部件。”〔谢富胜著．分工、技术与生产组织变迁（转引芒图的论述）．北京：经济科学出版社，2005，第159页〕在机器大工业时期，机器成为人的真正的身外器官。在机器体系中，动力机和传动机构为工作机提供动力，而工作机才是执行人的手和脚等身外器官功能的部分，它对劳动对象进行加工并改变其结构。

人类从手工业向工厂制度的演变，就是劳动资料从手工工具发展到机器的结果。因此，马克思把劳动资料作为人类劳动力发展的指示器，他说：“各种经济时代的区别，不在于生产什么，而在于怎样生产，用什么劳动资料生产。”（马克思著．资本论．第1卷．北京：人民出版社，2004，第210页）劳动工具使人类成为世界的主宰，是人类征服自然和改造自然的标志。随着科学技术的不断发展，人类制造的工具越来越先进，人类征服自然改造自然的能力也就越来越强大。

三、劳动资料劳动与自然力物化

1. 劳动资料劳动是生产它的智力劳动的变态劳动

自然界并不存在劳动资料，它首先是人类智慧的观念产物。在制造劳动资料之前首先在观念中把它建成，形成劳动的目的性。然后，物质生产劳动按照劳动目的性的指令加工改变劳动对象的结构。在这个过程中，劳动目的性信息随着劳动过程物化于劳动对象之中，使劳动对象向观念产品规定的结构变化。最后，观念产品在完工的劳动产品身上得以实现，即物质产品是观念产品的物质实现。

把人类智力劳动的使用价值转化为劳动资料的使用价值，是实现人类智力劳动伟大作用的根本途径。前面提出的劳动物化原理指出，智力劳动只能以其生成的知识信息发挥作用，而知识信息必须依附于物质载体才能存在。劳动资料是知识信息的一种物化存在形式，因此劳动资料是生产它的智力劳动的化身，是人的智力劳动功能的外化和物质化。正如马克思所说："自然界没有制造出任何机器、没有制造出机车、铁路、电报、走锭精纺机等等。它们是人类劳动的产物，是变成了人类意志驾驭自然的器官或人类在自然界活动的器官的自然物质。它们是人类的手创造出来的人类头脑的器官；是物化的知识力量。"（马克思，恩格斯著．马克思恩格斯全集．中文1版．第46卷（下）．北京：人民出版社，2004年，第219页）虽然马克思没有建立起完整的智力劳动概念及其物化理论，但是马克思天才地洞见了劳动资料是物化的知识力量。以劳动资料中最重要的机器来说，机器是智力劳动的变态存在形式，机器劳动是生产它的智力劳动的变态劳动。机器的使用价值呈现的是物化的智力劳动的使用价值，而使用机器的过程就是物化智力劳动发挥作用的过程，就是机器的劳动过程。

劳动资料的使用或劳动过程属于智力劳动的第二阶段。一个完整的智力劳动由两个阶段构成，第一阶段是智力活劳动阶段，智力活劳动又包括形成劳动概念和劳动执行两个阶段，活劳动结束时获得的是物质产品即物化劳动。第二阶段是智力活劳动以物化劳动形态发挥作用的劳动过程。如果第一阶段的劳动产品是劳动资料，那么生产劳动资料的人类劳动的有用性要由劳动资料来实现，劳动资料是生产它的智力劳动使用价值的迂回实现形式或变态。劳动资料只有进入其他使用价值生产过程中服务才能展现出有用性，以此实现和证明生产劳动资料的劳动的有用性。因此，劳动资料的使用过程乃是生产它的智力劳动发挥作用的劳动过程，换言之，劳动资料劳动本质上是生产它的智力劳动的变态劳动。劳动资料劳动虽不消耗活劳动的体力和智力，但却是智力劳动的延伸和继续，因而属于智力劳动阶段。

2. 自然力物化形成价值实体

由于机器是物化劳动或死劳动，因此机器劳动需要动力或自然力驱动才能工作即运转起来。机器劳动的动力来自动力机驾驭和控制的自然力，比如电能、太阳能、核能、风能等，动力机将自然力纳入生产体系之中。动力机输出的动力通过传动机构驱动工作机工作，工作机则在动力的驱动下发出作用力加工改造劳动对象。由于物质不能创造，只能使劳动对象的结构按照预先设计的结构发生改变，因此，无论是人之体力还是自然之力，作用力加工改造劳动对象的过程就是作用力对劳动对象做功的过程。而做功过程即是能量消耗过程，按照物质与能量转化和守恒定律，做功消耗的能量转化为劳动对象物质结构的改变。就是说，劳动产品结构既是做功的结果，又是做功的物质承担者，即功的记录体。功（即能量）的凝结形成机器劳动的价值实体。由于机器运用自然力做功，所以机器劳动形成的价值实体也就是自然力凝结形成的价值实体。

机器劳动形成的自然力或能量凝结的价值实体，与人的体力劳动形成的由体力或体能凝结的价值实体是一样的，具有相同的度量衡或计量单位，两者具有可加性。这与机器是人的身体劳动器官的延长的结论是一致的，机器相当于替代和放大了人的体力劳动（注：现代智能机器是人工智能与机器的结合，而人工智能替代和放大了人的智力劳动，我们在上一节已经把人工智能归入智力劳动范畴。人工智能进行的概念劳动生成的知识信息物化形成其知识价值实体）。

有人会质疑，既然劳动是指人的劳动，那么价值实体也只能由人类劳动物化形成，在他们看来，价值实体必须由与人的劳动支出有关的体力、智力和知识信息构成，将自然力物化作为机器劳动形成的价值实体令人匪夷所思。这种质疑本身仍然是经典劳动概念的思想在作怪，因为他们仍然坚持只有消耗体力和智力的活劳动才是人类劳动，仍把是否消耗劳动力的体力和智力作为形成劳动的基本条件。以发展的劳动概念观之，自然力形成价值实体乃是必然的结论。当然，质疑本身还是十分有意义的问题，起码有助于更加清晰地理解机器劳动及其物化的本质。机器劳动表面上是物在劳动，其实仍然是人在劳动（我们反复强调这一点），只不过不是以消耗活劳动的体力和智力实现的劳动，而是以活劳动的演化形态即物化劳动展开的劳动形式。

我们上面提出的用自然力的物化来说明劳动资料创造价值，只是理论分析的一种假定情形，是在假定把劳动资料与其他生产要素分离开来单独考察的情况下得出的结论。然而，创造财富的生产要素，包括劳动、资本和土地要素，是一个有机整体，缺一不可，任何单独的生产要素都不能形成生产活动。从劳动的角度，创造财富价值是整体劳动，这个整体劳动由活劳动和物化劳动结合形成。由此，我们完全也可以从整体劳动的角度，把劳动资料作为整体劳动的构成因素，用因素分析法来分析劳动资料在整体劳动创造价值中的地位与作用。如果按照这种思路去分析劳动资料对创造价值的贡献，那么就不存在劳动资料劳动物化形成自然力价值实体这回事，这样的话，以什么东西作为整体劳动形成的价值实体就无所谓了，因为只要用因素分析法分析出各因素的贡献额，然后把各因素的贡献额作为该因素创造的价值就可以了。

用因素分析的思想来解释劳动资料参与创造价值，与把劳动资料分离出来单独考察相比，前者的优点是运用因素分析法可以确定各因素在价值创造中的贡献额；而后者无法根据自然力的凝结量来确定其创造的价值，因为自然力物化虽然与体力物化具有同质性，但与知识信息凝结形成的知识价值不具有同质性，就是说，自然力、体力和知识价值不具有可加性，因此，无法根据自然力的凝结量来确定劳动资料在价值创造中的贡献额。另外，以自然力物化能够反映劳动资料驾驭和控制自然力的水平，以此衡量劳动资料的效率，这是后者的优点，而前者即因素分析法是做不到的。

3. 自然力形成的价值实体本质上是知识价值

以活劳动制造劳动资料，而不是以活劳动直接生产满足人们需要的消费品，人类为什么要采取这种曲折迂回的生产方式呢？其意义在于生产制造的劳动资料能够将自然力并入劳动过程，放大人的劳动能力。因此，劳动资料驾驭、调度和控制自然力的能力就成为衡量劳动资料功能状况的指示器。劳动资料发挥的巨大作用，表面上看似乎是劳动资料驾驭和控制巨大的自然力，实质却是物化的知识的力量。因为劳动资料的功能或使用价值是人类运用科学技术知识创造出来的，是物化的知识的使用价值。因为劳动资料是物化的知识力量，所以劳动资料创造价值实质是知识创造价值。因此，劳动资料的使用或劳动形成的所谓自然力构成的价值实体，实质是知识价值实体。也就是说，以物化的自然力来反映物化的知识价值，从而反映创造劳动资料的智力劳动的价值，进而也是对劳动资料技术先进程度的一种度量。实际上，用自然力凝结作为对劳动资料创造价值的度量只具有理论分析的意义，不具有实际操作性，人们根本无法计量凝结的自然力；即便能够计量也没有什么实际意义，因为它与构成价值实体的知识信息不具有同质性。既然自然力形成的价值实体本质上反映知识价值，为了分析问题的方便，我们直接把劳动资料形成的自然力价值实体称之为知识价值。为了与活劳动中的智力劳动形成的知识价值相区别，我们把活劳动中的智力劳动形成的知识价值称之为“知识价值 1”，而把劳动资料形成的自然力价值称之为“知识价值 2”。

随着机器体系自动化和智能化的进步，对劳动对象进行加工改造的力量主要是自然力，自然力越来越替代人力，人力越来越相形见绌、越来越渺小。但是，这并不意味活劳动不重要，相反，活劳动在生产过程中的地位和作用越来越重要。因为机器体系是在活劳动的控制、调度和驾驭下工作的，构成机器体系的各种机器设备和配套的劳动工具都是由活劳动操作和控制的，活劳动是整个生产过程的主宰。在高度自动化和智能化的机器体系里，智力劳动成为活劳动的主要形式和内容，活劳动的核心工作是处理知识信息，并通过知识信息驾驭、协调和控制人的行为劳动和机器劳动。因此，随着机器体系的发展，体力劳动的比重和作用在下降，智力劳动的比重和作用在大幅上升，比如越来越多的人从事研发、设计、工艺、管理等工作。

有人会提出这样的疑问，既然机器是在活劳动驾驭和控制下工作的，为什么不把机器在创造财富中的贡献记在活劳动的功劳簿上，而非要把它作为机器劳动的成果呢？这显然是在质疑机器劳动的提法是否成立。马克思主义经济学家从只有活劳动创造价值的理论出发，当然要否定机器劳动。关于物化劳动的使用为什么属于劳动的理论我们上面已经做了充分的分析和论证，已经回答了机器劳动的问题。一些经济学家为了维护活劳动创造价值一元论，试图把机器的作用与贡献归功于活劳动，从而抹杀机器劳动。比如戴天宇提出："为生产物质资料人之脑力控制、调度和驾驭下的人之体力所须做的功，直接表现为生产功；而为生产物质资料人之脑力控制、调度和驾驭下的自然力所须做的功，异化为人之脑力劳动的生产功。"（戴天宇著．经济学：范式革命．北京：清华大学出版社，2008，第64页）戴天宇将自然力做功形成的价值归结为活劳动中的脑力劳动。然而，这样的努力是徒劳的，在理论和逻辑上是说不通的。因为尽管机器需要人来操作，机器功能发挥的效果也与操作者的技能密切相关，但是机器的功能毕竟是由机器本身决定的，与操作者无关，从根本上说，机器发挥的作用由机器本身的功能决定。机器并不是当下生产过程的劳动成果，而是生产该机器的那个生产过程的劳动成果，因此，机器发挥的作用反映的是生产该机器的那个生产过程的劳动的使用价值。所以，机器对创造财富的贡献没有理由记在当下生产过程的活劳动身上，只能记在机器身上，也就是应该记在生产该机器的智力劳动身上。从理论上说，如果机器劳动创造的价值大于取得该机器的价值，那么这个增量就是机器劳动创造的剩余价值或利润。

需要指出的是，劳动资料是在包括概念劳动和行为劳动的活劳动的驾驭、调度和控制之下运转工作的，因此劳动资料创造的价值中应该包括人的概念劳动和行为劳动的贡献在里面。但是，由于这里采取的是结构主义分析方法，即把活劳动与物化劳动分离开来，分别考虑活劳动创造价值和物化劳动创造价值，所以，这里的劳动资料创造的价值仅仅是指已经分离出来的、只归属于它自身创造的那部分价值。

第五节　整体劳动创造价值说

一、活劳动与物化劳动的相对性

上面我们从智力劳动的本质，以及智力劳动分工协作的机理上，揭示了物化劳动不过是智力活劳动的一种变态存在形式，物化劳动的使用是活劳动的继续或延伸，从而打破了一直以来把活劳动与物化劳动作为相互对立、相互排斥的两种不同性质的劳动的认识。另外，我们还可以从活劳动与物化劳动的时空规定性来论证两者的相对性，即：当活劳动与物化劳动的时空条件发生变化时，活劳动与物化劳动之间就会出现相互转化。

马克思关于活劳动与物化劳动的区分包含着时空规定性，甚至可以说，马克思是以劳动的时空性质来区分活劳动和物化劳动的。马克思所说的活劳动是指发生在直接生产过程中的劳动力消耗，就是说，只有身处直接生产过程中的劳动力的消耗才属于活劳动。如果劳动力身处直接生产过程之外，虽然这个劳动力的劳动也被该生产过程利用，比如他设计的图纸是这个生产过程需要的，但他的劳动却是以图纸这种物化劳动形态参与到直接生产过程中，他的劳动相对于直接生产过程来说就是物化劳动而非活劳动。显然，当下的直接生产过程就是活劳动的时空规定性，在马克思看来，活劳动只能是发生在当下的直接生产过程的劳动力消耗，发生在其他生产过程的劳动力消耗对于当下的直接生产过程来说就是物化劳动。对于生产过程中使用的物质生产资料来说，由于生产它们的劳动发生在其他生产过程，是其他生产过程的劳动成果，所以生产资料是物化劳动。

问题是，生产使用价值的生产过程的时空范围是相对的，由其所属的企业边界决定，而企业的边界是相对的，比如，如果企业向它的上游企业和下游企业渗透和扩张，那么原来通过交易以物化劳动形态进入企业的生产资料现在就变成了企业的生产对象，而生产该生产资料产品的劳动就是活劳动了。例如，一家汽车制造企业向其上游企业（供应阶段）扩展可表现为生产汽车零部件；向其下游企业延伸可表现为建立汽车售后维修和汽车销售。如果汽车零件是购入的，那么它就是物化劳动，如果这个零件是自己生产的，生产它的劳动就是活劳动了。可见，活劳动与物化劳动的区分是相对的，随着企业边界的扩大或缩小，活劳动与物化劳动就会相互转化，当企业边界扩大时，外购的商品变成自己生产的产品，那么过去的物化劳动就变成了活劳动；当企业边界缩小时，过去由自己生产的产品则变成了外购的商品，那么过去生产产品的活劳动就变成了外购商品的物化劳动。

二、包括活劳动和物化劳动的整体劳动创造价值

任何产品都是社会劳动分工协作的产物，虽然产品最终由某个企业制造出来，但事实上，任何一个企业所从事的生产劳动不过是生产该产品的整体劳动的一部分，任何企业都不可能仅仅由它自己的活劳动完成产品的生产，它所使用的生产资料都是其他企业生产的，比如它使用的劳动工具、零部件、原材料，劳动力使用的科技管理知识等，都是其他企业生产的。如果没有其他企业完成这些劳

动，那么产品生产企业无论如何也无法把产品生产出来。如果抛开企业的边界限制，把生产该产品所涉及的全部劳动集合在一起，将其假设为一个企业的整体劳动，那么，所有这些劳动即整体劳动就都是生产产品的劳动，而且是活劳动，也就不存在物化劳动了。从本源意义上，使用价值是整体劳动的产物，这个整体劳动所包含的多种多样的劳动不受时空的限制，无论生产该使用价值所涉及的劳动处于何时何地都属于整体劳动的一部分。不仅使用价值是整体劳动的产物，由于商品生产过程是使用价值生产和价值生产的统一过程，即商品使用价值的生产过程同时也是商品价值的生产过程，因此，商品价值自然也是整体劳动的产物，或者说整体劳动是商品价值的源泉。

在现实经济生活中，生产商品的整体劳动是由不同生产者日益复杂的社会劳动分工协作实现的，而且这些生产者各自的生产过程分布于不同的时间和空间之中，这时整体劳动不是以一个企业内部的分工协作方式来实现，而是以该企业的活劳动与其他企业的物化劳动通过交易联系在一起实现的。就是说，当人们站在某个产品生产企业的角度考察商品使用价值和价值生产时，整体劳动由活劳动与物化劳动构成。然而，无论整体劳动以一个企业内部的分工协作方式来实现，还是通过交易活动以企业间的社会劳动分工协作方式来实现，作为最终生产产品的整体劳动却是殊途同归。最终凝结在商品中形成商品价值源泉的是整体劳动，这意味着构成整体劳动的活劳动和物化劳动都是创造商品价值的劳动，它们都是商品价值的源泉。显然，活劳动与物化劳动随着企业时空界限的变化而发生相互转化，但是这种转化并不改变它们共同创造了商品使用价值和商品价值这个本质。

马克思区分活劳动和物化劳动的目的是为了揭示只有活劳动才是创造价值的劳动，而物化劳动不创造新价值只转移原有价值。活劳动与物化劳动是相对于它们所属的生产过程而言的，马克思站在最终产品生产企业的角度，认为只有身处该生产过程中的劳动力的活劳动才创造价值，而在这个生产过程中发挥作用的物化劳动只转移原有价值而不参与创造新价值，由此，商品价值 W 由 $C+V+M$ 构成，其中，C 是物化劳动的转移价值，$V+M$ 是活劳动创造的新价值。从最终商品的价值构成看，商品价值总量既包括当下生产过程创造的新价值 $V+M$，也包括物化劳动的转移价值 C，这个转移价值 C 是由形成物化劳动的其他生产过程的活劳动创造的价值，即 C 是其他生产过程的 $V+M$，这表明商品价值来源于当下生产过程的活劳动创造的价值和以物化劳动形式转移的其他生产过程活劳动创造的价值。如果假设生产过程使用的生产资料有 N 个，即 $C=C_1+C_2+\cdots+C_N$，假设 $C_1=V_1+M_1$，$C_2=V_2+M_2$，…，$C_N=V_N+M_N$，这里假设形成物化劳动 C_1，C_2，…，C_N 的生产过程不使用生产资料，这个假设是合理的，因为可以将生产

资料 C 无限地分解为 $V+M$，直到生产资料最终还原为仅由人类劳动和天然物质生产出来为止。由此，商品价值构成公式可以表达为：

$$W = (C_1 + C_2 + \cdots + C_N) + (V + M) \quad ①$$

$$= (V_1 + M_1) + (V_2 + M_2) + \cdots + (V_N + M_N) + (V + M) \quad ②$$

①式表明商品价值 W 是由当下生产过程的活劳动创造的价值和各种生产资料即物化劳动的价值构成，即由活劳动和物化劳动组成的整体劳动形成商品的全部价值。②式中生产资料的价值对于生产它的生产过程来说就是活劳动的凝结。

②式表明，如果把当下生产过程的时空范围延伸扩展开来，那么生产商品所涉及的一切劳动都是活劳动，此时整体劳动表现为活劳动的总和。如果从当下生产过程来看，生产商品所涉及的劳动是活劳动和物化劳动，此时整体劳动表现为活劳动和物化劳动的总和。无论构成整体劳动的个别劳动表现为活劳动还是物化劳动，它只是人们的观察视角不同所致，其作为创造商品使用价值和价值的本质没有任何改变。由此可见，即使从马克思的商品价值构成公式来看，也应该得出物化劳动与活劳动共同创造价值的结论。

问题是，马克思虽然承认商品价值中包括物化劳动的价值，但他把这个价值解释为物化劳动转移的价值而不是创造的价值。那么，把商品价值中的物化劳动的价值视为物化劳动转移价值还是作为物化劳动创造价值有什么本质区别吗？从商品价值构成公式中可以看出，马克思是把商品价值中包括的物化劳动价值看成由构成整体劳动的各个物化劳动所属的生产过程的活劳动创造的价值（$V_i + M_i$）的加总。这意味着马克思把整体劳动视为由彼此孤立、毫无联系的个别劳动的简单集合而成。由于马克思把形成商品价值的整体劳动视为构成它的个别劳动的简单加总，以致马克思认为当下生产过程中劳动创造的价值只由该生产过程中的活劳动创造，而物化劳动对于当下生产过程来说，不创造价值只转移原有价值。

马克思把整体劳动等同于构成整体劳动的所有个别劳动的简单加总的做法是不妥的，因为这违背了现代系统论关于整体大于部分之和的系统原则。整体劳动是由相互联系相互作用的个别劳动构成的有机劳动分工体系，而不是由彼此孤立、毫无联系的个别劳动集合而成，因此，不能以构成整体劳动的个别劳动创造的价值简单加总来确定整体劳动形成的商品总价值。其实，物化劳动在没有进入最终产品生产过程之前，它还不能成为现实意义的整体劳动的一部分，只有当它以物化劳动形式与该生产过程的活劳动结合在一起发挥作用时，才成为现实意义的整体劳动的一部分。可见，整体劳动的系统性原则恰恰是在最终产品生产过程中体现出来的，只有在产品的最后生产过程，整体劳动所涉及的各种分工劳动的相互联系和相互作用才会集中呈现出来。这种整合是由最终产品过程中的活劳动主宰下实现的，表现为活劳动使用劳动资料加工劳动对象的过程。由于构成整体劳动的个别劳动是一个有机整体，因此，构成整体劳动的全部个别劳动具有“不可分性”，从而整体劳动创造的价值不能分割为个别劳动独立创造的部分，可将其称之为整体劳动的“不可分性”原理。根据“不可分性”原理，应以整体劳动创造的价值为基础和前提，然后根据个别劳动在整体劳动中发挥的作用确定其贡献额。如果能够确定物化劳动在整体劳动中的贡献额，那么这个贡献额就是物化劳动参与创造的新价值，这个新价值与物化劳动按转移价值确定的 C 的大小是不同的，新价值可能大于也可能小于转移价值 C。

总之，从系统原则和“不可分性”原理出发，商品价值作为整体劳动的凝结，它是由构成整体劳动的活劳动和物化劳动共同创造的。由此，商品价值中包含的物化劳动价值与其说是物化劳动转移的原有价值，不如说是物化劳动与活劳动共同创造的新价值。以往认为物化劳动不创造价值只转移原有价值的理论，在方法论上违背了系统原则和“不可分性”原理。至此，从整体劳动创造价值理论出发，我们同样也能得出前面几节已经论证的物化劳动创造价值的结论。

三、“整体工人”概念蕴含着对劳动价值论的重大发展

马克思很清楚分工协作劳动的深刻性和复杂性，他在“整体工人”概念里已经认识到劳动的分工协作不受主体共处同一直接生产过程的限制，创造价值的整体劳动不仅包括直接生产过程中的活劳动，也包括在其他生产过程完成的物化劳动。可以说，马克思提出的“整体工人”概念已经事实上突破了他自己对活劳动与物化劳动的认识，蕴含着对劳动价值论的重大发展。然而可惜的是，马克思本人和后来的马克思主义经济学家都没有深刻的认识到这一点。

关于“整体工人”概念，马克思指出：“随着劳动过程本身的协作性质的发展，生产劳动和它的承担者即生产工人的概念也就必然扩大。为了从事生产劳动，现在不一定要亲自动手；只要成为总体工人的一个器官，完成它所属的某一职能就够了”。（马克思，恩格斯著．马克思恩格斯全集．第 23 卷．北京：人民出版社，1972，第 556 页）在这个“整体工人”概念中，马克思已经把创造使用价值和价值的生产劳动范围扩展了，他不再把生产劳动局限于发生在当下直接生产过程中的活劳动，而是将那些不直接参与到劳动过程中来，但间接作用于劳动过程，执行了劳动者在劳动过程中的某种职能的劳动，都作为整体生产劳动的一部分，劳动者本人也成为“整体工人”的一员。“整体工人”包括在生产现场直接操作和管理自动化装置的工人，而且也包括不在生产现场的工程技术人员和管理人员。例如，生产过程所需的设计图纸，如果是本企业人员设计的，那么该设

计人员直接属于“生产工人”；如果图纸是本企业以外的人员设计的，那么这个设计人员虽人身不属于直接生产过程，但却是执行了生产过程中劳动者的职能，他属于“整体工人”的一员。再设想一下，企业以外的设计人员可以是国内的某人，也可以是国外的某人，可以是当代人，也可以是前人，这些人都有可能成为“整体工人”的一员。

“整体工人”概念打破了“工人”必须在直接生产过程中从事劳动的人身限制，把人身不在生产过程中却又能执行直接生产过程中某种职能的劳动者作为“整体工人”的一员。“整体工人”概念突破了由企业内部劳动分工协作形成整体劳动的时空限制，由此，形成整体劳动的不仅包括直接生产过程中的活劳动，也包括没有发生在直接生产过程中但却执行了直接生产过程中某种职能的其他生产过程中的劳动。由于不在当下生产过程发生而又能够在当下生产过程发挥作用的劳动只能是物化劳动，所以，那些发生在其他生产过程中的活劳动，当这些活劳动凝结为物化劳动，以物化劳动形式与活劳动结合在一起，执行整体劳动的某种劳动分工，那么这个物化劳动也属于整体生产劳动的一部分。虽然马克思没有明确提出物化劳动属于生产劳动范围，但是，仔细分析“整体工人”概念内涵，已经能够做出这个合理推断。可见，马克思“整体工人”概念的确蕴含着对劳动价值论的重大发展。

马克思提出的“整体工人”概念拓宽了生产劳动的范围，然而，生产劳动范围延伸后就会产生与活劳动唯一创造价值的矛盾。围绕“整体工人”与生产劳动范围的关系问题，在我国经济学界展开过激烈的争论，有所谓宽派和窄派之争，至今莫衷一是。经济学家于光远作为生产劳动范围的宽派代表，他说：“在机器旁边对毛坯从事加工劳动的车工、铣工的劳动是直接对劳动对象进行处理，那么把毛坯装进手推车或电瓶车上送到车床旁边的搬运工的劳动，也应该承认是参加了对毛坯这种劳动对象的处理，只是比起车工、铣工来说，较为远了一层。这样一层一层下去，负责管理材料，包括管理发送毛坯的人，管理一个车间的人，对整个工厂进行管理的人（把这个进行经营管理的人是为哪个阶段的利益服务这一点先撇开不说），他们的劳动都应该是参加了对劳动对象毛坯的生产劳动；更远一层，研究有关经营管理的经济问题以及它的理论基础的经济学家的劳动也是生产劳动。从在机床上加工一个毛坯出发，我们还可以看到安排这台床子上进行加工工艺流程的人，制造刀具、设计这台机床的人，以及对制造车床的原理进行研究，以致对车床原理的理论基础进行研究的人，他们的劳动也是参加了对劳动对象的处理的劳动，也都是生产劳动，只是一个比一个远一些罢了。”（于光远．社会主义制度下的生产劳动与非生产劳动．中国经济学问

题，1981，第一期）

作为生产劳动范围窄派的经济学家卫兴华反对于光远对马克思“整体工人”的认识，他说：“于光远同志从劳动的协作性质出发，把生产劳动的概念作了一层又一层的扩大。他一层远似一层的推论下去……按照这种逻辑，还可以进一步往更远的层次推下去：经济学家和车床原理的老师，以及他们老师的老师的老师，都为现在的乃至将来的生产过程提供生产劳动。甚至经济学家和车床原理研究者的父母和更远的祖先，他们一层层为养育生产劳动者而付出的劳动，自然也是生产劳动了。牛顿十七世纪在力学、光学和热学等方面的巨大科学成就，对整个人类发展起了意义十分重大的作用，于是三百年来以至以后千万年中，全世界各个工矿企业的生产劳动中，都应包括有牛顿所提供的生产劳动了。这样推论下去，每个企业的劳动产品和产品的新价值，都不能说是由本企业的劳动者所生产的了，还应该计算层层相关的历代科学技术的发明者、经济学家乃至人类祖先的生产劳动。他们的劳动会成为万世取之不竭的价值的源泉。这样一来，生产劳动的概念就无限扩大了，也就成为难以把握的没有实际意义的东西了。其实马克思讲由于劳动协作性质的发展而引起的生产劳动概念的扩大，是有一定的限度的。即使有生产劳动者不直接作用于劳动对象，但它仍然是在物质生产领域中直接为产品的生产服务的。间接作用于劳动对象的劳动，却是直接劳动过程整体中有机构成部分。如果离开直接劳动过程整体，而层层“间接”下去，用以证明远离产品的直接生产过程的经济学家、科学家、教育学家、艺术家是生产劳动者，还以马克思的话为根据，那么，这其实是对马克思从单纯劳动过程的观点来考察的生产劳动的定义的莫大误解。”（卫兴华．关于生产劳动和非生产劳动问题．经济理论与经济管理，1981，第6期）

显然，宽派观点是基于对马克思整体劳动概念的正确理解所做的展开，无疑是符合“整体工人”概念内涵的。但是，正如窄派所说，如果按照宽派那样把“整体工人”的外延这样延伸开来，那么生产劳动范围的外延就无限扩大了，这等于否定了马克思关于只有身处直接生产过程的活劳动才创造价值的根本观点，这显然不可能是马克思的本意。那么人们不禁要问，应该把“整体工人”的外延划定在什么范围呢？窄派试图给“整体工人”设定一个范围的想法是幼稚的，试想一下，当“整体工人”概念打破了生产劳动必须是处于直接生产过程中的活劳动的范围限制后，意味着生产劳动不再唯一是活劳动，也包括直接生产过程之外以物化劳动形式进入生产过程中的物化劳动，在这种情况下，不可能存在既能满足“整体工人”适当扩大生产劳动范围，又能在扩大的生产劳动范围内保持其活劳动这个规定性不变。一旦“整体工人”概念突破了只有活劳动创造价值这个界限，那么给“整体工人”设定一个范围的想法就没有什么实质意义了。

马克思“整体工人”概念只是描述了一个事实或现象，并不是一个严密的定义，其内涵和外延比较模糊。当人们把这样一个概念用在解决哪些劳动属于生产劳动，哪些劳动属于非生产劳动问题时，矛盾就暴露出来了，一方面依据“整体工人”概念去拓宽生产劳动和“整体工人”的范围，另一方面却无法根据“整体工人”概念确定生产劳动和“整体工人”范围扩大的标准和界限。事实上，无论是宽派还是窄派都不可能根据马克思“整体工人”概念给出界定生产劳动范围的标准。不仅根据“整体工人”概念无法界定生产劳动范围的标准和界限，而且“整体工人”的范围扩大后，也无法解决直接生产过程以外的劳动者在价值创造和形成中的作用问题。由于宽派是基于经典劳动概念来认识“整体工人”概念，因此未能揭示“整体工人”形成的原因、本质和机理，从而也就无法弄清劳动协作性质的发展，当然也无法解决“整体工人”概念与只有活劳动创造价值的一元论的矛盾。

马克思本人和后来的经济学家都没有去探究“整体工人”形成的原因、本质和机理，而这才是“整体工人”概念真正的意义所在。马克思认为，产生“整体工人”的原因是由于劳动过程本身协作性质的发展。但是，劳动过程协作性质有什么发展，马克思并未回答，但这却是问题的关键。现在看来，劳动过程协作性质的发展是由于智力劳动的特殊本质决定的，这种特殊规定性包括：其一，智力劳动首先是人的认知活动，即人脑接收、存储、加工处理知识信息的过程，认知活动的成果是知识，知识是智力劳动的化身和进一步发挥作用的中介；其二，智力劳动的认知过程不是智力劳动的全部过程，认知过程获得的知识成果并不是智力劳动的结束，知识成果在生产过程中发挥实际作用才是智力劳动的目的和归宿，智力劳动以其知识成果发挥作用的过程乃是智力劳动的继续，这乃是智力劳动与智力活动的区别所在；其三，知识成果只能以知识产品或物质产品的物化形态存在并发挥作用，物化劳动发挥作用的过程乃是形成它的智力劳动发挥作用的过程或曰继续劳动的过程。智力劳动的特殊本质决定了智力劳动之间的协作本质上是以知识作为中介实现的，而物化劳动是知识的存在形式，所以，物化劳动是智力劳动之间分工协作的实现形式。既然智力劳动之间的协作只能通过知识这种物化劳动形式来实现，那么智力劳动是否处于同一生产过程已经不是智力劳动协作的必要条件了，因此，以往认为分工协作的劳动只发生在处于同一生产过程中的活劳动之间的看法就十分局限了。活劳动将物化劳动协同在一起形成“整体劳动”，整体劳动中必然包含物化劳动，由于商品使用价值和价值是由整体劳动创造的，所以构成整体劳动的物化劳动自然也创造商品使用价值和价值。

由于马克思的经典劳动概念中没有包含知识要素，以致未能发现物化形态的智力劳动乃是智力活劳动的一种变态，物化劳动的使用乃是延伸和继续智力劳动的特性，这是马克思本人及其后的经济学家未能揭示“整体工人”形成的原因、本质和机理之所在，但“整体工人”概念所蕴含的深刻思想却足以启发后人继续探索。

第六节　科学技术创造价值的第一生产力论

一、“科学技术是第一生产力”的命题

自18世纪70年代第一次产业革命以来，科学技术在现代生产力发展中的作用越来越突出、越来越重要，成为决定生产力整体水平高低的首要因素。因此，邓小平提出“科学技术是第一生产力”的精辟论断，这是对科学技术在生产力发展和人类社会进步中起决定作用的高度概括。就经济学意义来说，这一论断是对科学技术在创造商品使用价值与价值生产中起决定性作用的高度概括。邓小平的这个论断是对马克思提出的“生产力中也包括科学”论断的重大发展。（马克思，恩格斯著．马克思恩格斯全集．第46卷（下册）．北京：人民出版社，1980，第211页）何谓科学？“反映自然、社会、思维等客观规律的分科的知识体系。”（现代汉语词典．北京：商务印书馆，2002，第711页）何谓技术？“人类在认识自然和改造自然的反复实践中积累起来的有关生产劳动的经验和知识，也泛指其他操作方面的技巧。”（现代汉语词典．北京：商务印书馆，2002，第598页）可见，科学技术就是指科学技术知识。科学与技术的关系日益密切，但又有区别。一般来说，科学是对客观世界规律的理性认识；技术则是人们在改造客观世界过程中积累起来，并在实践活动中体现出来的操作性手段、程序和方法。科学与技术之间相互作用、相互转化，科学原理上的突破常常引起技术上的发明，从而推动生产力的发展；反过来，科学也从技术和社会需要中获得发展动力。不但科技与技术日益呈现“一体化”趋势，而且科技革命正在把科学、技术和生产紧密地结合起来，造成了科学、技术和生产的“一体化”趋势，形成了科学⇌技术⇌生产的双向运动。

生产力是人们改造自然和控制自然界的能力，它反映人和自然界的关系。生产力系统包括3个基本要素：劳动对象、劳动资料和劳动者。劳动对象通常是指人们通过自身劳动对之进行加工，使之成为具有使用价值以满足社会需要的那一

部分物质资料，包括未经过加工的自然物和已经加工过的物体。劳动资料亦称劳动手段，是人们在劳动过程中用以改变或影响劳动对象的物质资料或物质条件，包括劳动工具、建筑物等，其中最重要的是劳动工具。劳动者是指具有一定生产经验、劳动技能和知识，能够运用劳动资料作用于劳动对象的人。在生产力系统的构成要素中，劳动者是生产力的决定性要素，是“活的劳动”；劳动资料作为物的要素，是“死的劳动”，并且生产工具是划分经济时代的标志。

除了构成生产力系统的劳动对象、劳动资料和劳动者这 3 个实体性要素外，马克思还提出“生产力中也包括科学”的论断，认为科学是知识形态的生产力，即一般生产力，这种知识形态的生产力需要通过劳动者的活劳动变为现实的生产力。据此，后来的马克思主义理论家们将劳动对象、劳动资料和劳动者这 3 个实体性要素称之为生产力系统的“硬件”，而将科学技术知识称之为生产力系统的“软件”。马克思主义理论学者认为，作为生产力系统“软件”的科学技术，它是潜在的生产力，由潜在的生产力转化为现实的生产力，必须依赖掌握科学技术知识的劳动者的活劳动。

“科学技术是第一生产力”意味着科学技术对生产力发展的影响作用是第一位的、最重要的，从科学技术对经济增长的贡献来看，它应该是第一位的。例如，20 世纪初，一些经济发达国家的经济增长额中，科技进步的贡献仅占 10% ~15%，到 20 世纪中叶就上升到 40% 左右，20 世纪 70 年代以后又迅速上升到 60% ~70%。诺贝尔经济学奖获得者罗伯特·索罗通过实证研究表明，从长远来看，促进经济发展的第一位因素是科学技术，而不是大量投入资本和劳动力。现代各国生产力水平都直接取决于科学技术水平的高低和创新能力的大小，综合国力的竞争归根到底是科技实力的竞争。科学技术是第一生产力，已为人类社会生产力发展的历史所证明。科学技术对生产力发展的乘数效应造就了巨大财富效应。

不言而喻，关于“科学技术是第一生产力”这个精辟论断，人们没有任何异议，应该说是有目共睹的。然而，在对待科学技术是否创造价值问题上却争论至今，莫衷一是。一直以来，马克思主义经济学的主流观点认为，尽管科学技术在财富增长、价值创造过程中所起的作用越来越突出，越来越重要，但是科学技术本身只创造使用价值而不创造价值，创造价值的是掌握科学技术知识的劳动者的活劳动。相反，非主流观点则认为，科学技术既创造使用价值也同时创造价值，甚至认为，如果否认科学技术创造价值，那么“科学技术是第一生产力”的论断就不成立。科学技术是否创造价值的争论，其实质是物化劳动是否创造价值这个老生常谈的问题。

二、我国学术界围绕“科学技术是第一生产力”的争论

如何认识科学技术与价值创造的关系，在我国学术界曾展开过热烈的讨论，至今未达成一致认识，分歧依旧，以下是他们的主要观点。（程恩富，汪桂进，朱奎著．劳动创造价值的规范与实证研究．上海：上海财经大学出版社，2005，第74页）

1. 认为科技本身不创造价值，而是科技劳动者的活劳动创造价值。程恩富（2001）认为，离开活劳动的科学技术本身无法创造价值。这是因为：⑴科学技术的运用使人类的劳动不断地起着自乘的作用；⑵说科学技术本身不创造价值，并不等于否认科学技术对价值创造的重要作用；⑶除了活劳动以外，其他生产要素无论其存在的形式如何，不管它是以物质形态存在，还是以知识形态存在，作为这一要素的本身是不创造价值的，它们只是转移自身的价值，不能成为创造新价值的源泉。杨国昌（2001）也认为，科学技术增强了人的劳动能力，但劳动能力不等于劳动，科技知识本身不创造价值。

2. 知识和技术创造价值。钱伯海（1995）认为，把物化劳动等同于资本加以批判，把剩余价值和剩余产品完全归功于活劳动，是劳动价值论研究上的两个不同而具有内在联系的理论扭曲。相对剩余价值和超额剩余价值主要来源于物化劳动，科学技术通过物化劳动创造剩余价值，从而发挥出科学技术是第一生产力的巨大功能和作用。谷书堂（2002）认为，第二次世界大战以来，科学技术的发展异常迅速，对社会财富创造发挥着越来越大的作用，那种认为以生产要素形式存在的技术只创造使用价值而不创造价值的观点是不对的。

3. 科学技术在一定条件下创造价值。李定中（1995）认为，新技术设备用于生产时，在能够使商品的个别价值小于社会价值的前提下，它就不仅转移了价值，而且还有条件地创造了价值，为企业带来了超额利润，因此说科学技术在一定条件下创造价值。冯文光（1995）认为，除了劳动以外，生产过程的其他因素虽然不直接创造价值，但也作为一个决定因素与价值的形成，如固定资本在一定程度上增加相对剩余值。郑志国（2002）认为，在研究劳动价值时，不能把知识、技术等看成独立于劳动之外的要素，而应当把它们当作劳动的内在因素，至于知识能创造价值，则不应一概而论，需作具体分析，但说技术设备创造商品价值则是似是而非的。

4. 要从生产过程来具体分析知识技术是否创造价值。杨继瑞（2001）提出，既不能肯定知识技术创造价值，也不能简单地判断知识技术不能创造价值，他认为，在知识经济初见端倪的生产过程中，大量内化在生产资料中的知识技术不能

创造价值，只能在有效转移价值的过程中吸收活劳动创造新价值，激发并扩张、放大活劳动创造价值的效能。

三、科学技术创造价值的第一生产力论

科学技术知识是人类在认识世界和改造世界过程中获得的认识成果。作为智力劳动的成果，科学技术知识是物化劳动形式，知识产品和物质产品是它的两种具体存在形式。正因为科学技术知识是一种物化劳动，因而产生了物化劳动是否创造价值的争论。按照马克思只有活劳动创造价值的劳动价值论一元论观点，马克思主义经济学的主流观点认为，商品的新价值只能由活劳动创造，而物化劳动形式的科学技术知识本身不创造新价值，就是说，掌握和运用科学技术知识的科技人员的劳动创造价值，而科学技术本身不创造价值。

如果说科学技术本身不创造价值，那就意味着在国民收入和经济增长（生产力水平的数量衡量指标）中没有科学技术的贡献，因为国民收入和经济增长是新创造价值形成的。然而，从“科学技术是第一生产力”观点出发，科学技术对国民收入和经济增长的贡献应该是第一位的，而且随着现代科学技术突飞猛进的发展，科学技术对经济增长额的贡献是越来越大的，这一点的确为诺贝尔经济学奖获得者罗伯特·索罗的实证研究所证明。由此可见，如果认为科学技术本身不创造价值，那么科学技术对经济增长的贡献就无从谈起，科学技术是第一生产力也就成了一句空话。反过来说，如果坚持科学技术是第一生产力的观点，那么就必须承认科学技术本身创造价值。为了既能够坚持科学技术本身不创造价值这个马克思劳动价值论的根本立脚点，又能够坚持科学技术是第一生产力的论断，他们提出科学技术是潜在的生产力，科学技术在转化为现实生产力时，分别作用于生产力中的物的因素和人的因素，科学技术通过物的因素和人的因素在商品价值创造过程中发挥作用。他们认为，“一方面，科学技术在生产上的应用使劳动对象的范围更广，性能更好。另一方面，科学技术能够培养出素质更高的工人、管理人员和科技人员。高素质的人的因素和高性能的物的因素的结合，形成新的生产力，从而使得社会平均劳动的性质出现了新的变化，最终体现在商品的价值创造上。”（逄锦聚，洪银兴，林岗，刘伟主编．政治经济学．北京：高等教育出版社，2009，第39页）问题是，他们的这种解释是牵强附会和经不起推敲的，按照马克思的活劳动创造价值理论，生产过程中的物的因素只转移自身的原有价值而不创造新价值，那么体现在物化劳动中的科学技术因素与创造价值无关；通过人的因素也无法体现科学技术在商品价值创造中的影响作用，因为活劳动创造的价值是劳动力的生理学意义的体力和智力的能量消耗，与科学技术知识无关，因

而体现在活劳动中的科学技术因素与创造价值无关。

综上所述，如果不承认科学技术本身创造价值，那么就等于否定了科学技术在国民收入和经济增长中的作用，更不要说第一位的作用，换言之，就是否定了科学技术是第一生产力。这表明主流观点在坚持科学技术本身不创造价值的基础上，试图论证科学技术是第一生产力的努力是行不通的。科学技术是第一生产力的论断已为古今中外的生产力发展和生产实践所证实，因此，与其说科学技术是第一生产力的论断是理论问题，不如说是实践问题。如果承认科学技术是第一生产力的论断是正确的话，那么认为科学技术本身不创造价值的观点就是错误的，或者说必须以科学技术创造价值为基础和前提。

与主流观点相反，非主流观点认为科学技术本身是创造价值的，表面看来无疑是正确的。然而提出这个观点的经济学家不是依据劳动价值论得出这个结论的，他们不认为劳动是价值的唯一源泉，认为物化劳动也是价值的源泉，因而他们是以活劳动与物化劳动共同创造价值为根据的，这与西方经济学的效用价值论和要素价值论如出一辙。问题是他们不能回答物化劳动为什么能创造价值，以及物化劳动创造价值的机理。事实上，如果他们这些问题解决了，意味着解决了自古典经济学以来围绕劳动价值论与效用价值论的长期争斗，显然，他们没有解决这个问题，他们仅仅把物化劳动创造价值作为既定的理论前提，以此来解释作为物化劳动形式的科学技术也创造价值。所以说，认为科学技术本身是创造价值的非主流观点虽然是正确的，但是得出这一结论的理论依据是不充分的，背离了劳动价值论这个根本点。

坚持科学技术是第一生产力，就必须承认科学技术创造价值，然而，这与马克思关于只有活劳动唯一创造价值的理论相悖。如何解决这个矛盾呢？由于“科学技术是第一生产力”是对科学技术在生产力系统中的地位与作用的高度概括，而这个结论已为人类社会发展的历史所证明，这是毋庸置疑的，因此，解决这个矛盾的唯一出路不是否定“科学技术是第一生产力”这个论断，而是必须发展马克思劳动价值论，就是说，发展的劳动价值论必须能够解释科学技术本身是创造价值的。迄今为止，对于科学技术与劳动之间关系的认识，科学技术由潜在生产力转化为现实生产力的机理和途径，科学技术是否创造价值以及怎样创造价值等问题，传统的劳动价值论是解释不清楚的。现在，我们依据前面提出的知识“中介”说和智力劳动形态的“三位一体”说，已经能够解释清楚这些问题了。下面我们依据知识“中介”说和智力劳动形态的“三位一体”说的原理简单的分析一下科技知识为什么创造价值以及怎样创造的价值。

首先，科学技术是形成科技型智力劳动的知识构成要素。

其次，科技劳动以其生成的科学技术知识在生产过程中发挥实际作用，知识形态的科技成果是科技劳动在生产过程中创造使用价值和价值的实现形式，即科技知识发挥作用的过程是科技活劳动的延续。

最后，科技知识必须依附于一定的物质载体形式存在，载负着科技知识的物质产品是科技知识的现实存在形式。物质形态的知识产品的使用价值乃是科技知识使用价值的实现形式。就是说，广义的知识产品的使用价值既是科技知识物化的产物，又是实现科技知识使用价值的唯一途径。载负科技知识的广义知识产品包括纯粹的知识产品和物质生产资料。纯粹的知识产品以其载负的科技知识信息与生产过程中的活劳动或人工智能结合形成智力劳动，从而创造价值。这表明纯粹知识产品中凝结的科技知识一旦为劳动力掌握，并在劳动力进行的智力活动过程中发挥作用时，活劳动创造的价值中就有科技知识要素的贡献，从而创造价值。生产资料包括劳动资料和人工制造的劳动对象，由于劳动对象被生产消费掉，不能像劳动资料那样继续发挥使用价值作用，所以，劳动资料是科技知识创造使用价值和价值的实现形式。劳动资料与纯粹知识产品不同，它的使用价值是其物质载体的使用价值。但是，物质体所具有的使用价值不过是由物化的科技知识使用价值转化而来，是科技知识使用价值的外化和物质化。劳动资料是科技知识的物质化身，而科技知识是科技劳动的化身，因此，劳动资料是生产它的科技劳动的一种存在形式和借以发挥作用的实现形式。既然劳动资料的使用是科技劳动实际发挥作用的表现形式，所以劳动资料的使用必然是科技劳动创造使用价值和价值的过程。

由此可见，不仅科学技术知识以知识要素形式与活劳动结合起来共同创造价值，而且，劳动资料作为生产它的科技劳动的化身，它与活劳动一起形成创造使用价值和价值的整体劳动。换言之，活劳动使用的知识生产资料和物质劳动资料都是创造价值的。这样一来，发展的劳动价值论把科学技术创造价值的范围极大地扩展了，包括劳动资料也是科学技术创造价值的实现形式了。由此观之，如果假设罗伯特·索罗把劳动资料对经济增长的贡献以及活劳动中包括的科学技术知识的贡献也计算在科学技术的功劳簿上，那么科学技术对生产力的贡献率早就是第一位的了。当人类能够利用工具控制的自然力超过人力时，科学技术对生产力发展的贡献率就居于主导地位了。“科学技术是第一生产力”不仅仅是对现代科学技术在生产力发展中的作用越来越突出、越来越重要的概括，而且，它是人类劳动的智力劳动本质所决定的规律，或者说，“科学技术是第一生产力”反映了人类劳动的智力劳动本质。

总之，从发展的劳动价值论出发，科学技术本身创造价值就是它的必然结论，这就解决了马克思经典劳动价值论与“科学技术是第一生产力”之间存在的矛盾，从而论证了科学技术创造价值的第一生产力论。

第七节　人工智能创造价值原理

一、马克思劳动价值论面临人工智能的挑战

20 世纪 50 年代末期，在一些发达资本主义国家，随着现代科学技术的发展，人工智能在许多行业和部门中得到了应用，出现了无人车间、无人工厂等自动化生产体系，大批工人脱离生产过程，而企业的剩余价值或利润却成倍的增长。对此，西方经济学家认为，由于人工智能极大地提高了劳动生产率，从而人工智能创造了更多的价值或利润。马克思主义经济学家则坚决否定人工智能创造价值，在他们看来，承认人工智能创造价值就是承认物化劳动创造价值，这岂不是否定了马克思的只有活劳动创造价值的劳动价值论，为此，他们从马克思劳动价值论出发，认为在高自动化企业里雇佣工人人数虽然减少了，但是活劳动量却是增加的。然而，他们的这个解释是很缺乏说服力的，这些解释不仅不能有力地回击西方经济学家，就是一些持客观立场的马克思主义经济学家也不能接受。否定马克思劳动价值论的人，特别是西方经济学家认为，技术和科学已“变成独立的剩余价值来源”，马克思的劳动价值论和剩余价值论已经“过时了”。如何解释在高度自动化企业里雇佣工人人数减少，而企业利润却成倍增加的问题，是摆在马克思主义经济学者面前的一个重大理论和现实问题。能否科学地回答这个问题，是对马克思劳动价值论的检验，也是批驳劳动价值论“过时了”的需要。

为什么在高自动化企业里雇佣工人人数减少，企业的剩余价值或利润却成倍增加呢？马克思主义经济学家力图证明，虽然高自动化企业里雇佣工人人数表面上减少了，但是他们付出的劳动量是增加的，这样，剩余价值或利润就不是减少而是增加了。为此，他们提出以下 3 点依据：（1）高度自动化条件下的劳动是复杂的劳动，可以形成倍数的价值；（2）生产劳动的范畴扩大，工程师、工艺师及管理人员作为“总体工人”的一个器官创造价值和剩余价值；（3）资本家使用高效的自动化生产带来极高的劳动生产率，从而获得大量的超额剩余价值。

那么，马克思主义经济学家提出的这 3 个论据是否成立和有说服力呢？接下来我们就对以上 3 点逐一进行分析。

第一，在高度自动化条件下，复杂劳动在总劳动中所占的比重不是增加的，

而是逐渐减少的，这是由使用机器的根本原则决定的。使用机器的根本原则在于以简单劳动代替复杂劳动，对此马克思指出：“总体工人即结合工人的构成也发生了根本的变革。同工场手工业时期相反，现在，只要可行，分工的计划总是把基础放在使用妇女劳动、各种年龄的儿童劳动和非熟练劳动上，总之，就是放在英国人所谓的‘廉价劳动上’。”还说：“改良机器为取得一定成果不仅不需要雇佣那么多成年工人，而且用一种人代替另一种人：熟练程度低的代替熟练程度高的，儿童代替成年人，女工代替男工。”（马克思著．资本论．第1卷．法文版中译本．北京：中国社会科学出版社，1983，第438页）可见，以简单劳动代替复杂劳动这是马克思提出的使用机器的根本原则。事实也是如此，试想如果使用机器不能节省人的体力和智力，那么人类发明和制造机器的意义和动力是什么呢?!因此，在高度自动化条件下，虽然在局部上会使复杂劳动增加，但就总趋势来看，复杂劳动在总劳动中所占的比重还是逐渐减少的。

事实上，按照马克思关于资本家在什么情况下采用机器设备的理论，随着劳动手段由手工劳动转变为机械化、自动化机器体系，活劳动的劳动量减少是绝对的。

马克思提出使用机器的一般界限是“生产机器所费的劳动少于使用机器所代替的劳动”。（马克思著．资本论．第1卷．北京：人民出版社，2004，第430页）假定生产一部机器所费的劳动量为Δc，即价值为Δc。这部机器被另一资本家买来作为生产工具以便替代人力，为了分析方便，假设机器价值在生产过程中价值一次转移。假设这个企业在使用机器进行生产之前，生产资料转移价值为c，生产消耗的活劳动量为（$v+m$），产品的价值构成是$c+v+m$。在企业使用这部机器后，假设这部机器替代的活劳动为（$\Delta v+\Delta m$），那么，此时产品的价值构成是$c+\Delta c+[(v+m)-(\Delta v+\Delta m)]$。根据马克思提出使用机器的一般界限是“生产机器所费的劳动少于使用机器所代替的劳动”，那么，$\Delta c<(\Delta v+\Delta m)$。所以，$c+\Delta c+[(v+m)-(\Delta v+\Delta m)]<c+v+m$，即使用这部机器后生产产品所费劳动或产品价值小于使用这部机器以前生产同样产品的所费劳动或产品价值。这就证明了使用机器替代人力后，活劳动的劳动量绝对的减少了，或者说，活劳动形成的商品价值绝对的减少了。

另外，从资本主义生产目的也可以证明，使用机器替代人力后，活劳动的劳动量绝对的减少了。就资本家来说，他之所以愿意用机器替代劳动力，因为“只有在机器的价值和它所代替的劳动力的价值之间存在差额的情况下，才会使用机器”。（马克思著．资本论．第1卷．北京：人民出版社，2004，第431页）就是说，机器的使用界限是机器的价值要小于使用机器所代替的劳动力的价值，即

$\Delta c < (\Delta v + \Delta m)$。因此，使用机器后的产品价值 $c + \Delta c + [(v + m) - (\Delta v + \Delta m)]$ 就会比使用机器以前的产品价值 $c + v + m$ 要小。这同样证明了使用机器替代人力后，活劳动形成的商品价值绝对的减少了，或者说，活劳动的劳动量绝对的减少了。

第二，试图依据“总体工人”概念扩大生产劳动范围来说明活劳动的增加，更是理论上的混乱。他们认为，在生产自动化的条件下，已经不是用人直接操纵机器，而是用电子计算机控制机器，工人只看仪表按钮就行了，因而直接操纵作用于劳动对象的人的确是减少了。然而，由于自动化生产主要是靠机器体系自行作为，这种自动化生产设备是以现代的科学技术为基础的，是极其复杂和精密的，所以就必然要有大量的科学研究人员、工程设计人员、技术安装人员及维修人员，这里所需要的工人也是技术水平较高的人，为了提供这样的工人，必须有相量数量的教育和培养人员。至于自动化企业需要一定的管理人员，那就更不用说了。他们认为，虽然这些服务于直接生产过程的劳动可以由企业之外的协作劳动完成，但这些劳动却是“整体工人”的一部分，应将其归入创造价值的活劳动范围。如此一来，自动化生产线的活劳动就增加了。

我们在本章第四节已经研究了“整体工人”与马克思劳动价值论的关系，指出马克思的“整体工人”概念事实上突破了他自己对活劳动与物化劳动的认识，按照“整体工人”概念必然承认物化劳动创造价值，而这与他们试图用“总体工人”概念否定人工智能创造价值的初衷恰恰相反。

第三，个别企业采用自动化生产提高劳动生产率后，使个别资本家获得超额剩余价值，从而剩余价值或利润增加了；但却无法解释整个社会在采用自动化生产提高劳动生产率后，全部企业的剩余价值或利润为什么会增加。按照马克思社会必要劳动时间决定商品价值的理论，就个别生产者而言，在劳动时间一定的条件下，商品数量的差异决定了商品个别劳动时间的差异，而个别劳动时间与第一种含义社会必要劳动时间比较，决定该生产者所获得剩余价值的多少。个别劳动时间与劳动生产率成反比例，劳动生产率较高的生产者，个别价值低，可以获取超额剩余价值。不同生产者竞相采用先进的技术和管理方法来提高劳动生产率，以期获取超额剩余价值。按马克思劳动价值论，超额剩余价值以及剩余价值并非来源于技术和资本，它仍来源于劳动，技术和资本只是决定使用价值的多少，而不决定价值的多少。

按照马克思劳动价值能够解释个别企业由于采用自动化生产，提高了劳动生产率，使个别资本家获得超额剩余价值，从而剩余价值或利润增加了。但问题是，个别资本家多得的超额剩余价值是其他较低劳动生产率企业少得的剩余价值，就资本家整体来说，剩余价值总量并未变化。就是说，用超额剩余价值理论无法解释整个社会在采用自动化生产提高劳动生产率后，全部企业的剩余价值或利润为什么会增加。

综合以上分析，对于高自动化生产过程来说，人工智能对活劳动的替代节约了活劳动，所以，用活劳动增加来解释剩余价值或利润为什么会成倍增加，是行不通的。这反过来证明了只有承认人工智能创造价值才能解释剩余价值或利润为什么会成倍增加，但是，这显然与马克思的劳动价值一元论是冲突的，马克思劳动价值论面临人工智能的挑战。

迄今为止的国内外马克思主义经济学者在运用马克思经典劳动价值论说明高度自动化企业利润来源时，总是不能自圆其说，甚至南辕北辙，这表明马克思劳动价值论与现实发生了矛盾，马克思劳动价值论需要发展，不发展马克思劳动价值论就难以协调理论与现实的矛盾。

二、人工智能是“人脑的延伸”

18 世纪 70 年代以蒸汽机技术为标志的第一次产业革命，以及 19 世纪 70 年代以电气技术为标志的第二次产业革命，这两次产业革命主要是以机器延伸了人的四肢和扩展了人的体力；而 20 世纪中叶以来，以电子、信息技术为先导所引发的计算机为代表的信息革命，则是以人工智能模拟人的思维，延伸了人脑和扩展了人的智力，被人们赋予了“人脑的延伸”的含义。从计算进展到推理，从单机运行到网络通讯，计算机本身在某种程度上已经实现了智力的物化。在这种智力的物化形式中，计算机也变成了“电脑”。当人们把原本由人脑完成的智力的某项功能移交计算机来实现时，计算机节约了人的智力，人脑得到了解放，人脑就可以有更多的时间和精力进行创造性思维，相应的，智力革命也就进展到了一个新的阶段。计算机能够替代或节约人的智力劳动到什么程度？以美国的情况为例，在 20 世纪 80 年代末 90 年代初，美国的大中企业拥有计算机大约 22 万台，微型机大约 75 万台，这些计算机完成的工作量估计相当于 4000 亿人的工作量，相当于美国现有人口的 2000 倍，现有脑力劳动者人数的 4000 倍。而且随着计算机的数量和质量的不断发展，计算机代替人脑的能力是无限的。诺贝尔经济学奖获得者列昂惕夫说：“计算机和机器人已经开始代替蓝领和白领工人的简单智能，人作为生产要素有体能和智能两个方面的功能，它们都在逐步被代替。”“无论如何，人力将要像畜力那样，逐步为机器所代替。”（新型经济．美国《时代》周刊．1983 年 5 月 30 日）

在智力革命史中，计算机的出现是一个非常重要的事件，是迄今为止人类智慧的最高结晶。人工智能由硬件和软件组成的，它的硬件与非人工智能的机器设备无异，它的软件类似于人脑中形成的认识结构，软件由程序构成。软件程序在硬件的支持下，执行信息的获取、存储、加工、分析、整理、输出等信息功能。硬件所具有的接受和处理信息的功能是由软件程序决定的。人工智能被定义为“服从于规则的机器”。电子计算机重要的特点，是能够按照人们赋予的程序和条件，进行大大超过人脑功能的大量和高速度的逻辑运算，完成一定的归纳、演绎、推理、证明、综合、分析、判断和识别的职能，进行自动控制、指挥、调度、通讯、书写、记录等单项的或综合的、简单的或复杂的脑力劳动性质的活动。换言之，它具有一定的其他设备所不具有的逻辑思维能力和某些形象思维的功能，如辅助画家作画、辅助作家创造、辅助警察识别和捕捉犯人等，虽然形象思维功能还是初步的，但发展前途无限。

自动化生产体系主要由4类功能不同的系统组成：控制系统、动力系统、传动系统、执行系统。自动化生产系统的构成和工作原理其实就是模仿或复制人类自身劳动的情形。控制系统相当于人脑的智能系统，主要控制各个子系统中的自动化设备及元件的正常工作。控制系统由人和人工智能组成，在人类没有发明人工智能之前，机器系统不存在控制单元，这个功能是由人来完成的，即由人直接操控机器实现。动力系统和传动系统相当于人体的神经和肌肉系统。动力系统把自然力转化为驱动传动系统和执行系统所需要的动力形式，比如，利用风力发电机把风能转化为驱动其他设备需要的电能，柴油发电机把柴油燃烧的能量转化为电能，电能驱动传动机构将其转化为机械能，等等。传动系统在动力系统输出动力的驱动下产生运动，传动系统通过调节运动，需要时也改变运动形式，比如把垂直运动变为圆形运动，最终把能量分配给执行系统的各种工具机。动力系统和传动系统也可以视为一个系统，因为它们的作用是把动力传给执行系统中的各种工具机。执行系统相当于人的手和脚，执行系统主要由功能各异的用来加工改造劳动对象的工具设备组成，如车床、铣床、刨床、磨床等，它从传动系统获得动力后在控制系统输出的信息指令控制下产生特定的运动，工具机与劳动对象接触的工具部分产生作用力作用于劳动对象使其发生预计的变化。

在人工智能出现以前，控制机器体系的信息指令来自人脑。由于非智能化设备不具备直接接受信息和对信息直接进行反应的能力，所以，只能通过人体输出作用力的方式来操控非智能化设备。如此一来，虽然非智能化的传统机器体系始终处于人脑控制之下，但是，人脑的智力活动并不能直接控制机器设备如何工作，而是通过控制人的体力劳动输出作用力的方式实现对机器的操控，即智力劳动生成的知识信息指挥和控制人的体力劳动，体力劳动通过发出作用力操控机器设备运转。在传统的非智能化机器体系中，机器体系的使用价值在于放大人的体力从而把自然力并入生产过程，它并不具有接受、加工、处理和生成信息的能力。

人工智能出现后，机器体系中的人工智能已经具备了接受、加工、处理和生成知识信息的能力，或者至少局部机器体系具备了信息处理能力。人工智能不但延伸、放大和替代了人类的大脑，使加工处理信息活动不再是专属于人类大脑的智力活动，而且，有了人工智能，很多机器甚至整个机器体系的操控就可以不再借助体力劳动来实现，人工智能可以直接接受和加工处理人类发出的信息指令，并通过人工智能操控机器运转。这样一来，在智能化机器体系中，人工智能不但减少了大量的智力活劳动，而且极大地减少了体力劳动这个“中介”环节，节约了大量体力劳动。在智能化机器体系中，控制生产过程的信息指令不仅来自于人的智力活劳动，而且来自于人工智能，是人工智能与智力活劳动的共同的产物。

三、人工智能创造价值的原理

习惯于劳动是劳动力的体力和智力消耗的经济学家们，无法接受物化劳动的使用是劳动的继续的理论。只有理解了智力劳动在生产过程中并不是以其消耗的智力发挥作用，而是以其生成的知识信息发挥作用，才能理解和接受智力劳动过程包括两个阶段：第一阶段是接收、存储、加工、生成知识信息的过程，这个过程是劳动力自身的认知活动过程，伴随着劳动力的智力消耗；第二阶段是智力劳动生成的知识信息在生产过程中发挥作用的过程，这是智力劳动作为生产劳动发挥实际作用的过程，这个过程没有劳动力的智力消耗，是知识使用价值以物化劳动形态延续智力劳动的过程。如果智力劳动不包括第二阶段，那么第一阶段的智力劳动就是无效劳动、毫无意义，就是“不下蛋的母鸡”。关于物化劳动或劳动资料创造价值的原理，我们在本章前几节已经做了详细的分析和论证。

人工智能作为迄今人类发明创造的最先进的生产工具，是体现劳动资料创造价值的典型形式。之所以说人工智能是物化劳动创造价值的典型形式，在于人工智能的工作原理与人类智力劳动的工作原理是相同的，比如，“机器人”模拟了人的思维，它更像是人在进行工作，说“机器人”的工作是劳动活动，要比说其他非智能生产工具的工作是劳动活动来得直观、形象、生动，要更有说服力。在人工智能没有出现以前，加工处理知识信息的活动是专属于人的活动，因为只有人类具有加工处理知识信息的智力特性。以计算机为代表的信息革命创造出人工智能，竟然能够使机器具有思维能力，加工处理知识信息的活动不再是专属于人的活动，人工智能已经能开展人类智力劳动第一阶段的认知活动了，这是人工智能与非智能设备的本质区别。非智能生产工具的使用过程属于智力劳动的第二阶段，它不能进行智力劳动第一阶段的劳动活动，因为它不能进行接收、存储、加工处理、生成知识信息活动。

从计算机科学来看，计算机和人脑一样都是信息加工系统，这种系统把所处理的信息都看作是符号信息，所有的记号、标志、语言、文字及它们所描述的事物、现象、规律、理论等，都被看成是符号结构，因而这种系统就是符号信息加工系统。人脑的工作原理和计算机的工作原理即信息加工的原理是相同的，都是依据特定的信息加工程序、程式与模式对其所获得的信息进行重新分解组合、匹配和建构，并由此生产出新的信息。对于人脑来说，信息的加工程序、程式与模式就是人的认识结构，因此，人脑的信息加工处理过程乃是大脑中形成的认识结构对客体信息和主体已凝结的信息的加工处理过程。由于认识结构是人类关于外部世界的已经内化了的知识单元，因此，人脑的信息加工处理过程实质是用知识生产知识的过程。对于计算机来说，信息的加工程序、程式与模式乃是人预先编好的软件程序，计算机硬件按软件程序对特定的输入信息进行接受、储存、加工、创造、调控、输出等信息活动，与人脑一样，电脑的信息加工处理过程也是用知识生产知识的过程。无论是人脑还是电脑，它们的信息加工处理过程本质上都是用知识生产知识，这是人和计算机进行信息活动的共同本质。

从最一般的哲学层面来看，用知识生产知识只有在知识与知识之间相互联系及相互作用中才能实现。知识作为人类主观的产物，已不是那个本体论意义上的与物质和能量结为一体的物理世界或物理状态的信息，而是人类智力活动的产物，所以，知识与知识之间的相互联系和相互作用只有在人的神经系统或人工智能系统中才能实现，否则，知识与知识之间不可能建立起任何联系，更不要说相互作用了。知识与知识之间的相互联系和相互作用之所以只能在人脑神经系统或人工智能系统中才能实现，根本原因在于人脑神经系统和人工智能系统具有加工处理信息的能力，即智力或智能。只有智能才能激活储存于大脑及人工智能系统中已有的信息，使这些被激活的信息按照一定的程序、程式与模式进行联结与重组，进而产生新的信息。

虽然计算机和人脑都是符号信息系统，人脑的工作原理和计算机的工作原理即信息加工的原理是相同的，但是应该指出的是，人脑与计算机毕竟是有根本区别的。人是社会关系的总和，是社会的产物，而计算机却是人创造的，无论是计算机的硬件功能，还是支配和控制计算机的软件程序，都是人设计和制造的。目前的计算机只能按人预先编好的软件程序对特定的输入信息集进行加工产生特定的输出信息集，只有当输入信息集改变时，才能改变输出信息集。与计算机不同，人脑凭借在社会活动过程中形成的认识结构，对接受的信息在选择、加工、改造的基础上，能够将这些信息在大脑中重新组合成为观念信息，重新建构出来的信息可以是决定论式的（机械化的），也可能是非决定论式的（非机械化的）。非决定论式的信息处理方式是指，对特定的输入信息集的加工可能会产生出多种输出信息集中的任一种或任几种。人所具有的非决定论式的信息活动方式，恰恰是人所特有的主体能动性和创造性的突出表现。当然，电脑能否发展出像人脑那样的具有非决定论式的信息活动方式，有待于计算机科学技术的未来发展。

我们在知识中介理论中指出，智力劳动之间的协作劳动是通过“知识”中介联结在一起的，当知识为生产过程中的活劳动所运用，成为创造新知识的智力劳动的知识构成要素时，智力活劳动便与化身为知识的智力劳动结合为协作劳动。协作智力劳动完全由活劳动主导和驾驭，因为只有活劳动的智能才能激活大脑中的知识，从而使这些知识相互联系和相互作用，进而创造出新知识。智力劳动间的协作总是表现为智力活劳动与物化智力劳动即知识的结合，这是智力劳动间实现协作的根本途径。知识只有与生产过程中的活劳动结合在一起，才能使物化为知识的智力劳动发挥实际作用，从而成为创造商品使用价值和价值的整体劳动的一部分。由智力活劳动生成的新知识信息及其知识价值，表面上是智力活劳动的成果，实际却是智力活劳动与化身为知识的智力劳动共同创造的，即协作劳动创造的。

在人工智能出现之前，智力劳动之间的协作劳动只有在知识和人脑结合的前提下才能实现。人工智能出现之后，通过人工智能也可以实现知识的相互联系和相互作用，从而把知识化身的物化智力劳动整合为创造使用价值和知识价值的整体劳动。人工智能打破了知识只能与人脑结合才能生成新知识信息和新知识价值的局限，实现了通过人工智能与知识结合产生新知识信息和新知识价值的新途径，从而将那些创造知识的智力劳动者跨时空地结合起来。尽管在这个过程中没有劳动者智力和体力的消耗，但人工智能加工处理生成输出的知识信息却是智力劳动者结合劳动的产物。因此，就人工智能创造价值的本质而言，乃是人工智能“复活”了知识化身的物化劳动，使其继续劳动并创造价值。由此，电脑生成的知识信息及其知识价值乃是由生成知识信息所涉及的全部物化智力劳动共同创造的，包括设计和制造电脑硬件和软件的智力劳动，以及输入电脑的那些化身为知识的智力劳动。

人工智能与机器设备的根本区别是，机器设备只能代替、延长和放大人的体力，而人工智能则能克服人的生理局限，极大地放大和延长人的智力。可是，我们为什么不把机器设备延长人的体力作为体力劳动者的继续，而却把人工智能延长人的智力作为知识劳动的延续呢？道理在于体力劳动的使用价值是体力，体力劳动付出体力作用于劳动对象后，体力作为能量在消耗后就消失了，离开人体的体力不能独立存在，不能保存和传承，因而已经运用的体力劳动的使用价值不能再发挥作用，所以，体力劳动并不能通过生产的机器设备延续其使用价值，就是说，机器设备输出的力虽然是其使用价值，但却不是体力劳动使用价值的延续。相反，机器设备作为广义的知识产品不过是观念产品的物质化，机器设备的使用乃是物化智力劳动的“复活”，是智力劳动的另一种劳动实现形式。智力劳动消耗的智力与体力劳动消耗的体力一样，随着能量的消耗而消失了，但是，知识作为创造它的智力劳动的化身却可以保存、传播、转移、永续利用，从而智力劳动能够超越时空限制继续发挥作用。人工智能创造价值本质上是人的智力劳动创造价值的继续，只不过不能按过去认识的那个有没有包含知识要素的经典劳动概念去理解而已。

第七章　商品价值统一性原理

第一节　两种对立的价值观

从经济学说史来看，可以归纳为两种不同思路的价值理论，这便是用劳动定义价值的劳动价值论和用使用价值或效用定义价值的效用价值论。马克思经济学选择从劳动出发定义价值并构建起劳动价值理论，西方经济学选择从效用出发定义价值并构建起效应价值理论。

一、马克思用抽象劳动定义价值

为了阐明支配商品交换的规律，亚当·斯密在经济学说史上第一次明确区分了使用价值和交换价值的概念，他说："价值一词有两个不同的意义。它有时表示特定物品的效用，有时又表示由于占有某物而取得的对它种货物的购买力。前者可叫做使用价值，后者可叫做交换价值。使用价值很大的东西，往往具有极小的交换价值，甚或没有；反之，交换价值很大的东西，往往具有极小的使用价值，甚或没有。"（亚当·斯密著．国民财富的性质和原因的研究．上卷．第25页）斯密据此将商品的使用价值排斥在商品的价值决定之外，他明确指出，决定商品交换价值大小的不是效用，进而提出了劳动决定价值的系统观点。

李嘉图继承了斯密关于劳动决定价值的观点。沿袭斯密的思维逻辑，李嘉图认为："有些使用价值很大的东西，如空气、水等，可以没有交换价值。一方面，使用价值无法用任何已知的标准加以衡量，不同的人对它有不同的估价，所以，使用价值不能作为交换价值的尺度。另一方面，没有使用价值的东西，或者无论从哪一方面说都无益于人们欲望的满足的东西，无论怎样稀少，也无论获得时需要花费多少劳动，都不会具有交换价值。"（李嘉图著．政治经济学及赋税原理．北京：商务印书馆，1962，第7页）可见，李嘉图接受了斯密关于使用价值和交换价值的区别，并进一步指出了使用价值和交换价值的联系，即使用价值是交换价值的物质承担者，这是李嘉图对价值概念的发展。

马克思也沿袭斯密和李嘉图的思维逻辑，通过对交换价值的分析，从更本质的方面引出了价值范畴的一般含义。他认为，两种不同的商品能按照一定的比例交换，里面一定有一种共同的东西，它不可能是商品的使用价值，因为作为交换价值只能有量的差别，而使用价值体现的是质的差别，在量上不具有可比性。如果把商品的使用价值抽去，那么，剩下的就是价值。马克思正是从交换价值的分析中把价值从交换价值中分离出来，揭示了不同商品之间所以能相互以一定数量比例进行交换，就是因为商品中凝结了人类无差别的抽象劳动。

从价值与交换价值的关系来看，马克思认为交换价值是不影响价值的，价值不是从交换价值中产生，也不受交换的影响，价值是由生产系统决定的，交换只是实现价值而不是决定价值；交换价值不过是不同商品所包含的价值的对比，它体现的是价值范畴的量的规定性，价值构成交换价值的基础和内容。这样，马克思在经济学说史上就第一次把价值从交换价值中分离出来，明确区分了交换价值和价值两个概念，后来的马克思经济学家认为这是马克思对价值理论的重大贡献。

马克思进一步指出了与使用价值相对立的是价值概念，价值和使用价值是商品的两种完全不同的属性，即商品价值是商品的社会属性，商品使用价值是商品的自然属性，马克思将其概括为商品二因素。在马克思看来，价值与使用价值就其本质而言是分立无关的，价值中不包含任何一个使用价值的原子，用马克思的话说："作为使用价值，商品首先有质的差别；作为交换价值（从而价值，编者注），商品只能有量的差别，因而不包含任何一个使用价值的原子。"（马克思著．资本论．第一卷．北京：人民出版社，2004，第50页）马克思认为，使用价值丝毫不影响价值，价值只由劳动决定。当然，由于价值与使用价值统一于商品体，而使用价值就是商品体本身，所以，如果说价值与使用价值有某种联系，那么，只是就其表现或实现而言的一种外部联系，即使用价值是价值的物质承担者。在这一点上，马克思继承了李嘉图的思想。

对价值、交换价值和使用价值的严格区分，使马克思劳动价值论有了一个完整的关于价值的概念体系。马克思对价值观念的界定超越了以往经济学家仅仅从商品交换关系或人与物之间关系对价值的认识，马克思之前主张劳动价值论的古典经济学家只是从商品交换关系来认识价值的意义，而反对劳动价值论的效用价值论只是从人对物的心理感受来认识价值。马克思的商品价值范畴是用来反映人们互换劳动的社会关系。商品之所以要体现价值，不在于它是具有使用价值的物，而在于它是用来交换的。商品交换的过程是人与人之间发生利益关系的过程，而交换双方的利益得失是通过商品价值量的规定实现的。因此，价值只是借助于物来体现人与人之间的关系。物本身是无所谓价值的，是因为人，价值才得以成立并规定。因此，对于价值本质的理解，不能从商品的物理属性去探讨，只能从人的本质和生产关系的角度去探讨。把价值理解为一种社会关系，这是马克思价值理论的精髓。

二、西方经济学用效用或抽象使用价值定义价值

与马克思劳动价值论严格区分价值和使用价值不同，“边际革命”的经济学大师们把早已被古典经济学劳动价值论排除在外的使用价值因素引入价值理论，把使用价值作为价值的源泉，价值被定义为人们对物品使用价值的心理感受或主观评价。奥地利学派的庞巴维克批评古典经济学家只把价值区分为使用价值和交换价值，并且只研究交换价值，所以陷入种种矛盾。直到边际革命之前，经济学家们只是把使用价值作为商品的物理功能和用途，把商品使用价值的研究排除在经济学之外，马克思就指出：“商品的使用价值为商品学这门学科提供素材。”（马克思著．资本论．第一卷．北京：人民出版社，2004，第48页）“边际革命”的经济学家们独辟蹊径，从各种商品具体使用价值中概括出了“效用”即“抽象使用价值”的概念，商品使用价值不再表现物品本身具有的客观效用性或有用性，而是表示这种效用引起的主观心理感觉。从使用价值引申到效用，使无法比较的具体使用价值发展为可以比较的抽象使用价值即效用，就如同马克思从无法比较的具体劳动引申出抽象劳动一样，抽象使用价值使得人们可以对使用价值的量的大小进行理论分析，这就使以往由于具体使用价值不能比较而否定它在商品交换中的作用的观点不再成立，而这是在古典经济学和马克思经济理论中都没有的。

从使用价值到效用，这是边际效用价值论令使用价值成为经济学基本范畴的关键点，这两个概念之间既有一致性，又有差异性。使用价值是指商品的有用性，由于商品的自然属性不同，商品的使用价值也不同，又由于同一商品有着多方面的自然属性，商品的使用价值是多种多样的，商品使用价值是商品的自然属性。商品使用价值的最大特点，就是商品不是直接供该商品的生产者自身消费的使用价值，而是为他人消费的使用价值，因此，使用价值一定是社会使用价值。当使用价值进入交换成为人们需求满足的对象时，使用价值就成为效用。商品效用是指商品使用价值对人的满足程度。使用价值是商品本身的自然属性，与人的需求无关，它是客观的、具体的。但使用价值进入交换用于满足人的需求时，使用价值就转化为商品的效用。商品效用以商品使用价值为基础，但带有人的主观

评价在里面，所以，效用是一个集主观和客观相统一的经济范畴。

因为效用大小取决于消费者对商品效用的主观心理评价，边际效用价值论认为，商品价值只能在商品交换关系中由需求决定，这与马克思认为需求不影响价值，价值不受交换影响，价值只由生产或供给决定的观点完全不同。效用价值论从消费或需求的视角揭示了商品效用与交换价值的关系，认为商品效用决定商品交换价值。庞巴维克将价值分为主观价值和客观价值，他用主观价值表示财货与人的福利关系，它取决于人对效用的评价，是价值的本源，用客观价值表示财货的客观交换价值，“即用它来换得一定量其他经济财货的可能性，这个可能性是前一财货的一种力量或特性”。（庞巴维克著．资本实证论．北京：商务印书馆，1997，第 150 页）例如，馒头的主观价值是馒头的需求者从吃馒头中获得的享受，馒头的客观交换价值是它在交换中换取其他物品的能力。庞巴维克用主观效用价值解释商品交换价值的确定，他认为，交换价值或价格是由人们对商品的主观评价通过在生产交换中的竞争而确定的。例如馒头的购买者依据其对馒头效用的心理感受确定他愿意支付的价格，最后通过与馒头生产者的讨价还价确定双方都接受的价格从而实现交换。应该说，用商品效用来说明商品价值的观点能够得到人们经验事实的支持，人们的日常购买行为表明，一种商品所值多少（即价值大小），或者说，人们对所需要的某种商品愿意支付多少价格这件事，的确直接或表象的与人们对该商品效用的主观心理评价相统一。姑且撇开决定人的主观心理评价背后的因素不谈，仅就价格表面由效用决定这一点来说，用效用来衡量商品所值几何既符合商品的自然属性（即使用价值），也符合人们的日常购买行为。

商品的交换价值或价格由商品效用决定的观点不但源远流长而且厚积薄发。古希腊的亚里斯多德、古罗马的卡多和中世纪的阿奎那都曾强调效用的作用。16 世纪意大利的贝纳多·达凡查提就提出，商品的价值以人们的愿望和需要而转移。17 世纪英国经济学家尼古拉斯·巴尔本认为，一切商品的价值都取决于它们的用途，而它们的用途取决于人们的主观评价。18 世纪重农学派的重要代表之一的杜尔哥提出，商品具有客观价值和主观价值，客观价值由市场决定，主观价值取决于让渡自己的物品的人对该物品的估计。19 世纪的德国经济学家戈森第一个系统地论述了边际效用价值论。在经济思想史上，用物品的效用或满足人的欲望的能力说明商品交换价值的观点，与劳动价值论具有同样悠久的历史。经过 19 世纪 70 年代开始的“边际革命”的打造，边际效用价值论以其完备的形式出现在价值学说史上，而且取代以前的各种经济学价值理论，最终确立了边际效用价值论的统治地位，劳动价值论则被排除在西方主流经济学之外。

效用价值论的主要贡献在于，它发现了使用价值在经济学中的基础作用，从具体使用价值中抽象出效用即抽象使用价值，提出效用是价值的源泉，他们把使用价值和价值视为同一个概念，也就是说，在他们看来，商品之所以有价值是因为它们有效用（当然他们认为还包括稀缺性这个条件），而效用又是从需求者与产品的关系产生的，所以他们认为价值在交换过程中产生，商品交换价值由商品效用决定。西方经济学以使用价值或效用为基础，建立起完全不同于劳动价值论的价值学说，或者说，从经济学说史上，边际效用价值论就是为了反对古典经济学的劳动价值论和马克思主义劳动价值论而发展出来的学说。

三、劳动价值论与效用价值论对立的根源

马克思经济学严格区分价值和使用价值，马克思用劳动定义价值，而将使用价值排除在价值含义之外。相反，西方经济学用使用价值或效用定义价值，反对马克思用劳动定义价值。由于商品价值与商品使用价值两个概念的对立，导致马克思劳动价值论与西方经济学效用价值论之间水火不容、相互对立，没有统一性可言。

是什么原因导致劳动价值论与效用价值论的根本对立呢？从理论上看，在于至今没有找到能够将两个价值理论统一起来的更一般、更普遍的价值理论。从方法论上看，由于理论上没有突破，以致主张劳动价值论的经济学家阵营与主张效用价值论的经济学家阵营各持己见，不正视对方的科学和合理的因素，实际上陷入了形而上学的思维之中而不能自拔。从现实性甚至阶级利益这个层面上看，价值理论已不再停留于为了解释商品交换比例的初衷那么简单，选择哪种价值论作为其理论基石与他们的阶级立场联系紧密，阶级立场强化了两种价值论的对立。价值理论不仅要回答决定价格的价值是什么，以便为建立价格理论提供价值论基础，而且核心问题要回答价值是由什么决定的，由谁创造的价值，即价值源泉问题，进而为如何分配价值提供价值论基础。价值理论之所以和阶级立场紧密地连接在一起，在于价值理论是分配理论的基础，或者说，分配论是价值论的引申，主张什么样的分配论正是阶级利益对立的集中反映。

收入分配问题涉及各阶级或阶层的利益，出于阶级利益的需要，他们会选择符合自己需要的价值论，并且不遗余力地维护和论证其所选择的价值理论的真理性，以便表明建立其上的整个经济理论体系的真理性和可信性。马克思根据劳动价值论得出只有劳动创造价值，为此，他提出只有通过付出劳动获取财富才是合理的，资本家和土地所有者凭借其对资本和土地的所有权获取的财富是对劳动的剥削所得，这为无产阶级剥夺剥夺者提供了理论武器。以效用价值论为基础建立起来的西方经济学论证了劳动、资本和土地共同创造价值，提出资本和土地获取

利润与劳动获取工资收入一样是天然合理的，并不是对劳动的剥削，用“利益和谐论”反对马克思的“利益对立论”，为资产阶级利益服务。

应该指出的是，价值论本身没有阶级属性，价值论是关于决定商品交换比例或价格的“真实价值”是什么，以及用什么来度量“真实价值”的理论，这是典型的关于客观事物是什么的实证科学问题。既然经济学是一门科学，价值理论又是基础性的科学命题，那么作为科学的价值理论应该是唯一或统一的，或者说，劳动价值论和效用价值论只是从不同的假设、不同的视角来研究和解释价值问题，它们不应该是对抗性的，而是互补性的，理应殊途同归。因此，把这两个长期以来一直对立的价值理论统一起来是价值理论发展的必然要求。而统一两种价值理论的关键点在于把以往视为对立的价值与使用价值（或效用）这两个范畴连接起来，这就需要在相比价值范畴更基础的范畴上寻找突破口，从而通过这个范畴的突破来重新审视价值与使用价值之间的关系。无疑，能够担此重任的经济学范畴就只有劳动范畴，因为劳动是人类最基本的活动，因而也是最基本的经济学范畴。然而，传统的劳动概念显然不能完成这个统一任务，而且，传统的劳动概念恰恰是导致使用价值和价值这两个范畴对立的理论根源，所以，劳动概念的突破和发展就成为统一使用价值和价值两个范畴的唯一途径。

第二节 商品使用价值与商品价值统一性原理

一、知识价值就是知识的抽象使用价值

马克思提出形成价值实体的劳动是抽象劳动，由于劳动包括体力劳动和智力劳动，所以抽象劳动也包括抽象体力劳动和抽象智力劳动。我们把与抽象智力劳动对应的知识称之为抽象知识。不仅构成抽象智力劳动的知识要素属于抽象知识，而且抽象智力劳动生成输出的知识也属于抽象知识范畴，从而智力劳动物化形成的知识价值实体也由抽象知识构成。与抽象知识相对的是具体知识，具体知识是指具体劳动中运用和生成的知识。具体知识不属于经济学范畴，当然也不是经济学的研究对象，它属于各门具体科学，是各门具体学科专业的研究对象。抽象知识才是经济学的范畴和研究对象，它是形成抽象劳动的要素之一，是构成价值实体的重要内容。对于解决不同问题的不同学科专业的各类具体知识来说，其用途或使用价值各不相同，比如，飞机制造工艺知识是关于如何制造飞机的知识，汽车制造工艺知识是关于如何制造汽车的知识。各种不同含义和用途的具体

知识是无法比较的。

虽然具体劳动中使用的具体知识的意义和作用千差万别，有的知识很深奥、作用也大，有的知识很简单、作用也小，但如果把知识的具体含义、功能和作用等个性特征抽象掉，剩下的就只是知识的共性特征——即知识对人类认识世界和改造世界的有用性或使用价值，知识的这个共性特征就是知识的抽象有用性或抽象使用价值。知识是人类智力活动的成果，标志人类对自然、社会和人类思维达到的认识程度，知识一旦与物质生产过程中的物质力量结合，就转化为改变世界的现实力量，这是一切知识的共性特征。人们日常所说的知识都是在抽象意义上使用的知识概念，比如“知识就是力量”、“知识改变世界”、“知识改变命运”等论断中所说的知识都是指抽象意义的知识。

从经济学角度看，具体知识之间不可比的“质”的差别抽象掉后，剩下的就只是一般意义的知识对人类有用性这个共同的“质”，这里所说的知识对人类的有用性只有数量程度的差异而没有质的差异，是可以相互比较的，因而它是一个抽象有用性。比如，从具体知识来看，利用飞机制造知识制造出来的是飞机，利用汽车制造知识制造出来的是汽车，但从抽象知识来看，无论是飞机制造知识还是汽车制造知识，人类利用这些知识生产出来的无论是飞机还是汽车，都不过是能满足人们出行需要的交通工具而已。再如，作为具体知识，自然科学知识和人文社会科学知识无论从研究对象的内容还是功能作用上都相去甚远，自然科学知识以自然界为研究对象，探讨存在于自然界的客观规律，为人类征服自然改造自然满足人类的物质产品需要服务；人文社会科学知识以人类自身为研究对象，探讨人类社会的发展规律，为建立和谐和可持续发展的人类社会服务。然而，无论是自然科学知识还是人文社会科学知识，作为抽象知识，它们都是为人类认识世界和改造世界服务，都是为满足人类对物质产品和精神产品的需要服务。

无论具体知识的使用价值有多么的不同，但就知识对人类有用性这一点来说却是共同的、无差异的，它是一切知识所具有的一般的、共性的特征，因此，知识的抽象有用性或抽象使用价值是抽象知识的内涵或本质规定性。由于抽象知识构成知识价值实体，所以，决定知识价值的与其说是抽象知识，不如说是抽象知识的有用性或知识的抽象使用价值程度决定着知识价值的大小。于是，我们就逻辑地得出了一个十分重要的结论：知识之所以有价值，在于知识对人类的有用性，知识价值源于知识使用价值，或者说，知识价值就是知识的抽象使用价值，两者是一回事。尽管知识价值就是知识的抽象使用价值，但由于使用价值和价值毕竟是两个不同的观察视角，所以，可以把抽象知识的使用价值（即知识的抽象使用价值）与知识价值称为抽象知识的二重性，而把知识价值与知识的抽象使用价值的一致性称为抽象知识二重性的一致性原理。

具体知识和抽象知识与马克思提出的劳动二重性原理中的具体劳动和抽象劳动相对应，一方面，具体知识是具体劳动中运用和生成的知识，具体知识所具有的各种用途或使用价值是具体劳动有用形式的源泉，是具体劳动内涵的本质规定性。另一方面，抽象知识是对应于抽象劳动提出的概念，是对具体劳动中的具体知识的一种抽象，抽象知识是具体知识的抽象形式。具体知识和抽象知识不过是同一知识从具体劳动和抽象劳动的不同视角观察的结果。如果把知识比喻为一枚硬币，那么具体知识和抽象知识就是这枚硬币的正反面，从具体劳动的视角，硬币的正面是具体知识；从抽象劳动视角，硬币的反面是抽象知识。

二、商品使用价值是知识使用价值的外化和物质化

具体劳动创造商品使用价值，商品使用价值是具体劳动的成果，有什么样的具体劳动就有什么样的商品使用价值。不同商品之所以具有不同的使用价值，除了构成商品体的物质要素有其特殊的自然属性外，根本原因在于生产它们的劳动各有其特殊的具体形式，正是具体劳动包含的劳动有用形式创造出不同质的使用价值。而劳动的具体有用形式则是由具体劳动运用和生成的知识决定的，所以，归根结底，构成具体劳动的知识要素才是创造使用价值的源泉。知识在创造使用价值的过程中的作用一般包括两个方面，一方面，商品使用价值首先是人类智力劳动运用知识创造的并以知识形态呈现的使用价值，如图纸、方案、计划等，由知识描绘的使用价值是未来生产物质产品使用价值的观念存在形式，而实在的商品使用价值不过是知识使用价值的物质化，因此知识使用价值是商品使用价值的源泉。另一方面，知识是精神力量，当它与人的体力和自然力这些物质力量结合后，就成为改造物质世界的现实力量，而且这种现实物质力量发挥作用的方式皆在知识信息控制下进行，最终生产出来的商品使用价值不过是知识使用价值的物化和物质实现形式。

智力劳动首先在观念中运用知识设计产品使用价值，正如马克思说的："最蹩脚的建筑师从一开始就比最灵巧的蜜蜂高明的地方，是他在用蜂蜡建筑蜂房以前，已经在自己的大脑中把它建成了。"（马克思著．资本论．第一卷．北京：人民出版社，2004，第 208 页）在观念中设计使用价值的过程乃是智力劳动的知识再创造过程，知识再创造是智力劳动主体利用已有的知识，通过科学研究和技术创新创造出自然界以往不存在的使用价值。今天人类所使用的几乎一切东西都是人类运用知识的创造物，如汽车、飞机、高楼大厦、计算机、电视机，等等。在由研发和设计人员完成知识形态产品图纸设计之后，技术和工艺人员要针对设计

图纸进行工艺设计，研究如何实施产品生产的工艺设计和针对工艺需要的设备选择，以及原材料或半成品的供应，生产人员要研究制定生产方法、生产流程以及生产质量控制，整个生产过程还必须进行计划、组织、协调、指挥、监督等一系列管理活动。整个生产过程自始至终处于智力劳动的主导和控制之下，而且，智力劳动对生产过程的主导和控制是以其生成和输出的知识信息来实现的。

这些知识信息发挥作用的过程，就是劳动者使用劳动工具按照信息指令加工改造劳动对象的过程，随着劳动过程的进行，那些创造使用价值的知识信息物化在了劳动产品中，从而使劳动产品成为知识产品或知识使用价值的物质实现形式。马克思对此做过精辟的论述，指出："劳动过程结束时得到的结果，在这个过程开始时就已经在劳动者的表象中存在着，即已经观念的存在着。它不仅使自然物发生形式变化，同时他还在自然物中实现自己的目的，这个目的是他所知道的，是作为规律决定着他的活动方式和方法的，他必须使他的意志服从这个目的。"（马克思著．资本论．第一卷．北京：人民出版社，2004，第208页）马克思在这里已经清楚地表达了物质产品使用价值不过是人类观念使用价值即知识使用价值的物质实现形式。假设脱去构成商品使用价值的物质外衣，那么商品使用价值就只剩下像幽灵一般由知识构成的观念产品的使用价值，或者反过来说，商品使用价值就是穿上物质外衣的观念形态的知识使用价值，即物质化的知识使用价值。

总之，商品使用价值乃是知识使用价值的外化和物质化，是知识使用价值的物质实现形式和表现形式。商品使用价值以其物质现实性映射物化的知识使用价值，由此，可以透过商品使用价值来认识知识使用价值。

三、商品抽象使用价值概念的提出

由于使用价值是指商品的具体用途，在质上各不相同，在量上难以比较，所以，要比较商品使用价值就必须对其进行抽象，就如同具体劳动不能直接比较而必须以其抽象形式即抽象劳动才能比较一样，需要对商品使用价值进行抽象，形成一个可以比较的商品抽象使用价值。当把具体使用价值的各种具体用途抽象掉，剩下的就只是使用价值对人的抽象有用性这个共同性质了。因此，商品抽象使用价值是指使用价值对人的有用性。

各种商品抽象使用价值之间没有质的差别，只存在有用性程度的数量差异，即商品抽象使用价值之间应该同质异量。比如食品的使用价值是用来满足人类对饥饿和美味的需要，衣服的使用价值是为了满足人类的保暖和美观的需要。如果将食品和衣服的具体使用价值的差别抽象掉，剩余的就是食品和衣服对人类有用这个抽象使用价值，即商品满足人的某种需要的性质。食品和衣服的抽象使用价值的区别仅仅是两者对人的需要满足程度上的差别。再如，如果你有一笔钱，只能在购买房子和汽车中选一样，尽管房子和汽车的具体使用价值完全不具备可比性，但你总可以根据它们对你满足程度上的差别，选出给你带来最大满足程度的那个，或者房子或者汽车中的一个。商品的抽象使用价值是一个非常重要的概念，有了这个概念就使不同质的不可比较的商品使用价值转化为同质的可以比较的商品抽象使用价值了，就像马克思把不可比的具体劳动抽象为抽象劳动后就具有了可比性一样。

马克思经济学认为，能够成为商品交换真实尺度的东西必须是同质异量的，因为商品使用价值是异质的、不可比较的，因此商品使用价值不能成为商品交换的真实尺度，或者说使用价值不是决定商品价格的因素。现在看来，认为商品使用价值不能比较的结论是有些武断了，因为虽然商品的具体使用价值不可比较，但是商品抽象使用价值却是可以比较的，即商品使用价值对人的需要的满足程度是可以比较的。

四、商品使用价值与商品价值的统一性原理

由于商品使用价值是劳动同自然物质相结合创造出来的，所以商品使用价值有两个来源：一是构成商品体的各种物质要素的特殊的自然属性；一是人类劳动的具体有用形式创造的自然界不存在的人工使用价值属性。商品使用价值除去构成其商品体的物质的自然属性外，商品使用价值源于生产它的具体劳动所运用的知识的使用价值，即商品使用价值是知识使用价值的外化和物质化。既然商品使用价值与具体知识的使用价值是一致的，那么对商品使用价值的抽象与对形成它的具体知识的抽象也是一致的。对商品使用价值的抽象即是商品的抽象使用价值，对具体知识使用价值的抽象即是抽象知识的使用价值或知识的抽象使用价值。由此，商品的抽象使用价值就是知识的抽象使用价值，或者说商品的抽象使用价值与知识的抽象使用价值相对应，两者是内在统一的。

既然商品的抽象使用价值与知识的抽象使用价值具有一致性，而且知识价值与知识的抽象使用价值是一回事，那么商品的抽象使用价值与知识价值具有一致性就成为逻辑的必然。从理论分析的角度看，商品的抽象使用价值似乎只与知识价值对应，但在实际经济生活中，人们对商品抽象使用价值即商品效用的评价必然是对商品整体价值的估价，而并非只是对商品价值中的知识价值的估价。由此商品的抽象使用价值实际与商品价值相对应，即商品的抽象使用价值体现和反映商品价值，这表明商品的抽象使用价值与商品价值具有相互贯通相互转化的同一

性。在同一性的意义上，商品的抽象使用价值即是商品价值。

商品抽象使用价值是对一切商品使用价值概括出来的共性特征，或者说，任何商品使用价值都包含商品抽象使用价值这个共性，而商品抽象使用价值即是商品价值，那么商品使用价值包含商品价值的含义，或者说商品使用价值具有商品价值属性。由此，商品使用价值与商品价值之间相互贯通、相互转化的统一属性即同一性就被揭示出来了。为此，可以把商品使用价值与商品价值之间的统一属性称之为商品使用价值与商品价值统一性原理，或称之为商品二重性的统一性原理。

事实上，商品使用价值与价值统一性原理是劳动概念发展的产物。当我们发现构成智力劳动的要素中应该包含知识这个关键性要素后，商品价值中就必须包含知识信息物化形成的知识价值；与此同时，这个物化的知识要素同时也是商品使用价值的源泉，商品使用价值是物化的知识使用价值的物质实现形式。由此知识要素把商品二重性理论认为的没有任何交集的两个范畴连接在一起了，从而揭示了商品价值和商品使用价值的同一性。

尽管商品使用价值与商品价值之间具有同一性，但使用价值与价值毕竟是两个不同的经济学范畴。商品使用价值是以商品体的自然属性为基础，反映人与物的关系；商品价值则是商品的社会属性，反映人与人之间基于劳动关系的社会经济关系。因此，我们既要看到两个概念的统一性的一面，也要看到两个范畴之间的区别和对立的一面。

五、单位商品知识价值不变原理

由于商品使用价值是物化于商品中的知识使用价值的外化和物质表现形式，所以，对于具有相同使用价值的商品来说，单个商品中凝结的形成商品使用价值的知识是相同的。由于知识价值就是知识的使用价值，所以，具有相同使用价值的单位商品中物化的知识价值乃是无差异的、相同的和不变的。为方便起见，我们把知识价值的这个特殊性质称之为单位商品知识价值不变原理。若以 v_2 表示单位商品知识价值；e 表示常数，表示具有相同使用价值的商品的知识价值是相同的，那么，单位商品知识价值不变原理可以用公式表示为：$v_Z = e$

这是一个十分重要的原理，它揭示了单位商品的知识价值是相同的，它与劳动时间的长短无关，也与同样劳动时间内生产商品的数量无关，即与单位时间内生产的产品数量的劳动生产率无关。在单位商品知识价值相同的情况下，全部商品的知识价值总量等于单位商品的知识价值与商品数量的乘积。这表明知识价值总量与相同劳动时间内生产商品的数量成正比例，即知识价值总量与劳动生产率成正比例。为方便起见，我们把知识价值总量与劳动生产率成正比例变化的规律简称为知识价值与劳动生产率的正比例规律。

若以 V_Z 表示知识价值总量，q 表示是商品数量，f 表示劳动生产率，t 表示劳动时间，那么，知识价值与劳动生产率的正比例规律可以用公式表示为：

$$V_Z = qv_Z = ftv_Z$$

单位商品知识价值不变原理及其知识价值与劳动生产率的正比例规律，完全打破了马克思以时间价值为基础的价值量与劳动生产率的反比例规律。在马克思劳动价值论里，商品价值量仅仅指时间价值，时间价值就是以劳动时间计量的劳动力的体能和智能的消耗量，这个消耗量与劳动时间成正比例变化。当劳动时间一定时，时间价值总量是一定的，即时间价值总量只同劳动时间相关，与同样劳动时间内生产商品的数量无关，即与劳动生产率无关。相反，对于单位商品来说，单位商品的价值量即时间价值与同样劳动时间内生产商品的数量呈反比例关系，即单位商品的时间价值与劳动生产率成反比例变化。

六、商品使用价值与商品价值统一性原理的理论意义

马克思的商品二重性理论认为，使用价值是商品的自然属性，价值是商品的社会属性，两者在内涵上是完全不同的、对立的，没有任何内在联系。把价值与使用价值对立起来，把物的因素排除在价值范畴之外，从而把劳动价值论与效用价值论彻底区分开来，一直以来被马克思主义经济学家认为是马克思对劳动价值论的重大理论贡献之一。与劳动价值论相反，西方经济学的效用价值论认为，商品的价值就是商品使用价值。尽管西方经济学将商品价值与商品使用价值两个概念统一起来，但是，西方经济学不是从劳动概念出发将商品使用价值和商品价值概念统一起来，而是直接用使用价值定义价值。

商品使用价值与商品价值的统一性理论的重要意义在于揭示了商品使用价值与商品价值的对立统一关系，从而把劳动价值论从劳动定义的价值与效用价值论从效用定义的价值统一起来了，实现了对两种相互对立的价值概念的“扬弃”。对于马克思劳动价值论来说，一方面坚持了马克思商品二重性理论揭示的商品使用价值与商品价值相互区别、相互排斥的对立属性；另一方面又突破和发展了马克思的商品二重性理论，揭示了商品使用价值与商品价值之间相互贯通、相互转化的同一性，即商品使用价值具有商品价值的属性或含义，从而可以从商品使用价值考察商品价值。对于西方经济学的效用价值论来说，一方面否定了效用价值论对把使用价值与价值混为一谈，忽视商品使用价值与商品价值的区别和对立；另一方面又承认了他的商品使用价值即是商品价值观点的合理性的一面。

第三节　劳动二重性理论的修正

一、劳动二重性原理中的概念冲突与原因分析

马克思为什么把商品使用价值与商品价值在内涵上作为相互对立和相互排斥的两个范畴呢？换言之，商品二重性理论是根据什么提出的？这就必须到马克思的劳动二重性原理中寻找答案。为了论证商品使用价值和价值的相互对立、相互排斥的属性，马克思提出商品的二重性是由生产商品的劳动二重性决定的。马克思认为，具体劳动创造商品使用价值，是使用价值的源泉；抽象劳动创造商品价值，是商品价值的唯一源泉。商品的使用价值和价值是由生产商品的具体劳动和抽象劳动决定的。在马克思的劳动二重性理论中，具体劳动和抽象劳动是相互对立和相互排斥的，由劳动二重性决定的商品二重性也是相互对立和相互排斥的。我们上一节的分析表明，商品使用价值和商品价值之间不仅具有相互对立、相互排斥的属性，而且具有相互贯通相互转化的同一性。由商品二重性反观劳动二重性，不难看出劳动二重性理论无视具体劳动和抽象劳动之间存在统一性的做法同样也存在缺陷。

仔细分析就会发现，在马克思劳动二重性原理中，确实存在着相互矛盾的规定性。下面对马克思劳动二重性原理中存在的缺陷及产生的原因进行分析。

第一，抽象劳动概念没有完整准确地体现对具体劳动的抽象，割裂了抽象劳动与具体劳动内涵之间的内在统一性。

劳动二重性是指劳动有具体劳动和抽象劳动两种规定性，就是说，具体劳动和抽象劳动不是两种不同的劳动，而是同一劳动的两种规定性。也就是说，生产商品的劳动可以从抽象形态和具体形态两个方面进行考察。具体劳动是指具有一定有用形式的劳动，是从劳动具体形态考察的劳动，即劳动本身。具体劳动是生产商品使用价值的劳动，是具有各种特殊劳动形式的分工劳动，比如机床操作工的劳动是具有一定操作技能的工人操控机床加工原材料的劳动形式，而装配工人的劳动却是与操控机床的工人完全不同的劳动形式。如果把劳动的具体劳动形式抽象掉，剩下的就只是各种生产劳动都具有的共性特征。马克思把这个共性特征概括为纯生理学意义上的人类劳动力的体力和智力的支出，并把这个共性特征定义为抽象劳动。抽象劳动是对一切具体劳动所具有的共性特征的概括。问题在于，一切劳动的共同特征能否仅仅归结为生理学意义上的人类劳动力的体力和智

力的支出呢？这个问题本书在前四章已经做了深入探讨和回答。不过，这里是从概念形成逻辑的角度来探讨这个问题，目的是为了说明具体劳动和抽象劳动的逻辑关系。

劳动的具体有用形式是具体劳动的核心内容和本质规定性。既然劳动的具体有用形式是具体劳动的核心内容和本质规定性，那么按照概念抽象的逻辑要求，对具体劳动进行抽象就必须包括对它的劳动具体有用形式的抽象，对劳动具体有用形式的抽象形成劳动的抽象有用形式。劳动的抽象有用形式是指无论各种劳动的具体有用形式之间有多么大的不同，但有一点是共同的，就是它们都是对人类有用的劳动，是能够为人类创造使用价值或提供服务的劳动一般。比如不管农民种地的农业劳动与操作机器的工人的劳动有多么不同，但这些劳动共同的特征是对人们有用的劳动。既然劳动的抽象有用形式是对劳动的具体有用形式的抽象，那么抽象劳动概念就应该把劳动的抽象有用形式包括在自己的内涵中，并且应该是构成抽象劳动概念内涵的核心内容。

然而，在马克思的抽象劳动概念中却不包含任何对劳动具体有用形式的抽象因子。马克思在对具体劳动进行抽象时，认为对劳动具体有用形式的抽象就是把劳动具体有用形式完全抛弃掉，全然没有考虑劳动的具体有用形式本身也需要抽象，没有意识到抽象后形成劳动的抽象有用形式。这种完全抛弃式的抽象就如同给婴儿洗完澡后，把婴儿和洗澡水一起倒掉了。马克思怎么会出现这样令人不可思议的疏忽或失误呢？追根溯源，问题仍然出在了最基础最根本的劳动概念上，是劳动概念的认识偏差导致的。

是什么决定劳动的具体有用形式？马克思以劳动的具体有用形式解释具体劳动，却没有探究是什么决定劳动的具体有用形式。劳动的具体有用形式就是实际的劳动行为方式，那么劳动行为由什么决定？思想决定行为，劳动行为是在人脑智力活动生成的知识信息的指挥和控制下进行的，是执行知识信息指令的结果。一言以蔽之，构成劳动的知识要素及其生成的知识信息决定劳动的具体有用形式，对劳动的具体有用形式的抽象就是对决定它的知识要素的抽象。一方面，从具体劳动看，劳动的具体有用形式由构成具体劳动的具体知识要素决定；另一方面，从抽象劳动看，劳动的抽象有用形式由抽象知识要素决定。这样，劳动概念中的知识要素就把劳动的具体有用形式和劳动的抽象有用形式统一起来了，从而把具体劳动与抽象劳动在内涵上对应起来、统一起来了，实现了抽象劳动对具体劳动完整、准确、不折不扣的抽象。

马克思的抽象劳动概念为什么不能包含对劳动具体有用形式的抽象，在于他的劳动概念中只包含体力和智力两个构成要素，而没有包含知识要素。没有包含知识要素的具体劳动概念当然无法解释劳动的具体有用形式由什么决定，也就不存在对决定劳动具体有用形式的知识构成要素的抽象。在这种情况下，抽象劳动概念中也就不可能包含抽象知识要素，也就无法把劳动的抽象有用形式的规定性包含其中，以致抽象劳动概念不能完整准确地反映对具体劳动概念的抽象。

第二，马克思把具体劳动与抽象劳动之间的个性与共性的关系混淆为并列关系。

在劳动二重性原理中，马克思把具体劳动与抽象劳动视为本质上相互对立、相互排斥的关于同一劳动的两种并列的规定性，他说："即使严格地说在商品中不存在两种劳动，但是，随着把商品的使用价值看作它的产品，或者把这个商品的价值看作它的纯客观表现，同一种劳动在商品中就同自身相对立着。"（马克思著．资本论．第一卷．北京：人民出版社，2004，第 60 页）由于具体劳动与抽象劳动是没有任何交叉和相互包含关系的并列规定性，所以，由具体劳动决定的商品使用价值以及抽象劳动形成的商品价值之间才是相互对立、相互排斥和分立无关的，从而"商品价值中不包含任何一个使用价值的原子"。劳动二重性的对立性决定了商品二重性的对立性，劳动二重性理论为商品二重性理论提供了理论依据。

当马克思在劳动二重性原理中把具体劳动与抽象劳动作为同一劳动的两种并列规定性时，就与马克思自己关于抽象劳动和具体劳动的定义相矛盾了。因为马克思提出的抽象劳动概念是对一切具体劳动都具有的共性特征的抽象概括，此时，马克思是把具体劳动与抽象劳动的关系视为个性与共性的关系。作为共性的抽象劳动寓于个性的具体劳动之中，具体劳动包含抽象劳动，抽象劳动是一切具体劳动的共同本质。这就与马克思在劳动二重性理论中把抽象劳动与具体劳动视为并列关系的提法自相矛盾了。按概念形成的逻辑顺序看，具体劳动和抽象劳动的定义是最基本的，建立其上的劳动二重性原理应该与之相符。从具体劳动与抽象劳动的定义出发，两者之间的关系应该是个性与共性的关系，而不应该把它们视为相互对立、相互排斥的并列关系看待。由此可见，马克思在劳动二重性理论中违背了逻辑一致性原则，把具体劳动与抽象劳动之间的个性与共性的关系混淆为并列关系。

第三，当马克思把具体劳动与抽象劳动作为同一劳动的两种规定性时，就必然导致马克思在劳动二重性原理中使用的具体劳动概念与具体劳动概念的定义自相矛盾。

在劳动二重性原理中，马克思把具体劳动与抽象劳动看成是"同一种劳动"的两种规定性，这意味着"同一种劳动"是具体劳动与抽象劳动两种规定性的总和。显然“同一种劳动”比具体劳动的内涵要宽。问题在于，什么是“同一种劳动”呢，马克思所说的“同一种劳动”是指生产过程中生产商品使用价值的劳动，其实就是具体劳动，即“同一种劳动”与具体劳动是一回事。这样一来，马克思在“同一种劳动”与具体劳动概念上陷入了自相矛盾，或者说马克思在具体劳动概念涵义的使用上前后矛盾。

为什么会陷入矛盾呢？因为马克思在劳动二重性原理中使用的具体劳动概念的内涵与具体劳动的定义不一致了。在劳动二重性原理中，马克思把具体劳动理解为劳动的具体有用形式，而把劳动力的支出定义为抽象劳动，从而具体劳动和抽象劳动成为两种并列的规定性。把具体劳动理解为劳动的具体有用形式与具体劳动的定义是矛盾的，因为马克思定义的具体劳动是劳动具体有用形式和劳动力支出形式的统一。这样看来，在劳动二重性原理中，马克思使用的具体劳动概念的内涵相比具体劳动的定义是缩小了。从具体劳动的定义出发，就不能再把具体劳动仅仅作为劳动有用形式的代名词，否则，具体劳动概念的定义与劳动二重性原理中使用的具体劳动涵义就必然产生相互矛盾，违反概念使用的逻辑一致性原则。

二、劳动二重性原理反证了商品使用价值与价值的统一性

在揭示了抽象劳动与具体劳动的关系是抽象与被抽象或共性与个性的关系的情况下，如果对具体劳动创造商品使用价值这句话进行抽象，那么应该得出抽象劳动创造商品抽象使用价值这个结论。这样，由劳动二重性决定的商品二重性表现为商品使用价值与商品抽象使用价值的统一。显然，相比商品二重性是指商品使用价值与商品价值的统一，商品二重性具有了另一层含义，即商品使用价值与商品抽象使用价值的统一。

马克思没有将具体劳动概念的抽象与其决定的商品使用价值的抽象同时考虑，而是仅仅对具体劳动抽象形成了抽象劳动，而没有相应的对商品使用价值进行抽象形成商品抽象使用价值。本来与抽象劳动相对应的应该是商品的抽象使用价值，但马克思没有意识到提出商品抽象使用价值这个概念的必要性和必然性，而是直接将抽象劳动定义为商品价值。

现在，抽象劳动具有了二重含义，一方面它创造商品的抽象使用价值；另一方面它创造商品的价值。虽然抽象劳动的这两种含义是一致的，但却提供了两种观察视角。从抽象劳动创造商品抽象使用价值来看，商品抽象使用价值是抽象劳动的外在表现形式，因此，可以通过商品抽象使用价值观察和度量抽象劳动。而从抽象劳动形成商品价值出发，可以通过抽象劳动观察和度量商品价值。从商品

抽象使用价值观察抽象劳动，再从抽象劳动观察商品价值是一个合乎逻辑的过程，或者说可以从商品抽象使用价值直接观察商品价值。如果把抽象劳动比喻为一枚硬币，那么商品的抽象使用价值与商品价值就是这枚硬币的正面和背面，正面是商品的抽象使用价值，背面是商品价值，商品的抽象使用价值与商品价值统一于抽象劳动。在抽象劳动的中介下，商品抽象使用价值与商品价值是一致的，两者都由抽象劳动规定并反映抽象劳动。由于商品使用价值包含商品抽象使用价值这个共性特征，所以商品使用价值包含商品价值的含义，或者说商品使用价值与商品价值具有同一性。这乃是我们上一节提出的商品使用价值与商品价值统一性原理，只不过我们这里是从劳动二重性原理出发得出的结论。

本来马克思提出劳动二重性原理的初衷是为了论证商品使用价值和商品价值是相互对立和相互排斥的范畴。马克思从具体劳动与抽象劳动是同一劳动的两种不同的规定性出发，提出具体劳动只是创造使用价值而不创造价值的劳动形式，抽象劳动则是创造价值而不创造使用价值的劳动形式。据此，马克思认为，商品使用价值与商品价值在内涵上就由这两种完全不同的劳动形式的规定性所规定，由于这两种规定性相互区别相互对立，从而马克思用劳动二重性说明了商品使用价值与商品价值之间在内涵上必然是相互对立和相互排斥的。马克思之所以得出商品使用价值与商品价值的相互对立、相互排斥这个结论，是因为劳动二重性原理中存在相互矛盾的规定性。上面的分析表明，劳动二重性原理非但不能作为论证商品使用价值和商品价值之间相互对立和相互排斥的理论依据，相反，劳动二重性原理反倒成了论证商品使用价值与商品价值之间具有一致性的理论依据。

一些经济学家早就认识到，把商品价值和使用价值作为本质上相互对立相互排斥的两个方面并不符合辩证逻辑的要求，为此也做出了不少理论探索。经济学家晏智杰就极为鲜明地认为，马克思对商品二重性质的理解存在偏颇。他说："问题不在于商品有无使用价值和交换价值（价值）这样的二重性，而是在于如何理解和看待它们的关系。是将它们统一起来，还是将它们割裂和对立起来，在忽视使用价值的同时，将交换价值（从而价值）不适当地突出为商品的主要特征，进而将它视为经济分析的主线。在商品生产和商品交换的发展中，商品的使用价值和交换价值的分离和矛盾也是客观存在的事实。但这毕竟不是它们之间的全部关系，它们还有统一和结合的一面，无论如何不是在任何时候和任何情况下，都是互相对立的，因为说到底，它是通过交换别人的商品而满足自己的需要。它同直接作为使用价值满足人们自己的需要的区别，不仅仅在于一个是直接方式，另一个是间接方式。何况不具有使用价值，便不可能具有交换价值呢。从这个意义上说，交换价值不过是使用价值的延伸和扩大，是一种广义的使用价值。所以，商品的二重性其实是一重性，丢掉了无论哪一方面，必然导致对商品本质的理解的失误。”（晏智杰著．古典经济学．北京：北京大学出版社，1978，第374页）晏智杰主张把使用价值与交换价值统一起来。一些经济学家已经从方法论的角度指明了商品二重性统一的必要性和必然性，但他们不能解释使用价值与交换价值之间到底有怎样的内在关系，是如何相互贯通连接在一起的。而且，这些学者往往只是简单地把价值归结为使用价值，实际上抛弃了价值的劳动规定性，成为效用价值论的追随者，走上了劳动价值论的对立面。

第四节　商品效用与商品价值统一性原理

一、商品的客观效用和主观效用

1. 商品的客观效用

商品效用是物对人的有用性，是连接人与物关系的范畴，用来解释人与物的关系。效用是对经济学研究对象中的人与物之间经济关系的一个概括，正因为如此，效用才成为经济学研究的对象，而且是研究人与物之间经济关系的核心范畴。在马克思经济学中，商品使用价值是指物品和服务能够满足人们某种需要的属性，即物品和服务的有用性。就商品的物理属性来看，使用价值是商品的自然属性，商品的自然属性不同，其使用价值也不同。商品使用价值的物理属性是商品的内在属性，与人无关。比如，食物有营养价值、木材煤炭有发热价值，肥料有肥田价值。马克思认为，就使用价值本身即物理属性来说，商品使用价值不属于经济关系，而只属于单纯的技术关系，不是经济学的研究对象，属于商品学或技术科学的研究对象。但另一方面，马克思继承了李嘉图提出的商品使用价值是商品价值物质承担者的观点，认为研究商品价值离不开商品使用价值这个载体，正是在这个意义上，马克思把商品使用价值纳入政治经济学的研究范围。虽然马克思把使用价值作为商品本身的内在属性，但是马克思并不是仅仅从物理属性上认识商品使用价值，而是从人与物的经济关系中来认识商品使用价值的。他认为，商品使用价值必须具有满足人类需要的属性，商品使用价值离不开人的需要。当把马克思商品使用价值与人的需要联系在一起后，使用价值概念就超越了单纯物理属性的规定性，具有了效用的含义。正是在这个意义上，马克思的经济学意义的使用价值概念与法国古典经济学家萨伊提出的客观效用概念如出一辙。

对效用价值论最先做出比较系统阐述的法国古典经济学家萨伊，他所使用的效用概念是指客观效用，他说："当人们承认某东西有价值时，所根据的总是它的有用性。这是千真万确的，没用的东西，谁也不肯给予价值。现在让我把物品满足人类需要的内在力量叫效用。"（萨伊著．政治经济学概论．北京：商务印书馆，1963，第59页）萨伊不仅把效用作为物品自身的内在属性即有用性，而且把效用与人的需要联系起来。显然，萨伊的效用概念与马克思的使用价值概念的内涵是一致的，都是指商品满足人的需要的有用性。商品内在的使用价值是效用的基础，没有使用价值的商品也不可能有人对商品的满足感。比如，中国菜以其独特的色、香、味、美享誉世界，给食客带来了极高的享受和满足，可想而知，食客对菜肴的感受如果没有菜肴本身独特的使用价值为基础，就不会有他们对菜肴大饱口福的满足感。

物品的客观效用是相对于人的需要而言的，总是与人的需要联系在一起，只有满足人的需要的有用性才是经济学意义的效用。从物品的视角，是物品使用价值满足人的欲望的能力，即对人有用；从主体的视角，是消费者在消费商品使用价值时所感受到的满足程度，即人需要物品。商品的客观效用对任何人都是一样的，比如面包的营养价值对任何人都是一样的，与商品的数量增减无关。这一点与商品的主观效用是完全不同的，商品的主观效用由人的主观心理感受决定，与商品数量的增减有关，遵循边际递减规律。

2. 商品的主观效用

边际效用学派把客观效用引向主观效用，不再把效用仅仅作为反映物品本身具有的客观效用，而是把效用定义为人从消费物品或劳务中所获得的满足程度，这种满足程度纯粹是一种消费者主观心理感受。边际效用学派所说的商品效用是指主观效用，是将各种商品的具体有用性抽象为商品对消费者的满足程度。例如，煤的主观效用是烤火的人从煤火中获得的温暖感觉，而煤的客观效用是它在燃烧时所产生的热量。边际效用学派使用主观效用概念是为了揭示商品与人之间的价值关系，就是说，消费者可以依据对商品效用的评价做出价值评估。西方经济学中的商品效用概念是反映主体和物品之间相互关系的范畴，既不能把它视为商品本身的自然属性，也不能把它简单作为消费者的主观心理特征，它是一个主观与客观相符合的范畴。边际效用学派强调效用是相对于人而言的，商品的需求者或消费者是效用的主体，也就是说，消费者是效用生成的主体性根据。

商品使用价值如果不是效用，那么这种使用价值就不是人类需要的，这样的使用价值对于人类来说就毫无意义；而且使用价值如果不具备效用属性，那么使用价值之间就不会具有同质性，不同使用价值之间就不可比较，使用价值的效用属性使不可比较的使用价值转化为可以比较的效用。从客观效用到主观效用也是客观效用本身的内在要求，就是说，没有主观效用，客观效用也就失去了存在的意义。

商品使用价值是人类劳动的产物，使用价值除了构成它的物质要素有其特殊的自然属性外，使用价值一开始就是人类主观观念的产物。当生产者以满足他人需要为出发点设计使用价值时，使用价值就不再只是物品的自然属性而是取得了社会属性。在商品经济社会，当商品通过交换从生产者进入消费者的世界后，商品使用价值就不再是生产者的使用价值，而是给社会其他人享受的使用价值，此时商品使用价值就取得了它的社会存在形式，也就是说，商品使用价值不再是囿于生产者的个别使用价值，而是进入市场接受广大消费者检验和评价的一种社会使用价值。商品使用价值的最大特点，就是它不是直接提供给该产品的生产者自身消费，而是为他人消费的使用价值，是一种社会使用价值。关于这一点，马克思在资本论法文版中讲得很清楚：产品满足自己的需要，这里生产的只是“个人的使用价值”，而不是商品，要生产商品，则不仅要生产使用价值，而且要生产“社会的使用价值”。(马克思著．资本论．第一卷．法文版．北京：中国社会科学出版社，1983，第17页)

劳动一开始就把商品使用价值当作商品的效用来生产，也就是生产者生产什么产品首先是从满足人类需要的角度来设计产品的使用价值，使用价值一开始就打上了效用或使用价值的社会属性的印记，使用价值不是大自然原本就有的天然属性，而是人类基于对自然的认识进行再创造而产生的对人有用的使用价值。在人类意义上，使用价值具有了效用属性。商品使用价值的生产活动实质是一个不断满足顾客需要的过程，其任务就是“发现需要并满足他们”。以顾客需要和欲望为导向的经营哲学是企业的普遍信念和行为准则。既然使用价值是为了满足他人需要，那么使用价值是否真的满足了人们的某种需要也只有通过消费者依据其主观心理感受来做出评价，所以，接受消费者的主观评价乃是商品使用价值的内在要求。

主观效用的大小因人而异，因时而异，因地而异，比如辣椒对于喜欢辣味的人来说，效用很大，但对不喜欢辣味的人来说则效用很小，甚至是一种负担或痛苦，会产生“负效用”。虽然物品对于不同的人具有不同的效用，每个人对物品的主观评价也不相同，但市场上的商品价格是相同的，作为形成商品价格依据的商品效用也是相同的。这表明商品效用不是由单个的消费者主观评价决定，而是由社会的广大消费者通过市场竞争实现的。也就是说，商品效用是一种社会效用。

二、商品效用是客观效用与主观效用的统一

商品效用具有客观和主观的双重属性：一方面，商品效用是客观效用，商品效用是以产品特有的结构、功能和用途为物质基础，这是效用的客观性；另一方面，效用与消费者的主体需求相联系，效用离不开消费者对效用满足程度的评价，从而使效用具有主观性。这两种属性相互联结构成效用概念的完整内涵。使用价值的客观效用是由生产者决定；而生产者生产出来的物品使用价值是否满足了消费者的需要即主观效用，需要消费者做出评价。商品效用把生产和消费、供给与需求联系在一起了，换言之，商品效用是由生产和消费、供给与需求共同决定的。

在市场经济中，当商品由生产者转移给消费者，商品使用价值或客观效用就取得了社会效用的形式，或者说消费者手中的商品既具有客观效用又具有社会效用，商品的客观效用和主观效用经过市场交换而取得统一。主观效用体现了效用关系是以人为尺度由人的主观心理评价确定效用量的关系。但是，主观效用绝不是纯主观心理的东西，主观评价不仅以商品的客观效用为前提，而且评价本身就是对商品使用价值的评价，商品使用价值本身构成了评价的源泉和内容，就是说，主观评价的内容是客观的。人的感受来自于被感受物的使用价值，人对商品效用的主观判断依赖于商品本身的使用价值的属性，使用价值是影响人的主观心理感受的最基本最重要的影响因素。正如马克思所说："一物之所以是使用价值，因而对人来说是财富的要素，正是由于它本身的属性。如果去掉使葡萄成为葡萄的那些属性，那么它作为葡萄对人的使用价值就消失了。"（马克思，恩格斯著．马克思恩格斯全集．第42卷．北京：人民出版社，1972，第96～97页）人的主观心理判断是"有感而发"，商品使用价值是人的感觉的前提和基础，没有这个"感觉"就没有人的主观判断，因此，商品效用是由商品使用价值引起的人的主观心理变化的结果。

强调人的主观心理感受具有客观性，并不是否定人对商品效用估价的主观性，以及人的主观心理感受对商品效用的决定作用。由于效用取决于人的需要，同一商品相对于不同的人的需要，分别具有不同的效用，效用不但因人不同，而且，一个人在不同的时间和不同的地点对同一商品效用的感觉都会不一样。人的主观世界在知识、情感、意志方面存在很大差异，这决定了人们的主观心理感受不能不含有主观性的成分。人们常说"白菜萝卜各有所爱"，就是因为人们的偏好各有不同，出于偏好所做的效用评估必然带有浓郁的主观性色彩。

对于一个因人而异、因时而异、因地而异的纯主观的效用范畴来说，它无法以重复试验的科学方式进行证实或证伪，因此，仅仅以主观效用或需求决定商品

价值的效用价值论受到人们的质疑。强调商品效用是客观效用与主观效用的统一，就是要克服单纯从生产认识效用，或者单纯从消费认识效用的片面性，明确商品效用是由生产和消费或供给和需求共同决定的，从而为生产和消费或供给和需求共同决定商品价值的大小提供了效用论的依据。

三、商品效用与商品价值统一性原理

在本章第二节提出了商品抽象使用价值概念，把商品使用价值对消费者的满足程度称之为商品抽象使用价值。与商品抽象使用价值从商品出发考察商品对人的抽象有用性或满足程度不同，商品效用是从主体即消费者角度考察人从消费商品中获得的满足程度。如果说商品抽象使用价值是从客体即商品视角出发来考察人与商品的价值关系，那么商品效用则是从主体的视角出发来考察人与商品之间的价值关系。无论从客观效用引申出包含主观效用的商品效用，还是从具体使用价值引申出抽象使用价值，商品效用与商品抽象使用价值都是关于商品使用价值对人的抽象有用性，即商品使用价值对人的满足程度，它们在内涵上是相互贯通、一致的，两者都是反映人与商品之间价值关系的范畴。从商品抽象使用价值出发就是从生产者出发来考察商品对人的价值，而从商品效用出发就是从消费者出发来考察商品对人的价值。商品价值既不是由生产者单方面决定，也不是由消费者单方面决定，而是由商品生产者和消费者共同决定。无论从商品效用视角考察商品价值，还是从商品抽象使用价值视角考察商品价值，两者是一致的。我们前面曾把商品抽象使用价值与商品价值的同一性，称之为统一性原理，与之相对应，我们可以把商品效用与商品价值之间的同一性，称之为商品效用与商品价值的统一性原理。

商品效用与商品价值的统一性原理把以往劳动价值论视为相互对立、水火不容的两个范畴统一起来了，揭示了商品效用是商品价值的外在表现形式，从而可以通过商品效用来考察商品价值。虽然我们把商品价值与商品效用统一起来了，但与效用价值论关于商品价值统一于商品效用即商品价值源于商品效用的观点是根本不同的。我们所说的商品价值与商品效用的统一，既不是商品价值统一于商品效用，也不是商品效用统一于商品价值，而是商品效用和商品价值统一于抽象劳动，都源于抽象劳动。如果把抽象劳动比喻为一枚硬币，那么，硬币的正面就是商品价值，硬币的反面则是商品效用。从商品价值看，抽象劳动形成商品价值实体，是商品价值的唯一源泉。从商品效用看，由于商品效用即是商品抽象使用价值，而商品抽象使用价值是抽象劳动物化的知识使用价值即知识价值的外在表现形式，所以，商品效用源于抽象劳动中物化的知识使用价值，是抽象劳动物化或商品价值的外在表现形式。总之，商品价值和商品效用两个概念都需要从劳动范畴出发来解释，劳动概念才是比商品效用和商品价值概念更一般、更基础的概念，它们都根源于劳动。

第五节　商品价值概念的统一性

一、商品价值概念与哲学价值概念的关系

很多人对劳动价值论有一个困惑，为什么劳动价值论所说的商品价值的含义与公认的一般的价值含义大相径庭呢？为了回避这种矛盾，马克思主义哲学家和经济学家一再强调商品价值不是哲学意义上的价值概念，仅仅是经济学意义上的商品价值，比如王玉樑在评价“劳动论”时就提出：“哲学价值范畴不同于劳动价值论，这是不言而喻的，因为劳动价值论是经济理论，而不是哲学理论，哲学理论价值范畴不等于商品价值范畴，这是不难理解的。相反，把政治经济学中的劳动价值论，作为哲学价值理论，是一种简单照搬的做法，实际上取消了哲学价值范畴，是很有害的。”（王玉樑著．价值哲学新探．西安：陕西人民教育出版社，1993，第138 ~139 页）如果说经济学所说的商品价值有自己对价值的理解，为什么西方经济学的效用价值论同样在对商品价值进行定义时却是与哲学上的一般价值涵义如出一辙呢？

价值既是经济学的一个基本范畴，又是哲学、美学、社会学、心理学等学科的重要范畴。哲学意义的价值范畴具有一般意义，尽管各门具体科学可以有所侧重，但其他各门科学关于价值的定义则必须遵循哲学上关于价值内涵的一般规定，这是从一般到个别的演绎法的逻辑要求。人类认识世界的目的最终在于改造世界，而人类之所以要改造世界，又是为了满足人类自身的需要。当客观事物成为人们认识和改造的对象时，就产生了对人有益还是有害，能否满足以及在多大程度上满足人的需要等问题。因此，哲学上的价值范畴是指主体与纳入其对象性活动中的客体之间即人与各种现象之间，需要与满足需要的关系，哲学上用价值范畴概括这种关系以及主体对这种关系做出的价值判断。不同主体（人）对同一客体满足需要所做出的判断和评价，常常会有所不同，带有主观性，并不断有所变化，一般称之为效应。这样，主体和客体之间的需要和满足需要的关系，就是客体属性与功能满足主体需要的效应关系，这就是最广泛的哲学价值概念，其他社会科学的价值概念莫不以此为基础。把价值问题放到主客体关系的领域来考

察，这是哲学上关于价值界定的普遍原则。马克思也曾指出："价值这个普遍的概念是从人们对待满足他们需要的外界物的关系中产生的。"（马克思，恩格斯著．马克思恩格斯全集．第19卷．北京：人民出版社，1972，第406页）

价值范畴总是在以人的世界为参照的主客体关系的范围里来界定价值本质的，只不过由于对主体或客体属性的侧重点不同，可以从不同角度给价值下定义，归纳起来主要有5种常用的价值定义："需要"论——"所谓价值，就是客体能够满足主体的一定需要"；"意义"论——"价值是客体对主体的意义"；"属性"论——"价值就是指客体能够满足主体需要的那些功能和属性"；"关系"论——"所谓价值，就是客体与主体需要之间的一种特定（肯定或否定）关系"；"效用"论——价值"是客体属性与功能满足主体需要的效应"，"是客体对主体的功效"。

商品是用于满足人类需要的劳动产品，因此商品价值一定要放在主客体关系中去考察，而且一定是主体（人）对商品满足自身程度的一种判断，这是明确而毫无异议的。效用价值论认为，商品价值就是人与商品之间的关系，并以效用概念将这种价值关系定义为商品对人的需要的满足程度。效用价值论关于价值的定义符合哲学上关于价值界定的一般原则。

与效用价值论相反，劳动价值论对价值的定义却与主客体之间需要与满足需要没有任何关系。劳动价值论中的价值是指凝结在商品中的无差异的人类劳动，凝结的劳动量即价值量的大小只与生产过程有关，与交换和消费过程无关，因而与消费者（主体）的效用评价无关。问题在于，商品作为满足消费者（主体）的客体，商品效用给人带来的满足程度应该是确定商品价值的必要条件，就是说，商品价值的决定离不开主体（消费者）的评价和判断。但令人匪夷所思的是，作为具有普遍意义的价值范畴的规定性，面对商品价值范畴却失效了，坚持劳动价值论的人们只能坚信经济学意义的价值范畴是一个例外，是经济学本身的特殊性使然。然而，这与科学的统一性原理相违背，科学的统一性原理告诉我们，经济学作为社会科学的重要组成部分怎么可能是一个例外呢，相反，由于商品是价值关系中最重要和最普遍的客体存在形式，它更应该具有哲学上关于价值范畴所赋予的共性特征。

二、统一商品价值概念的基础是发展的劳动概念

如果说商品价值与主体无关违反了人们的生活常识和共性规律，那么是否意味着用劳动定义商品价值是不恰当的呢？的确，用经典劳动概念定义的商品价值排除了主体或主体的需要对商品价值的直接影响和决定作用。然而，问题不在于

用劳动定义商品价值，而是用来定义商品价值的经典劳动概念出了问题，是经典劳动概念的局限性所致。当发展的智力劳动概念揭示了智力劳动物化本质上是其生成的知识信息的物化后，一切就清楚了。从经典劳动概念出发，商品价值实体由体力和智力构成，价值实体中不可能包含知识价值。但是，从发展的劳动概念出发，发现知识价值是构成商品价值的重要部分。

包含知识价值的商品价值虽然形成于生产过程，但却不像智力与体力那样在生产过程消耗时唯一确定了。知识价值就是知识的抽象使用价值，知识的抽象使用价值乃是知识物化形成的商品使用价值的抽象形式，而商品抽象使用价值即是商品使用价值对人的满足程度即商品效用，这样，商品价值本身就包含了使用价值的含义或因子，从而与主体（消费者）的主观评价紧密联系在一起了。如此一来，劳动概念中的知识要素就把商品价值与效用价值给统一起来了，即把生产领域劳动决定的价值与需求领域效用决定的价值统一起来了。商品价值不仅取决于劳动耗费价值，也受制于效用价值，就是说，商品价值由供给和需求共同决定。

从发展的劳动概念出发，商品价值一定要放在主客体关系中去考察，商品价值不能脱离主体（消费者）的评价而单独由生产者决定。也就是说，商品价值由生产者（供给）和消费者（需求）共同决定，这是商品价值的内在要求。由此可见，建立在发展的劳动概念基础上的商品价值概念与哲学、社会学、心理学以及人们生活中的价值概念统一起来了，也与效用价值论对商品价值的定义统一起来，从而实现了社会科学在价值概念上的逻辑一致性。

马克思用经典劳动概念定义的商品价值概念是从生产或供给出发，局限于生产或供给领域，商品价值与消费或需求无关。马克思劳动价值论揭示的是人与人之间的经济关系。与马克思劳动价值论相反，效用价值论从消费或需求出发，认为消费者对物品的主观心理评价决定商品价值，与生产中的劳动耗费无关。效用价值论揭示了人与物之间的效用关系。

当我们用发展的劳动概念重新考察商品价值概念时，商品价值概念实现了对劳动价值概念和效用价值概念的“扬弃”：一方面弥补了缺少需求视角的用经典劳动概念定义的价值范畴；同时，另一方面也弥补了缺少生产视角的用效用定义的价值范畴。建立在发展的劳动概念基础上的商品价值概念，将劳动价值和效用价值有机统一起来，从而把人与物之间的效用关系和人与人之间的经济关系统一起来了，进而极大地扩展了商品价值概念的内涵和外延范围；而且解决了马克思劳动价值论因为不能成功引进需求，不能吸收100年来现代西方经济学成就而陷入的困境。毋庸置疑，以发展的劳动概念定义的商品价值范畴比直接从主体客体关系出发定义的商品价值范畴在内容上更基础更本质。

第八章　自然资源“天然价值”论

第一节　自然资源的价值观

一、自然资源是人类赖以生存的物质基础

人类社会从自然界演变发展而来，大自然为人类社会的产生和发展提供了物质条件，正是大自然为人类提供了适宜生存和发展的丰富的自然资源，才孕育和哺育了人类社会，自然界是人类的母亲。自然资源是大自然天然形成的资源，主要包括土地资源、空间资源、生物资源、植物资源、矿产资源、淡水资源、能源资源、风力资源、潮汐资源、气象资源等。由于土地是自然资源的主要载体，地球上的自然资源主要依托土地而存在，因此，经济学中的土地泛指地球上的自然资源，土地就成了自然资源的代名词。

自然资源是自然界中能被人类用于生产和生活的物质和能量的总称，环境条件和经济得以发展的物质基础。现代科学的发展已使人类能够用射电望远镜观测到300亿光年的宇宙，然而到目前为止，还没有发现任何一个适宜人类生存的星球，地球是唯一的一颗有生命存在的星球。得天独厚的地球天然资源成就了人类的诞生和世代延续。人类的生存，首先依赖对自然资源的索取，在劳动能力低下的人类社会初期，我们的祖先原始人几乎是直接从大自然获取维持生存的生活资料，比如直接采摘野果，捕鱼、打猎等，以及到后来开始种植粮食、养殖动物。随着人类认识和改造自然的能力不断提高，满足人类生存和发展需要的大量生活资料越来越出自人类劳动的创造，这些物品的使用价值是大自然不存在的，是人类的创造物，但即使在科技如此发达的今天，物质产品的载体也必然由自然资源构成。如果没有自然资源提供劳动的对象，科学技术无论多么发达，也不会凭空产生劳动成果，正所谓“巧妇难为无米之炊”。而且，正因为自然资源的稀缺性，有效配置和利用资源才成为人类生活的永恒主题，经济学才大有用武之地。

从财富或使用价值生产过程来看，劳动、资本和土地是构成生产过程的三要素，缺一不可。归根结底，从最终意义上看，财富是劳动和自然资源两要素的产物，因为资本也是劳动和自然资源的产物。正像配第所说：“劳动是财富之父，土地是财富之母。”在使用价值生产过程中，作为劳动对象的自然资源或土地构成财富的物质内容，即使精神财富也离不开物质载体的依托，所以，无论物质产品还是精神产品，自然资源总是财富或使用价值的源泉。

二、自然资源的价值观

关于自然资源是否是价值的源泉，以及自然资源是否具有价值属性的问题，这是价值论的根本性问题。马克思经济学和西方经济学对此的回答是完全对立的，换言之，它们是完全对立的自然资源价值观。马克思劳动价值论将商品价值定义为劳动，只承认劳动是商品价值的唯一源泉，完全否定自然资源是商品价值的源泉，当然也就否定自然资源具有价值属性。马克思指出：“劳动是一切价值的创造者。只有劳动才赋予已发现的自然产物以一种经济学意义上的价值。”（马克思，恩格斯著．马克思恩格斯选集．第3卷．北京：人民出版社，1995，第544页）马克思劳动价值论虽然认为土地要素不创造价值，但认为土地要素创造使用价值，是使用价值的源泉。马克思明确指出：“劳动并不是它所生产的使用价值即物质财富的唯一源泉。”

马克思把自然资源要素作为影响劳动生产率的因素。马克思明确指出，一般来说，影响劳动生产率的主要因素有5个：“工人的平均熟练程度，科学的发展水平和它在工艺上应用的程度，生产过程的社会结合，生产资料的规模和效能，以及自然条件。”（马克思著．资本论．第1卷．北京：人民出版社，2004，第53页）在马克思看来，劳动生产率是具体劳动的生产力，它与抽象劳动无关，因而劳动生产率不影响价值，他说：“不管生产力发生了什么变化，同一劳动在相同的时间内提供的价值量总是相同的。”（马克思著．资本论．第1卷．北京：人民出版社，2004，第60页）总之，马克思劳动价值论认为，作为影响劳动生产率的自然资源因素既不创造价值也不影响价值创造。

与劳动价值论对立的效用价值论和要素价值论，认为土地不但是使用价值的源泉还是价值的源泉。效用价值论用效用定义商品价值，认为商品价值是商品对人的生理、心理、精神等享受需要的满足程度，商品价值源于商品使用价值（客观效用）和人的主观心理评价（主观效用）。由于商品使用价值或财富是由劳动、资本和土地三要素共同创造的，从而劳动、资本和土地三要素共同创造商品使用价值或客观效用，创造商品效用即是创造商品价值，所以，土地要素与劳动和资本要素一起创造价值，是商品价值的源泉，从而商品价值中包含自然资源的价值。

我们关于自然资源的价值观，既不同于以往的传统劳动价值论，也不同于要素价值论。众所周知，自然资源稀缺性是劳动的局限条件，因为自然资源稀缺所以产生了人类劳动，人类认识自然和改造自然的物质实践活动是劳动。如何实现劳动对自然资源最有效利用呢？从经济学视角看，需要采用市场竞争的形式来决定谁有资格占有和使用自然资源。决定谁胜谁负的市场竞争的准则是价格机制，这决定了自然资源必须有价格，通过价格竞争决定谁有资格占有和利用。传统劳动价值论认为，有价格的东西未必有价值，在他们看来，一件东西有价值是因为其中有劳动的凝结，即劳动的产物。显然，如果从传统劳动价值论出发，那么最多只能得出自然资源只是价格而不可能是价值。当然，传统劳动价值论连自然资源具有价格这件事也没有探讨。与传统劳动价值论不同，我们以发展的劳动价值为基础，提出自然资源要素与劳动和资本要素一起参与使用价值和价值的创造，因而从价值层面分析和论证了赋予自然资源价值属性的客观性和必然性。

建立自然资源价值理论的根本重要性，在于为自然资源的分配论提供理论依据。因为无论马克思经济学还是西方经济学都承认自然资源是财富或使用价值的源泉，那么该如何分配自然资源对财富创造的那份贡献就是必须回答的问题，而要说清楚这部分财富如何分配，就必须弄清楚自然资源在财富价值创造中的地位和作用，所以，从价值创造层面探讨自然资源的价值问题就十分必要且重要。毋庸置疑，自然资源价值理论应该是价值理论的重要组成内容，尤其对于劳动价值论来说，这还是一片空白。为此，我们提出自然资源“天然价值”理论，这个理论包括自然资源“天然价值”成因理论和自然资源的价值源泉理论。

第二节　自然资源“天然价值”成因理论

一、自然资源的“天然价值”源于稀缺性

自然资源的稀缺性是指自然资源相对于人的需要来说总是有限的、不足的。自然资源的稀缺性不是说资源绝对数量的多少，而是相对于人类欲望的无限性来说，再多的资源也是不足的。稀缺性是人类按自身需要赋予自然资源的一种属性，自然资源本身无所谓稀缺性。稀缺性与人的需要联系在一起，没有进入人的需要范围的自然资源无所谓稀缺，而且，相对于人的需要，如果这种资源是充足

的、无限的，也无所谓稀缺性，如阳光、空气等。试想，如果优等地的资源十分充足，根本不需要耕种中等地和劣等地，那么就根本不存在级差地租，也就不需要用稀缺性来说明土地优劣对粮食产量及其价值的影响了。

从人类历史的发展过程来看，稀缺性是人类永恒的问题，相对于人类的欲望的无限性来说，再多的自然资源也是不足的。人类历史的发展过程表明，没有自然资源的稀缺性，也就根本不存在人类劳动，也就没有人类的诞生。人类祖先类人猿原本是林栖动物，生活在古老的森林中，靠采摘树上的果实来维持生存。后来由于地球环境的变迁，茂密的森林在干旱和沙漠化的摧残下渐渐减少甚至消失，在森林中找不到食物，迫使人类祖先类人猿从森林走出来，转向非森林地带及沿海沿湖的草原寻觅食物。大自然提供的食物相对于人类生存需要来说是稀缺性的，食物稀缺性迫使人类手和脚变得灵活，并且开始学会利用天然工具获取食物，直到学会制造工具。用手制造工具标志着人类从适应自然到自觉地主动地改变改造自然，这就是劳动，也是由猿变人的起点。

人类劳动是解决稀缺性的手段，一方面，自然资源是一切劳动产品的源泉，所谓“巧妇难为无米之炊”。因此，劳动必须最大限度地节约和有效利用自然资源，使有限的资源最大限度地满足人类的需要。另一方面，人类通过科学技术进步改变对稀缺性自然资源的依赖路径，以相对充足的自然资源替代稀缺的自然资源，这是人类社会解决自然资源稀缺性问题的根本路径和方法，并已经取得了巨大成就。如果对人类历史进行简单的划分，大体可以分为农业时代和工业时代。农业时代也可以说是植物时代，满足人类需要的物品几乎都无一例外地来自植物。食物是土地上生长的庄稼（粮食），肉食是对粮食的转化；衣物来自种植的棉花，丝绸来自桑叶喂养的丝蚕；房屋家具来自树木；加工食物和取暖用的燃料同样来自秸秆树木等植物。可以说，与所有动物一样，人所需要的一切都必须依赖土地的赐予，太阳光合作用的植物产出决定了可养活的人口数量。正因为如此，法国重农主义才把农业生产中获得的农产品作为唯一的财富源泉。在农业时代，人类是靠天吃饭，人类始终挣扎在温饱边缘，历史上大多数战争和起义的爆发起源于争夺有限的植物资源，这就是人类为了生存之战的所谓“马尔萨斯陷阱”。

从18世纪60年代英国发起的第一次工业革命之后，西方世界率先走出了农业时代进入了工业时代。在工业时代，满足人类需要的物品大多来自于地下矿物质而不再是从土地上生长出来的植物，所以，工业时代也可以说是矿物时代。矿物时代最典型的物质就是石油、煤炭和钢铁。虽然粮食仍然来自土地上的庄稼，但化肥、灌溉和农药使粮食的产量远远超出植物时代，粮食产量不再仅仅依靠土地本身的地力，粮食现在是农业和工业结合的产物。煤炭冶炼出来的钢铁，是机器大工业的基础。以石油为动力的农业机械化使粮食生产成本大大降低。各种添加剂和化工药物也使肉类食物更加容易生产和保存。对于现代人来说，几乎生活在一个矿石物质里：化肥催生的粮食、钢筋水泥的房屋、钢铁海绵的汽车、塑钢家具、耐磨保暖的化纤衣物、方便的化石燃料……廉价的矿物时代造就了前所未有的物质过剩，自动化机器的普遍使用大量节约了人类劳动，人类有越来越多的闲暇时间来享受生活。地球蕴藏的大量矿物质，使矿物时代生产人类衣食住行所需的自然资源相对充足，从而不再受土地生长植物的种种稀缺性因素的限制，如土地的肥瘠、充足的阳光、水分等。相比植物时代，矿物时代人类所拥有的财富突然之间被放大了无数倍，今天，普通人享受的物质生活都比古代帝王享受的物质生活优越。

矿物时代是科学技术革命的产物，是人类智力劳动结出的丰硕果实。自然科学、技术科学、经济管理科学，尤其是科学技术，大部分都是用于解决人与自然关系的学问，从而指导人类的生产实践活动。以经济学来说，资源稀缺性被认为是经济学存在的前提条件，没有资源稀缺性也就不会产生经济学，也就不需要经济学研究资源合理配置和优化利用的问题，解决资源稀缺与人类需求之间的矛盾被认为是经济学的基本任务。萨缪尔森就把经济学定义为“如何利用稀缺的资源以生产有价值的物品和劳务，并将其在不同的人中进行分配”。（萨缪尔森著，萧琛译．微观经济学．北京：人民邮电出版社，2004，第2页）

资源稀缺性要求人类劳动必须有效率的利用自然资源，这是劳动内涵的应有之义。自然资源稀缺性作为劳动的前提和约束条件，只有赋予其价值或价格，才能建立起优化配置和有效利用稀缺资源的机制。当生产者需要对所使用的自然资源付出成本代价时，自然就会约束他们对自然资源的使用行为，激励他们想方设法研究如何节约和有效利用自然资源，从而降低成本增强竞争力。如果不对稀缺资源赋予价值或价格进行成本约束，就会出现对自然资源的掠夺性开发和利用，甚至竭泽而渔，如此，就是在抢食子孙后代，令子孙后代处于情何以堪的境地。另一方面，对稀缺的自然资源赋予天然价值或价格，更有利于激励人类寻找替代稀缺资源的努力。当稀缺性导致该物质的天然价值或价格上涨时，就会激发人们去研究和开发替代资源以便降低成本，只要替代资源的成本低于被替代的稀缺资源的价格，就会获取回报，从而补偿研发等初始投入，直至获取超额利润。赋予自然资源稀缺性以数量规定性之后，即赋予稀缺的自然资源以价值或价格之后，就能够建立起劳动与其消耗的稀缺资源之间的数量关系，从而把自然资源的稀缺性约束与劳动统一起来。总之，自然资源的稀缺性与劳动性是同一的，解释劳动价值离不开给自然资源赋予天然价值或价格。

二、自然资源是劳动的外生变量

劳动价值论所说的商品价值是指劳动形成的价值，劳动价值始终是劳动主体的劳动，只不过由于人类智力劳动以其生成的知识发挥作用，而知识的储存性和可传播性使人的智力劳动可以脱离劳动主体而存在，因此，劳动量或价值量的变化最后都要通过构成劳动的内在因素的变化来实现。自然资源本身因为没有任何劳动因子而不具有价值属性。如果把影响劳动形成价值的变量区分为内在变量（内生变量）和外在变量（外生变量），那么，由于自然资源本身不是构成劳动的要素，因而它不可能是影响劳动价值的内在变量。但是另一方面，由于自然资源构成劳动对象，劳动的目的就是把劳动对象加工改造成人类需要的使用价值，劳动对象的状况直接影响劳动的付出，因而自然资源成为劳动的外部约束条件。因为自然资源的状况是由大自然天然决定的，与人类无关，所以，自然资源是人类从事劳动的外部条件，是影响劳动的外生变量。

相对于劳动的外生变量，劳动的内在变量是指构成劳动的那些因素，对于个体劳动来说，构成个体劳动的要素包括体力、智力和知识；对于整体劳动来说，决定整体劳动水平的因素还包括组织（或制度）要素。除了活劳动，物化劳动的利用也创造价值，因此，物化劳动的使用价值状况也是影响劳动的内在变量，如人工智能、劳动资料的先进程度。劳动力的体力、智力和知识状况，个体劳动结合为整体劳动的组织或制度要素，以及物化劳动的水平，这些构成了劳动的内生变量，它们都是由人类自身劳动决定的。

自然资源是劳动的外在变量，它本身不是形成劳动价值实体的因素，它通过影响劳动主体的内在变量而产生对劳动量的影响，进而影响劳动形成的价值大小。外生变量和内生变量对劳动量的影响性质是不同的，外生变量是通过影响劳动主体的内在变量而产生对劳动量的影响，这就是哲学上所说的外因是变化的条件，内因是变化的根据，外因通过内因发挥作用。以农业生产为例，土地有肥瘠之分，农民在肥沃的土地上尽管投入的劳动少，比如施肥、浇水的体力劳动大量减少了，但它的产量却很高；相反，在贫瘠的土地上农民投入的劳动虽然很多，比如施肥、浇水的体力劳动大量增加了，但产量却很低。

自然资源作为劳动的外生变量，其状况对劳动量或价值量产生重要影响。对于不同自然资源条件下生产的同类商品而言，只有把由于自然资源优势导致的劳动节约量作为天然价值，才能解释清楚商品价值的来源。比如，对于购买粮食的消费者来说，他不管你的粮食是优等地还是劣等地生产出来的，他会不加区别的给出统一的估价。假设粮食的价值恰好与劣等地投入的劳动量一致，由于优等地的劳动投入低于劣等地的投入，那么，优等地的粮食的价值大于其凝结的劳动量，这个多出的价值是什么呢？在马克思地租理论中，马克思将这个优等地溢出的价值称之为级差地租。在马克思看来，这个级差地租仍然是劳动创造的。马克思的理由是，耕种优等地的农业工人的劳动是一种具有较高生产率的劳动，这种劳动是一种加强劳动，因此它能创造出超额剩余价值。我们认为，由于土地肥瘠导致的优等地和劣等地的这个级差地租，并不是因为优等地投入的劳动是加强的劳动所致，恰恰相反，优等地投入的劳动是削弱的劳动，是相比劣等地投入的劳动绝对的少，因此，这种削弱的劳动不可能创造超额剩余价值。也就是说，这个级差地租是拜土地所赐，并非人类劳动形成。为了与人类劳动创造的价值相区别，可以将土地带来的这个价值称为土地的天然价值。

再比如，一瓶天然矿泉水比一瓶普通的自来水贵得多，因为矿泉水的天然价值（包含一些对人体有益的矿物质）比普通的自来水的天然价值大。再如，开采同样一吨铁矿石，如果矿石品位即含铁量不同，高品位的一吨铁矿石比低品位的一吨铁矿石的价值高得多，这个价值差别也是天然价值使然。

由于任何产品都是自然资源与劳动的共同产物，自然资源与劳动要素之间具有不可分离性，所以，从数量规定性看，自然资源的“天然价值”和劳动形成的价值也是不可分离地融合在一起的，因此，当用货币计量财富所值时，这个财富值不仅包括劳动价值也包括构成商品体的物质的天然价值，这一点是毫无疑问的。如果不赋予构成物质体的天然资源数量规定性即价值属性，那么，自然资源作为劳动的外生变量与劳动内生变量之间的数量关系就建立不起来，也就无法解释自然资源因素对商品价值的影响，比如，无法解释像级差地租这样的问题。

三、商品效用是天然效用与劳动效用的统一

1. 天然效用与人工效用

天然形成的自然资源使用价值是一切劳动产品效用的源泉，不管人类生产加工制成的产品多么高级，都要依托和保留物质的天然使用价值。我们将自然资源本身所具有的对人类有用的使用价值称为天然效用，例如，煤炭可以燃烧，人类可以用它来烧饭、取暖。有些自然资源能够以其天然效用直接满足人们的需要，比如，游客喝的山中的泉水，甘甜的泉水以其天然效用满足了人们口渴的生理需要。农民从山上采来野生的蘑菇，回家炖一锅小鸡蘑菇，蘑菇的美味让人颇感满足。在生产力十分低下的原始社会，人类主要依靠从大自然获取的天然效用维持生存需要。然而，那些能够直接作为生活资料的天然效用相对于人类需要来说已

经十分有限，无法满足人类的需要，指望天然效用维持人类生存已越来越困难。

随着生产力的提高，人类越来越脱离对天然效用的直接索取，而是越来越依赖通过人类生产活动把天然效用改造成适合人类占有和利用的效用形式。例如，人们把小麦磨成面粉，再把面粉加工成面包，面包才是人类占有和利用的形式，再如，铁矿石在炼钢厂先要冶炼出生铁，再由生铁炼成各种钢材，用钢材去建造高楼大厦、汽车、轮船、机器设备等，高楼大厦、汽车、轮船和机器设备等才是人类占有和利用的形式。即使那些能够直接满足人类需要的天然物质的效用形态还是粗糙的，无法满足人类多样的、精细的、有选择的需要，这也需要人类通过劳动把粗糙的天然效用改造成精细的更适合于人类需要的存在形态，这类劳动对天然效用的改造一般较为简单，比如，把米煮熟了吃，用火把肉烤熟了吃，用木材制成简单的物件，用石头造房子等。

时至今日，那些进入人类活动范围的自然资源在未经过人类劳动加工改造之前，以其天然效用存在形态很少能满足人们的需要，只有经过对天然效用进行加工改造生产出的物品的效用才能满足人类的需要，这恰恰反映了人类劳动的本质——创造性的人类智力劳动。虽然大自然的天然效用是人类获取满足自身需要的物质前提和基础，但是，作为人类劳动成果的经济物品，从来都不会仅仅是天然效用。经济学意义的物品是指经济物品，而经济物品一定是劳动的产物，所以，任何经济物品中必然包括劳动创造的效用。我们把劳动创造的自然界无法产生或产生的几率几乎等于零的效用称为人工效用。

即使物品的使用价值没有改变，只要这个物品不是为了满足自己需要而是为了满足他人需要，那么这个物品就成为经济物品，从而必然包含了人工效用。比如，农民把山上的野生蘑菇采摘回来装成一袋一袋的卖给人们，从蘑菇的天然效用来看，每袋里的蘑菇和人们自己到山上采摘没有什么差别，但是，从蘑菇的人工效用来看，买来的蘑菇和自己到山上采摘的蘑菇就有了重要差别，由于采摘蘑菇的农民的劳动以及运输蘑菇工人的劳动，这样人们就不必只有到山上采来蘑菇才能享受蘑菇的美味，现在人们可以在千里之外的任何地方享受那个蘑菇的美味，这是采摘蘑菇的人以及运输蘑菇的人的劳动给人们带来的效用，即人工效用。可见，采摘蘑菇的农民的劳动和运输蘑菇工人的劳动使每袋蘑菇的效用增加了，节省了人们只有跑到那个山上采摘才能享受那个蘑菇的辛苦、麻烦和宝贵的时间。所以，装成一袋一袋的蘑菇就是经济物品，而山上的蘑菇就只是天然资源。

2. 商品效用是天然效用与劳动效用的统一

人工效用虽然是自然界没有而由人类劳动创造的产物，但人工效用始终以自然物质为载体，并通过对天然效用的分解和组合实现满足人类需要的效用形式，人工效用始终与天然效用结合在一起。任何劳动产品都是物质与劳动的结合，是天然效用与人工效用的统一。天然效用作为劳动利用和改造的对象，通过人类有目的劳动将天然效用融入劳动创造的产品效用之中，天然效用成为劳动创造的产品效用的有机组成部分。

商品效用作为一个整体并不能分辨出哪部分是天然效用，哪部分是人工效用，但为了说明天然效用与人工效用是两种性质不同的效用来源，以及便于分析的需要，仍假设商品效用可以分解为天然效用和人工效用。用公式表示如下：

$$U = U_T + U_L$$

式中，U 代表某物品的效用，U_T 代表物品的天然效用，U_L 代表物品的人工效用。

任何物质商品效用都是天然效用和人工效用的统一，只不过由于人类劳动对天然效用改造和利用程度的差异，商品效用中天然效用和人工效用所占的成分比例不同而已。经济生活中有很多商品，人们都能够直接感受到它的天然效用的存在，甚至有一些产品，它的效用几乎都是天然效用。例如，直接取自自然界的农业生产部门，包括养殖业、林业、渔业、狩猎业，这些产业中的很大一部分产品都是以其天然效用呈现给人类的，比如树上的果实，大地生长的粮食作物，江河湖海中的鱼虾，森林树木，等等。再比如采矿业中的大部分产品，如煤炭、石油、天然气、钻石玛瑙，等等。当然，随着科学技术的迅速发展，人类改造天然效用的能力不断提高，以致人类所使用的大部分产品都是人工效用占主要的成分，甚至消费者已无法感受到这些产品中天然效用的存在，比如，汽车、电视机、电冰箱、洗衣机、手机、计算机，等等，这些商品效用几乎都是人工效用。尤其是劳动密集型和知识密集型的产品，商品效用以人工效用为主，比如一本书的效用主要是由这本书中包含的知识内容决定的，而作为知识物质载体的纸张的效用很小，也就是说，这本书用一般品质的 60 克纸印刷，还是用品质更好的 80 克纸张印刷，对这本书的效用影响很小。

四、商品价值概念的广义与狭义之分

商品效用是商品价值的外在表现形式，两者具有一致性，商品效用是对商品价值进行度量的实现形式和尺度。由于商品效用由劳动效用和天然效用共同构成，那么，与商品效用对应的商品价值就由劳动价值和天然价值共同构成。比如，由于水源地的水质不同，甲水厂的水源地的水质较乙水厂的水源地的水质要好，假设甲水厂与乙水厂用完全相同的设备和工艺生产矿泉水，然后将矿泉水装瓶出售。尽管甲乙两个水厂生产矿泉水付出的劳动相同，但甲水厂由于水质好于乙水厂，甲水厂的一瓶矿泉水的价格要比乙水厂一瓶矿泉水的价格高很多，甚至高出几倍的价格。消费者为什么愿意给甲水厂矿泉水更高的估价呢？因为甲水厂的矿泉水富含更多对人体有益的微量元素，其对人的效用远大于乙水厂的矿泉水，高出的那部分效用就是甲水厂矿泉水的天然效用带来的。再如，对消费者来说，红木制成的家具就比其他木材制成的家具的效用要大得多，价格也要贵得多，这表明木头的材质具有独特的价值。再如，同一款式的羊绒衫，由于含羊绒和羊毛的比例不同，价格差异很大，这同样说明服装面料的材质具有很高的价值。可见，消费者对商品效用愿意付出的价格中包括对天然材质效用支付的价格。

在现实经济生活中，人们总是从商品效用出发来对商品进行估价，这个估价中既包括劳动效用也包括天然效用。就是说，消费者对商品效用的评价是把商品效用作为一个整体进行的。由于劳动效用与劳动价值相对应，天然效用与天然价值相对应，所以，消费者眼中的商品价值实际是由劳动价值和天然价值共同构成的。或者说，决定商品交换比例的那个商品价值不只是劳动价值，还包括天然价值。如此一来，商品价值概念的范围扩大了，我们将包括天然价值在内的这个外延扩大的商品价值概念称为广义商品价值概念，而把劳动形成的价值称为狭义的商品价值概念。后面在使用商品价值概念时，如果不作广义与狭义之分，就是泛指广义商品价值概念。

传统劳动价值论在用劳动价值解释价格现象时，为什么总是显得牵强和矛盾重重，就是因为在商品价值和商品价格之间缺少了商品效用这个“中介”环节，没有建立起以商品效用作为商品价值和商品价格的中介的理论。商品价格始终是一种效用现象，消费者总是从商品效用角度对商品做出估价，商品效用包括构成商品体的物质的天然效用和人工效用。如果按照不承认天然价值的传统劳动价值的观点来解释劳动价值与价格的关系，那么，由天然效用引起的那部分价格就无法做出解释。商品价格中始终包含由天然效用决定的那一部分价格，由于效用是价值的表现形式，如果没有与天然效用对应的天然价值，那么仅凭劳动价值是无法解释这部分价格是如何决定的。

如果说劳动形成的商品价值只能通过商品效用进行度量，那么，由于商品效用度量的是广义商品价值，所以，只有在赋予自然资源以“天然价值”的条件下，才能从广义商品价值中扣除“天然价值”后求解出劳动价值。其计算公式如下：

$$商品价值\ V = U_L \text{ 或者 } V = U - U_T$$

可见，赋予自然资源以“天然价值”属性是确定劳动价值的内在要求，是为了反映劳动价值的需要。

第三节 自然资源“天然价值”的性质理论

一、问题的提出

我们从自然资源要素（即土地要素）的稀缺性及其与劳动价值的关系，以及自然资源的天然效用构成商品效用的物质基础的角度，分析论证了赋予自然资源天然价值的客观必然性，从而揭示了决定商品交换比例的广义商品价值由劳动价值和天然价值共同构成。既然商品价值由劳动价值和天然价值共同构成，那么商品价值的源泉就应该包括劳动创造的价值和自然资源创造的价值。这似乎表明价值源泉是二元的，劳动创造价值一元论就被否定了，然而，做出这样的论断是过于简单和武断的。

众所周知，研究价值源泉理论的主要目的是为价值分配提供理论依据。一个人得到的财富价值与他所创造的财富价值相匹配被认为是合理的分配原则。从劳动价值论与要素价值论出发得出的分配原则是相互对立的，当我们说劳动是价值的唯一源泉时，是为了说明劳动才是获得财富的最合理的依据和尺度，这是从劳动价值论出发得出的按劳分配原则；要素价值论认为，劳动、资本和土地都创造价值，据此得出的边际生产力分配论认为，按要素的边际贡献向要素的所有者进行分配是恰当的。可以说，价值论与分配论是一枚硬币的两面，一般来说，某种要素创造价值意味着向该要素分配其创造的价值是正当的。当我们说劳动创造价值时，意味着劳动获取其创造的价值是正当合理的，而当我们说自然资源要素创造价值时，意味着自然资源获得其创造的价值是正当合理的。

问题是，财富分配相对于人才有意义，对于自然资源要素来说，自然资源要素不会伸出手来要求参与财富的分配，而且也是无法想象的。既然自然资源要素不可能要求分配财富，那么从它与劳动要素共同创造的价值中分解出它的贡献额的意义是什么呢？传统劳动价值论认为，既然自然资源要素不可能要求分配财富，那么确定自然资源要素对创造价值的贡献就是没有意义的，从而自然资源创造价值这个命题也是毫无意义的。虽然传统劳动价值论对自然资源要素创造价值的否定显得过于简单和武断，但我们可以从中获得的启示是：探讨价值源泉问题的根本目的是为价值分配提供理论依据，即价值创造是价值分配的依据，这就存在一个创造价值的主体与获得价值主体是否一致的问题。劳动创造价值与劳动分配价值的主体是同一的；与劳动要素不同，土地要素本身是客体不能成为主体，而价值分配的主体只能是人这个主体，所以土地要素创造价值与土地要素分配价值的主体不是一回事。

由此可见，土地要素相比于劳动要素创造价值有其特殊性，不仅要从生产的角度而且要从分配的角度才能弄清楚土地要素创造价值的本质。就是说，“天然价值”的性质包括两方面，一是从生产的角度看，要弄清楚土地要素创造价值与劳动创造价值的关系；二是从分配的角度看，要弄清楚“天然价值”归谁所有的问题，是归劳动者所有还是归土地要素所有者所有，或者是归全社会所有。显然，天然价值的性质由生产和分配的性质决定，而生产和分配的性质则由它所处的社会的生产分配制度即制度安排或制度选择决定。我们把回答生产过程中劳动创造价值与土地要素创造价值的相互关系，以及自然资源创造的价值归谁所有的理论称为自然资源的“天然价值”的性质理论。

二、配第与斯密关于土地创造价值的观点

配第第一次有意识地提出了劳动决定价值的劳动价值论观点，但与此同时，配第从使用价值角度又提出了土地要素创造价值的观点。在探讨商品价值时，配第从两个不同的角度考察商品，一方面，他从交换价值考察商品，发现商品之所以可以交换，在于商品之间存在可以比较的共同的东西，这个共同的东西就是劳动。他说：“假如一个人在能够生产一蒲式耳谷物的时间内，将一盎司黄金从秘鲁的银矿采出来的白银运到伦敦来，那么，后者便是前者的自然价格。”（配第著．配第经济著作选集．北京：商务印书馆，1981 第 48 页）由此，他提出了劳动决定价值的最初观点。但另一方面，他从使用价值角度考察商品，认识到作为物质财富，不仅需要人类劳动，还要依靠自然界及其自然力即土地。他说：“土地是财富之母，劳动是财富之父。”（配第著．配第经济著作选集．北京：商务印书馆，1981，第 58 页）他试图用土地和劳动两种自然单位来评定价值，理由是，任何财富都是土地和劳动生产的，所以二者都是价值的源泉和尺度。

配第认为，政治经济学最重要的问题是如何确定土地和劳动之间的自然等价关系，以便用其中的一个来独自表示任何事物的价值，但是，土地和劳动之间是不能直接衡量比较的，只能通过寻找间接度量或代理度量来实现。为了找出这种间接度量的方法，配第做了如下的假设和分析：在二亩牧地中放入一头断乳的小牛。一年后，小牛身上的肉可增加一英担，可折合 50 天食物，它是土地创造的；如再加上一个人的劳动，小牛身上的肉可增加的量能折合 60 天食物，其中多增加的 10 天食物是劳动创造的。根据这种分析，劳动和土地创造的价值都可以通过共同的尺度口粮来加以换算了。配第因此认为：“一个成年人平均一天的食物，

而不是一天的劳动，乃是衡量价值的共同尺度。”（配第著．配第经济著作选集．北京：商务印书馆，1981，第，58 页）

继配第之后，斯密第一次较系统地提出了劳动价值理论，并把政治经济学的研究和体系的建立放到分析劳动的基础上。然而，斯密与配第如出一辙，在提出劳动价值论的同时，提出了与劳动价值论对立的三种收入价值论。斯密提出：“工资、利润和地租是一切收入和一切可交换价值的三个根本源泉。”（斯密著．国民财富的性质与原因的研究》．上卷．北京：商务印书馆，1972，第 47 页）三种收入价值论否定了只有劳动是价值唯一源泉的劳动价值论观点，把资本和土地也作为价值的源泉了。三种收入价值论成为日后萨伊提出要素价值论的理论来源和依据。斯密认为，土地中隐藏着一种自然力，这种自然力和人的劳动一样也创造产品价值，土地所有者由于把这种自然力借给租地农场主而获得地租。斯密说：“在农业上，自然也和人一起劳动；自然的劳动，虽无代价，它的生产物却和最昂贵的工人生产物一样，有它的价值。”（斯密著．国民财富的性质与原因的研究》．上卷．北京：商务印书馆，1972，第 333 页）

三、自然资源要素创造价值的理论依据

观察自然资源天然价值的第一个视角是商品使用价值的生产过程。自然资源要素创造价值的理论正是基于使用价值生产过程的视角得出的结论。西方经济学的效用价值论和要素价值论就是建立在商品使用价值生产过程之上的理论。

使用价值的生产过程就是劳动者（劳动）使用劳动资料（资本）作用于劳动对象（土地）的物质变换过程。在商品的自然生产过程中，自然资源以其自身的物质内容和存在形式构成劳动作用的对象即劳动对象。产品的自然生产过程着眼于使用价值的生产，对于使用价值生产来说，劳动、劳动资料和劳动对象三要素共同创造使用价值。西方经济学认为，商品使用价值是商品价值的源泉，使用价值即是商品价值。第一个系统提出客观效用价值论的萨伊指出：“所谓生产，不是创造物质，而是创造效用。”（萨伊著．政治经济学概论．北京：商务印书馆，1963，第 59 页）生产就是创造效用的观点为经济学家普遍接受，成为经济学中生产理论的出发点。约翰·穆勒指出：“生产性劳动指的仅仅是这样的努力，这种努力产生了体现在物质对象中的效用。”（约翰·穆勒著．政治经济学原理—及其在社会哲学的若干应用．上卷．北京：商务印书馆，1991，第 65 页）马歇尔也明确指出：“人类所能生产和消费的只是效用，而不是物质本身。”（马歇尔著．经济学原理．上卷．北京：商务印书馆，1964，第 82 页）

西方经济学认为，效用是价值的源泉。萨伊提出：“物品的效用价值就是物

品价值的基础。”（萨伊著．政治经济学概论．北京：商务印书馆，1963，第59页）物品使用价值或效用是由劳动、资本和土地三要素共同创造的，因而价值也是由劳动、资本和土地三要素协作的结果。商品价值由劳动、资本和土地三要素共同创造的理论，西方经济学称之为要素价值论。在西方经济学里，从效用价值论到要素价值论是一个逻辑的结论，或者说两者是内在统一的。

就物质变换的自然生产过程来说，劳动、劳动资料和劳动对象三要素或西方经济学所说的劳动、资本和土地三要素在财富创造过程中，虽然发挥的作用各不相同，但它们相互连接成一个整体发挥作用，缺一不可。就是说，三要素在创造使用价值或价值中不可能是各个要素独立的创造活动，而是相互联系相互作用结成一个整体共同创造价值，即三要素创造价值具有“不可分性”。虽然三要素创造价值本身具有“不可分性”，但是，可以在假定其他影响因素不变的情况下，使用因素分析法观察某个因素对价值创造的贡献。西方经济学的边际生产力理论用边际产品或边际收益产品来说明各要素在财富价值创造中的作用。由于三要素的边际贡献额之和构成商品价值，土地要素对价值创造的边际贡献是土地创造的价值，这与我们所说的广义商品价值中包括自然资源的天然价值是一致的，就是说，土地要素在财富价值创造中的边际贡献就是我们所说的“天然价值”。可见，虽然天然价值是人为赋予自然资源的数量规定性，但是，这个数量规定性并不是主观随意确定的，从产品生产的自然过程来看，天然价值乃是土地要素对财富价值创造的贡献额。

传统劳动价值论之所以否定土地要素参与创造价值，根本原因在于传统劳动价值把商品使用价值（或效用）与商品价值严格区分并对立起来，认为使用价值与价值不是一回事，价值中不包含任何使用价值的原子。由此，传统劳动价值论无法解释使用价值意义上的价值论，传统劳动价值论认为土地要素创造使用价值，但不创造价值。与传统劳动价值论不同，我们从发展的劳动概念出发，揭示了使用价值与价值之间具有一致性，即价值概念包含使用价值和价值的双重含义，从而使用价值同时也是价值。据此，我们认为，土地要素既然是创造使用价值的要素，那么同时也就是创造价值的要素。由此可见，从使用价值的生产过程来看，土地要素即自然资源要素创造价值的结论是正确的。这也表明西方经济学的要素价值论关于土地要素创造价值的命题是正确的。

四、自然资源“天然价值”的劳动性质理论

观察自然资源的天然价值的第二个视角是商品生产的人类劳动过程。商品生产过程是从人与物的关系的角度来观察生产过程，它是对从物与物关系的视角观

察商品使用价值生产过程的否定，是对商品生产过程认识的深化。

没有人类劳动参与的纯自然生产过程不是经济意义上的生产，不能包括在经济生产范围之内。比如，自然水域中鱼类的无控制生长繁殖不是生产活动，只有人工养鱼活动才是生产活动；野生果实的生长不是生产活动，只有人类采摘这些果实的活动才属于生产活动。通常所说的生产过程都是指有人类劳动参与的生产过程。是人（劳动）使用各种生产设施（资本或劳动资料）对劳动对象（土地或自然资源）进行加工生产出使用价值，并将人的劳动价值追加其上形成商品价值的过程。从人类视角看，构成生产过程的生产三要素的地位是不平等的，资本和土地要素只是劳动的条件和客体，劳动者是驾驭和控制生产过程的主体，因此，从人类的角度看，生产过程实质是“以人为本”的人类劳动的过程。而且，作为生产过程结束时产出的使用价值，也只被看作是人的劳动的产物即劳动产品，而不再像使用价值的自然生产过程那样把使用价值看作劳动、资本和土地三要素共同生产的产物。

从使用价值的生产过程视角来看，能够得出土地要素创造使用价值进而创造价值的结论。从劳动、资本和土地三要素创造价值的性质看，由于资本创造价值实质也是劳动创造价值，所以，三要素中只有土地要素属于非劳动要素参与创造价值。然而，土地要素对创造价值的贡献即“天然价值”也是劳动创造价值的有机组成部分，或者说土地要素的“天然价值”的性质是由劳动规定的。这是因为：土地要素本身并不存在所谓的“天然价值”，以天然状态存在的自然资源在没有成为人类劳动对象之前是没有任何价值属性可言的，只有当它成为人类劳动过程中的劳动对象并被加工改造成劳动产品时，我们才能说土地要素与劳动要素一起创造了价值。从人类视角看，既然把生产过程归结为劳动过程，那么商品价值生产过程就是人类劳动物化形成商品价值的过程。由此，劳动和土地要素共同创造价值就被归结为共同创造劳动价值，进而土地要素对劳动创造价值的贡献即“天然价值”也被视为劳动创造价值的有机组成部分。

由此可见，与其说“天然价值”是大自然对土地的天然赐予，甚或是大自然使土地要素具有了创造天然价值的能力，不如说“天然价值”是大自然对人类劳动的赐予，因为只有人类劳动才能够利用土地要素蕴藏的自然力为人类服务，而让自然力发挥作用恰恰是劳动的内容和意义所在。正如重农学派的杜尔哥所说：“土地离开了劳动，便不能生产任何东西。”〔（法）杜尔哥著．关于财富的形成和分配的考察，南开大学经济系经济学史教研组译．北京：商务印书馆，1961，第22页〕作为劳动对象的自然资源因为成为人类劳动过程的构成要素，从而使自己成为劳动过程创造价值的参与者，这是自然资源创造天然价值的本质。

显然，自然资源创造的“天然价值”具有了双重属性，一方面，土地要素作为构成劳动过程的生产三要素之一，劳动过程形成的价值中包括土地要素的贡献，如果以“天然价值”表示它的贡献，那么“天然价值”属于劳动价值的有机组成部分，因而“天然价值”具有劳动性质；另一方面，“天然价值”毕竟是土地要素对创造价值的贡献，而不是劳动者即劳动要素本身创造的价值，因此，“天然价值”与劳动本身创造的价值又是相区别，不能混为一谈，以便体现其自然天成的属性，即大自然对人类劳动的恩赐。

能够把土地要素对价值创造的贡献并入劳动价值之中，是以土地或自然资源为人类共同享有、无偿使用为假设前提。只有在假设土地或自然资源为人类共同享有、无偿使用的情况下，劳动才是占有和利用自然资源的唯一方式，劳动与自然资源相互作用所生产的劳动产品归劳动者所有，从而土地要素对创造财富及其价值的贡献归劳动所有。对此，古典经济学家约翰·洛克在其著名的劳动产权理论或劳动财产理论中指出：“自然把地球给予人类共享，却给予人类以私有财产；凡是自然界所生产的一切，都是公有财产，凡事劳动者所生产的一切，便是劳动者的私有财产，也就是说，土地和劳动一起创造的财产归劳动者所有，这是因为，“每个人对他自己的人身享有一种所有权，除他以外任何人都没有这种权利。他的身体所从事的劳动和他的双手所进行的工作，我们可以说，是正当地属于他的。所以，只要它使任何东西脱离自然所提供的和那个东西所处的状态，他就已经掺进他的劳动，在这上面加进他自己所有的某些东西，因而使它成为他的财产。”〔（英）洛克著．叶启芳等译．政府论．下篇．北京：商务印书馆，1996，第19页〕法国重农学派的杜尔哥就把土地发挥作用或农业中自然力创造出来的“纯产品”（纯产品是指农业生产活动所生产的财富减去生产过程中所消耗的财富之后的余额，是一种生产剩余。编者注）视为土地对农民劳动的赐予，而不把它看成是土地对土地所有者的赐予（即地租的来源）。他说，农业劳动者是“唯一的这样一种人，他的劳动生产出来的产品超过了他的劳动工资”。〔（法）杜尔哥著．关于财富的形成和分配的考察，南开大学经济系经济学史教研组译．北京：商务印书馆，1961，第22页〕

地球上的自然资源是大自然对人类的恩赐，大自然把地球给予人类共享，因此，自然资源是人类公有财产，因而生产者不需要为自然资源的利用付出代价，这是传统劳动价值论的价值判断。传统劳动价值论认为，既然自然资源是公有的、因而可以无偿使用，自然没有必要计量商品生产过程中自然资源的消耗水平。而且，由于自然资源不会伸出手来要求参与财富的分配，因此，传统劳动价值论认为，自然资源创造价值这个命题毫无意义。传统劳动价值论把自然资源从价值范畴中彻底排出了，而只把价值定义为劳动。传统劳动价值论认为，土地要素根本不创造价值，也不认为存在将天然价值并入劳动价值这回事，这与我们所说的劳动价值中包含天然价值的劳动价值论还是有重大区别的。仅从数量规定性来说，忽略天然价值还是将天然价值并入劳动价值中，这两种观点是等价的，可以做如下证明：假设劳动创造的价值是 L，土地或自然资源要素在财富价值创造中的边际贡献为 K，若将 K 并入 L，则有：$L=L+K$。这意味着以 L 表示劳动形成的价值，还是以 $L+K$ 表示劳动形成的价值，二者是等价的。但是，从性质上来说，这两种观点就有着重大差别了，忽略天然价值意味着根本不承认土地要素创造价值；相反，承认土地要素创造价值，并将天然价值并入劳动价值的观点体现了从产品自然生产过程发展到商品价值生产过程的逻辑。

从人类的视角，商品价值的性质是由劳动决定的，虽然商品价值的性质是劳动属性，但是，这并不意味商品的价值仅仅是劳动要素本身创造的，劳动、资本和土地三要素共同形成劳动过程，商品价值是三要素共同创造的。虽然基于因素分析法可以从商品价值中分解出各要素的贡献额，但各个要素创造价值的性质即价值贡献额的性质仍然是由劳动规定的，具有劳动性质。就生产过程的人类劳动本质来说，没有必要从三要素共同创造的商品价值中用因素分析法分解出各要素的贡献额，只要统一作为劳动创造的价值就可以了。当我们把土地要素对创造价值的贡献归入劳动价值中，劳动要素和非劳动要素共同创造价值就归结为只有劳动创造价值了，从而得出劳动是商品价值唯一源泉的结论，这就是劳动价值论的逻辑。此时，要素价值论转化为劳动价值论了，这种转变是观察天然价值视角从使用价值生产过程向商品价值生产的人类劳动过程转化的必然结果。这是一个令人惊异而有趣的结论，劳动价值论非但不与要素价值论相对立，相反，劳动价值论恰恰是要素价值论在财富生产的人类过程中的转化形式，是比要素价值论更高一级的价值理论形态。

五、资源所有制决定“天然价值”的归属

西方经济学把土地所有制下土地所有者获取地租收入的理由归结为土地要素创造价值。要素价值论认为，土地要素与劳动和劳动资料一起创造商品价值，土地要素对创造价值的贡献乃是土地所有者应得的正当回报，这个回报就是地租。从边际生产力理论来看，地租是在一定时期内利用土地的生产力所支付的代价或土地要素提供服务的报酬即土地生产力在生产中做出的贡献。从生产者角度，地租是每增加一单位土地使用所增加的收益即土地的边际收益。土地要素创造价值

这个命题对于土地所有者来说至关重要，这是他们给自己获取地租收入找到的最有说服力的理由了。然而，我们前面曾经指出，要素价值论是以生产的自然过程为前提和基础的理论，它要进一步被从人类视角考察这个生产过程的劳动价值论所否定。从人类的视角看，生产过程本质上是人类劳动过程，这是人类社会一切社会形态的生产过程的共同本质。作为人类劳动过程的生产过程，土地生产力在商品价值生产中做出的贡献应该归结于劳动，从而土地对价值创造的这个贡献即天然价值应归结为劳动价值的组成部分。

从劳动价值论出发，土地要素在生产过程中的贡献归劳动所有，我们把这个叫劳动所有制。但是，劳动所有制是以土地为人类共同享有、无偿使用为前提和基础的。人类发展史表明，只有原始人类社会不存在对土地的任何占有形式，劳动是获取生活资料来源的唯一途径。除了原始社会，曾经的和现在个别的社会主义国家尝试公有制和按劳分配制度，比较接近于劳动所有制。人类世世代代都是土地私有制大行其道，人类社会由蒙昧、野蛮时期进入文明时期，与人类社会由原始公有制进入奴隶社会私有制是同步的。土地私有制经历了奴隶社会、封建社会和现代资本主义社会等各种不同形态的私有制形态。现代资本主义土地私有制已经不是单纯的私有制，而是一种混合所有制，是土地私有制与国家所有制的混合所有制。我国社会主义制度的土地所有制则是国家所有制和集体所有制的混合所有制。

一国的所有制形式由该国的社会结构、社会制度和社会形式所决定。处于一定社会结构、社会制度和社会形式下的现实生产过程中的未经加工的原材料即自然资源，为一定的社会人口或社会集团所占有。在土地私有产权制度下，这些自然资源可能为非劳动社会人口和利益集团所占用。由于土地要素是构成物质生产过程不可或缺的生产要素，而且土地要素只有在其所有者的意志支配下才能进入生产过程，这使拥有土地要素占有、使用和处置权的人获得了独立于劳动者的“主体”地位。这样一来，土地要素的所有权使土地要素人格化，甚至被认为与土地要素所有者一体，这使土地要素创造价值这个命题与土地所有者的经济利益联系在一起，成为一种经济关系，从而成为经济学的研究范围。的确，如果一种自然资源要素没有所有权，没有被任何人所拥有，那么即使这种自然资源要素在使用价值生产过程发挥作用，由于它是无主体归属的，没有人试图借此获取利益，因而它不会成为经济学的研究范围。例如，空气进入一切生产过程之中，是一切生产过程的资源要素，即使需要真空环境下的生产过程也不例外，因为生产过程中的劳动者需要空气。但是，由于空气不归任何人拥有，商品价值中就不包括空气的价值，因此，空气就不属于经济学研究范围。

任何现实的生产过程都处于一定的社会结构和社会制度之下，我们把处于现实社会经济生活中的商品生产过程，称之为商品生产的社会过程。随着商品生产的社会过程否定了人类劳动过程从而取得了它的社会实现形式——商品生产的社会过程，那么与商品生产的人类劳动过程相适应的劳动价值论也要相应改变自己的理论形式。在实行土地私有制的社会制度下，生产过程中的土地要素不再归劳动者所有，而是归生产过程以外的非劳动社会人口和利益集团所有，与之相应的土地要素对价值的贡献不再归生产过程中的劳动者所有，而是归生产过程之外的土地所有者拥有。在存在土地所有权的社会经济制度中，土地所有者凭借其土地垄断取得了“主体”地位，进而有权参与社会财富的分配。从价值论的视角看，在以土地私有制为基础的商品生产的社会过程中，土地所有者参与社会财富分配的理论依据在于土地要素在价值创造中做出了贡献，土地所有者认为地租就是这部分价值。如此一来，在以土地私有制为基础的商品生产的社会过程中，土地所有者占有和支配土地要素对价值的贡献，好像价值理论回到了以自然生产过程为基础的要素价值论了。的确，从生产的自然过程到商品生产的人类劳动过程，再到商品生产的社会过程，这是生产过程的肯定、否定和否定之否定的辩证发展过程。从辩证逻辑看，商品生产的社会过程作为生产的自然过程的否定之否定阶段，当然会重复生产的自然过程的某些性质，仿佛出现了向生产的自然过程的复归。这就是为什么在商品生产的社会过程中，土地要素创造价值这个命题被重新提出。

然而，土地要素创造价值这个命题在商品生产的社会过程和生产的自然过程中具有不同的内含。在商品生产的社会过程中，土地要素创造价值这个命题是在否定了商品生产人类劳动过程中劳动创造价值这个命题后得出的，因此，它与生产的自然过程相对应的土地要素创造价值这个命题相比必然具有了新的含义，而不是简单的重复。这个新的含义形成了自然资源的“天然价值”的性质理论，这个理论与西方经济学的要素价值既有区别也有联系。它们之间的联系和区别具体表现在土地创造价值的性质和归属两个方面。在土地创造价值的性质方面，我们提出“天然价值”的性质应归结为劳动属性，因为土地要素创造价值是在劳动的驾驭和控制下实现的，没有劳动自然资源就不会成为人类的财富，是人类劳动把自然资源加工改造成能够交换的劳动产品才具有了价值属性，所以自然资源创造的“天然价值”的性质从属于劳动。这与西方经济学要素价值论的商品价值源于效用的观点是截然不同的。要素价值论认为，商品价值源于生产三要素共同创造的效用，而土地要素与劳动要素在创造效用时是平等的、并列的，不认为土地要素从属于劳动。

在关于土地要素创造价值的归属问题，我们认为，虽然土地要素创造价值是在劳动的驾驭和控制下实现的，但是土地要素创造价值毕竟不是劳动本身创造价值，因此，土地创造价值：一方面可以将“天然价值”视为大自然对人类劳动的恩赐，从而将“天然价值”归属于劳动者；另一方面，在考虑土地所有制的制度安排或分配制度结构安排的情况下，“天然价值”作为大自然对人类劳动的恩赐可以异化为对土地所有者的恩赐，换言之，土地所有者成为土地要素的“化身”或“主体”，从而土地要素创造的价值归土地所有者占有。

第九章　价值量理论

第一节　传统价值量理论概述

围绕马克思劳动价值量理论产生了颇多争议，矛盾重重。马克思价值量理论在解释某些重大现实问题时，或者与现实发生矛盾，或者无能为力，或者十分牵强，比如，劳动时间无法度量劳动复杂程度的问题，财富的巨大增长与活劳动减少的矛盾问题，劳动生产率与价值量成反比变化规律与现实的矛盾，两种涵义的社会必要劳动时间在价值决定中的冲突与矛盾，等等。

传统劳动价值量理论为什么存在这些问题，究其根本原因在于经典劳动概念的缺陷所致，恰恰是人们熟视无睹的劳动概念存在问题，才导致了劳动价值量理论的一系列困惑和问题。本章将以发展的劳动概念为基础，重建劳动价值量理论。

一、劳动时间计量价值量的理论

价值是价值质的规定性和量的规定性的统一。价值质的规定性是指价值的源泉，价值源泉决定价值实体由什么构成。而价值量则是价值实体的数量规定性。价值源泉是价值量决定的基础和前提，价值实体决定价值量的度量方式。价值源泉理论回答价值实体由什么构成，价值量理论则回答这个价值量的大小是如何决定和计量的。价值实体决定价值量的计量方式。劳动价值论认为“劳动是价值的唯一源泉”。（马克思，恩格斯著．马克思恩格斯全集．第 26 卷 I. 北京：人民出版社，1972，第 75 页）价值量是“用它所包含的‘形成价值的实体’劳动的量来计量”。（马克思，恩格斯著．马克思恩格斯全集．第 23 卷．北京：人民出版社，1972，第 51 页）商品的价值量就是劳动量，对商品价值量的度量就是对劳动量的度量。劳动量是指劳动力在劳动过程中脑力和体力的消耗量，在劳动过程结束时，形成价值实体的这个脑力和体力的消耗量即劳动量就客观的形成了。马克思认为，“劳动本身的量是用劳动的持续时间来计量，而劳动时间又是用一定的时间单位如小时、日等作尺度。”（马克思，恩格斯著．马克思恩格斯全集．第23卷．北京：人民出版社，1972，第51页）可见，马克思认为劳动时间是劳动的数量规定性即劳动量，由于劳动量就是价值量，所以劳动决定价值就是劳动时间决定价值，劳动价值论就是劳动时间价值论。

关于劳动量的度量，必然要涉及劳动复杂程度对劳动量的影响与计量的问题。对此，马克思提出关于各种复杂程度不同的劳动的计量以简单劳动为基础的设想。马克思在分析形成商品价值的劳动时，将劳动假定为简单劳动。他指出，形成商品价值的劳动，“已经化分为没有质的区别的人类劳动”，即抽象劳动，并且指出，这种抽象劳动“是每个没有任何专长的普通人的机体平均具有的简单劳动力的耗费”。（马克思，恩格斯著．马克思恩格斯全集．第23卷．北京：人民出版社，1972，第59页）在简单劳动的定义中，马克思提出简单劳动力是指没有任何专长的普通人，简单劳动就是简单劳动力的机体的平均消耗。他强调指出：“为了简便起见，我们以后把各种劳动力直接当作简单劳动力，这样就省去了简化的麻烦。”（马克思，恩格斯著．马克思恩格斯全集．第23卷．北京：人民出版社，1972，第51页）由此可见，马克思所说的创造价值的抽象劳动均指简单劳动力的简单平均劳动。关于复杂劳动的计量，马克思提出，“比较复杂的劳动只是自乘或不如说多倍的简单劳动，因此，少量的复杂劳动等于多量的简单劳动。”（马克思，恩格斯著．马克思恩格斯全集．第23卷．北京：人民出版社，1972，第59页）马克思认为，复杂劳动可以化为简单劳动，复杂劳动与简单劳动之间存在一定的换算关系，以简单劳动的计量为基础，就可以对各种不同复杂程度的劳动量进行计量。

复杂劳动是多倍的简单劳动的这个倍数是由什么决定的？马克思认为，复杂劳动比简单劳动创造价值高的原因是，复杂劳动的劳动力“比普通劳动力需要较高的教育费用，它的生产要花费较多的劳动时间，因此它具有较高的价值，既然这种劳动的价值较高，它也就能表现为较高级的劳动，也就是在同样长的时间内物化为较多的价值。”（马克思，恩格斯著．马克思恩格斯全集．第23卷．北京：人民出版社，1972，第223页）把复杂劳动归结为复杂劳动力，把简单劳动归结为简单劳动力，这是马克思关于解决复杂劳动与简单劳动之间如何换算问题的一个基本思路。然而，复杂劳动与复杂劳动力不是一回事，复杂劳动是复杂劳动力的使用，即劳动力从事的劳动活动，复杂劳动由劳动活动本身的复杂程度决定，并不是由从事这个工作的复杂劳动力的教育培养费用的多少决定。因此，用复杂劳动力与简单劳动力来解释和确定复杂劳动与简单劳动之间的换算比例是不正确的。

迄今为止，无论是马克思本人还是后来的马克思主义经济学家，都没能给出关于简单劳动和复杂劳动准确完整的定义，更不要说复杂劳动与简单劳动之间如何换算了。因此，那种认为劳动时间是计量劳动量天然尺度的传统观念需要重新进行审视。其实，用劳动时间可以计量劳动力在劳动过程中体力和智力的能量消耗，但劳动时间无法计量劳动过程中劳动力运用的各类不同用途的知识，而恰恰是这个知识决定着劳动的复杂程度，然而，知识是无法用劳动时间度量的。

二、社会必要劳动时间决定价值量的理论

由于生产的劳动条件不同，即使生产同种商品的生产者所耗费的个别劳动时间也会不同。单个企业生产某种商品的个别劳动时间形成的是商品的个别价值，商品价值不是由个别劳动时间决定，而是由社会必要劳动时间决定。关于社会必要劳动时间，马克思指出："是在现有的社会正常的生产条件下，在社会平均的劳动熟练程度和劳动强度下，制造某种使用价值所需要的劳动时间。"（马克思，恩格斯著．马克思恩格斯全集．第 23 卷．北京：人民出版社，1972，第 52 页）马克思关于社会必要劳动时间的这个定义，也被后人称为第一种含义的社会必要劳动时间，因为它是关于生产同种商品的某个产业部门内的个别劳动时间形成的社会必要劳动时间。

然而，第一种含义的社会必要劳动时间不一定是决定商品价值的那个劳动时间，因为商品交换是在不同商品生产部门之间进行的，只有被交易对手或整个社会接受的劳动时间才是最终决定商品价值的劳动时间，这个社会必要劳动时间必须在生产不同商品的生产者之间才能形成，是整个社会各个部门的平均而不是局限于某个生产部门的平均。只有当某个部门的平均生产条件与整个社会平均生产条件恰好一致时，该部门的社会必要劳动时间才成为最终决定商品价值的劳动时间。为此，马克思指出："社会劳动时间可分别用在各个特殊生产领域的份额的这个数量界限，不过是整个价值规律进一步发展的表现，虽然必要劳动时间在这里包含着另一种意义。为了满足社会需要，只有这样多的劳动时间才是必要的。"（马克思，恩格斯著．马克思恩格斯全集．第 25 卷．北京：人民出版社，1974，第 217 页）显然，社会必要劳动时间就具有了另一种含义，即第二种含义社会必要劳动时间概念。第二种含义社会必要劳动时间揭示了商品价值不是由生产过程消耗的劳动量单方面决定，而是由供给和需求共同决定，这与价值量只由生产过程决定而与需求无关的第一种含义的社会必要劳动时间发生了矛盾。关于第一种含义的社会必要劳动时间与第二种含义社会必要劳动时间的矛盾一直存在争议，

至今莫衷一是。对此，将在本章第三节中做深入分析。

三、价值量与劳动生产率反比例变化规律

价值量与劳动生产率反比例变化规律是社会必要劳动时间决定商品价值理论的必然结论，是劳动价值论的重要规律。在马克思之前，“价值量与劳动生产率反比例变化规律”就已由配第提出，李嘉图系统地进行了阐述。马克思则从劳动二重性原理对这一规律做了进一步的分析。马克思指出：“商品的价值量与实现在商品中的劳动的量成正比地变动，与这一劳动的生产力成反比地变动”。（马克思著．资本论．第1卷．北京：人民出版社，2004，第53）也就是说，随着劳动生产力的提高，单位时间生产的商品数量增加，生产单位商品的社会必要劳动时间将随之减少，但是，同一劳动时间创造的价值总量是不变的。由这个规律马克思引申出如下两个具体变化规律。

第一，马克思将“价值量与劳动生产率反比例变化规律”进一步表述为：劳动生产率与商品使用价值量成正比变化，与商品价值总量成反方向变化的规律。马克思认为，劳动生产率始终是具体劳动的生产力，所以，在一定长度的工作日和劳动强度不变的情况下，商品的使用价值量与劳动生产率成正比例变化；而商品价值总量与劳动生产率的变化无关，因为价值总量是由一个工作日中的总的劳动时间决定。如果劳动生产率提高使劳动强度下降，那么，在一定长度的工作日内，商品的使用价值量与劳动生产率成正比例变化；而商品价值总量与劳动生产率成反方向变化，因为劳动强度下降后，一个工作日中的总的劳动时间下降了。对此，马克思明确指出：“随着物质财富的量的增长，它的价值量可能同时下降。这种对立的运动来源于劳动的二重性。生产力当然始终是有用的、具体的劳动的生产力，它事实上只决定有目的的生产活动在一定时间内的效率。因此，有用劳动成为较富或较贫的产品的来源与有用劳动的生产力的提高或降低成正比。相反的，生产力的变化本身丝毫也不会影响表现为价值的劳动。既然生产力属于劳动的具体有用形式，它自然不再能同抽去了具体有用形式的劳动有关。因此，不管生产力发生了什么变化，同一劳动在同样的时间内提供的价值量总是相同的。但它在同样的时间内提供的使用价值量是不同的：生产力提高时就多些，生产力降低时就少些。”（马克思著．资本论．第1卷．北京：人民出版社，2004，第59页）

第二，将“价值量与劳动生产率反比例变化规律”引申到资本主义生产中去分析相对剩余价值的变化规律。马克思指出：“劳动生产力的变化，它的提高或降低，按照相反的方向影响劳动力的价值，按照相同的方向影响剩余价值。”

（马克思著．资本论．第 1 卷．北京：人民出版社，2004，第 594 页）劳动生产率与劳动力价值成反方向变化，与剩余价值成正方向变化的规律，就资本主义生产来说，商品的价值量（仅指新创价值）由劳动力价值和剩余价值两部分价值量构成。在工作日长度和劳动强度不变情况下（即假定劳动量不变），劳动生产率不会影响商品总的价值量，如马克思所说："劳动力价值和剩余价值不可能同时提高或同时降低。"（马克思著．资本论．第 1 卷．北京：人民出版社，2004，第 595 页）但劳动生产率提高或降低会影响生产工人所必需的生活资料的劳动（必要劳动）降低或提高，从而劳动生产率会影响劳动力价值和剩余价值的结构比例，即，"劳动生产率的提高，会降低劳动力的价值，从而提高剩余价值，相反的，劳动生产率的下降，会提高劳动力的价值，降低剩余价值。"（马克思著．资本论．第 1 卷．北京：人民出版社，2004，第 595 页）

然而，价值量与劳动生产率反比例变化规律与现实经济生活的常识相悖，令人困惑。围绕这一规律，在经济学界引起较大的争论。我们将在本章第四节做深入分析。

第二节　劳动时间不是劳动量的真实尺度

一、计量复杂劳动的难题

支持用劳动衡量价值的一个重要理由就是劳动量可以用劳动时间计量，从而劳动价值论能够解决价值度量问题；而效用价值论的效用和边际效用无法度量，无法解决效用计量问题，因为效用与人的主观评价有关，具有不确定性。这是劳动价值论一百多年来自认为战胜效用价值论的重要理论依据。经典劳动概念把劳动定义为劳动力的体力和智力的消耗。从经典劳动概念出发，劳动力的体力和智力消耗量确实与劳动时间成正比，劳动时间越长消耗的身体能量就越多，从而劳动时间能够反映和衡量劳动量，成为计量劳动量的所谓天然尺度。然而，在传统劳动价值论坚信用劳动时间计量劳动量的晴朗天空中，有一朵乌云一直笼罩在头上，这朵乌云就是复杂劳动如何计量的问题。

企业家、高级管理人员、发明家、高科技人员、到处受人邀请的著名人物，他们工作一天的收入可能以十万、百万元计；而一位普通技术人员、工人、科员工作一天，收入只得数十元、数百元。他们之间的收入差距如此之大，显然不是用劳动时间和生理学意义的身体能量付出的多少所能解释。斯密对复杂劳动计量的困难有明确的认识，他说："劳动虽是一切商品交换价值的真实尺度，但一切商品的价值，通常不是按劳动估计的。"因为，"两种不同工作所费去的时间，往往不是决定这个比例的唯一因素，它们的不同困难程度和技巧程度，也必须加以考虑。一个钟头的困难工作，比一个钟头的容易工作，也许包含有更多劳动量；需要十年学习的工作做一小时，比普通业务做一月所含劳动量也可能较多。但是，困难程度和技巧程度的准确尺度不容易找到。"因为劳动复杂程度难以计量，斯密认为："劳动虽是一切商品交换价值的真实尺度，但一切商品的价值，通常不是按劳动估计的。"（亚当·斯密著．国民财富的性质和原因的研究．上卷．北京：商务印书馆，2004，第 27 页）斯密认为，实际商品交换不是按劳动尺度进行的，而是通过买卖双方的讨价还价得到"两不相让"解决的。显然，斯密关于劳动及其劳动时间决定商品交换价值的观点陷入了矛盾，即一方面认为劳动及其劳动时间是交换价值的真实尺度；另一方面又认为，一切商品交换通常不是按劳动估计的。如果说劳动及其劳动时间决定商品交换价值是一种理论假说，那么斯密已经发现这个理论假说与经验事实之间有一条鸿沟，即这个假说无法被经验事实验证。从方法论来看，如果理论假说不能为经验事实证实或推翻，那么这个假说对于解释经济现象就没有什么帮助，其科学性就令人质疑。虽然斯密坚持劳动及其劳动时间决定价值量，但他发现了理论与现实的矛盾，并揭示了这种矛盾。这表明斯密的治学态度是严谨和实事求是的，他不愿意文过饰非，这与他同时提出两种对立的价值学说如出一辙，即一方面比较系统地提出了劳动是价值唯一源泉的劳动价值理论，另一方面又提出了与之矛盾对立的"工资、利润和地租"三种收入决定价值的三种收入价值论。

马克思认为，把复杂劳动还原为多倍的简单劳动，就可以解决复杂劳动的计量问题。然而，如何把复杂劳动还原为多倍的简单劳动，这个倍数或劳动复杂程度系数如何确定，不仅马克思本人没有解决，而且后来的一些经济学家做出了不懈的努力，也没有取得任何实质性进展。不过，马克思提出："各种劳动化为当作它们的计量单位的简单劳动的不同比例，是在生产者背后由社会过程决定的，因而在他们看来，似乎是由习惯确定的。"（马克思著．资本论．第 1 卷．北京：人民出版社，2004，第 58 页）马克思把各种劳动化为简单劳动的比例归结为由社会过程即市场过程决定，这意味着劳动量的大小由供求关系决定，或至少受供求关系的影响。然而，这与马克思关于劳动量只由生产环节决定，与交换环节或供求关系无关相矛盾。马克思认为，劳动量不是从交换中产生，也不受交换或需求的影响，劳动量大小单纯由生产系统决定与需求无关。因为经典劳动概念下的劳动量就是劳动者体力和脑力的消耗量，既然是劳动者体力和脑力的消耗量，那么，在生产过程结束时这个消耗量就是一个客观的、唯一的、确定的量，在这种情况下，劳动量当然不可能再受其他因素包括需求的影响。

一直以来，坚持传统劳动价值论的人们总是先入为主，把劳动时间计量劳动作为既定的合理前提，从未怀疑劳动时间能否计量劳动的问题。虽然他们也认识到复杂劳动计量的困境，但他们只认为这是一个尚未解决的技术难题，只是劳动时间计量劳动量的晴朗天空中的一朵乌云而已，他们完全没有意识到就是这朵乌云预示着劳动时间计量劳动量的危机和变革。有经济学者已经注意到了马克思用劳动时间计量劳动量的局限性，提出“要把使用价值的生产或劳动生产率加进来，把劳动定义为由其生产的一定量的使用价值所体现的或支出的劳动量 = 劳动时间 × 劳动生产率。”（谷书堂，柳欣．新劳动价值论一元论．中国社会科学.1993，第 6 期）显然，这里的劳动量已不仅由劳动时间因素决定，而且包括影响劳动生产率的各种因素。由于劳动时间无法度量劳动生产率，所以劳动时间不再能够作为计量劳动量的尺度了。我们姑且不论这样定义的劳动量是否正确，但这至少说明即使马克思主义经济学家也开始质疑经典劳动概念及其决定的劳动时间计量理论了。其实，传统劳动价值论连什么因素决定劳动复杂程度，以及复杂劳动与简单劳动之间是否具有可比性，或者说复杂劳动能否用简单劳动或劳动时间来度量这个命题是否成立都没有弄清楚。事实上，在现实经济生活中，没有任何证据表明人们把劳动时间作为衡量价值的尺度。

二、劳动时间不能计量复杂劳动的原因分析

各种劳动相对于简单劳动来说都可以说是复杂劳动，只是复杂程度的差别。马克思提出简单劳动用劳动时间计量，复杂劳动是多倍的简单劳动。据此，复杂劳动的劳动量计算公式表达式如下：

$$L(a,t) = at$$

式中：$L(a, t)$，复杂劳动的劳动量；a，劳动复杂程度系数；t，劳动时间。

其中，劳动时间 t 表示用劳动时间计量的简单劳动的劳动量，即简单劳动的持续时间。

用劳动时间计量劳动量即价值量能否行得通，关键在于能否解决以下几个问题：一是马克思定义的简单劳动能否用劳动时间计量；二是复杂劳动能否用劳动时间计量；三是复杂劳动与简单劳动之间是否具有可比性，是否存在劳动复杂程度系数，或者说复杂劳动化为简单劳动的不同比例这个命题是否成立。

1. 简单劳动可以用劳动时间计量

马克思定义的简单劳动“是每个没有任何专长的普通人的机体平均具有的简

单劳动力的耗费”。这个定义与马克思从生理学意义上将劳动定义为劳动力消耗是完全一致的，只是马克思把简单劳动定义为简单劳动力的消耗。简单劳动力是指“没有任何专长的普通人”，就是没有任何专业知识和专业技能的劳动者，换言之，就是只能从事不需要任何专业知识和专业技能的工作的劳动者。目前我国政治经济学教科书中给出的简单劳动的定义通常是：“简单劳动是指因工艺、技术要求简单，不需要经过专门训练就能从事的劳动，这是一种简单劳动力的支出，也就是任何一个劳动普遍具有的劳动力的耗费。一般来说，它是以体力支出为内容的劳动。”（现代政治经济学．上海：上海财经大学出版社，第32页）如以发展的劳动概念视角来看，那么简单劳动就是劳动过程中运用的知识几乎接近于零的劳动，或者说只包括体力劳动而智力劳动接近于零的劳动。

体力劳动消耗的体力与劳动持续的时间长短成正比，劳动时间越长消耗的身体能量越多，因此，用劳动时间衡量劳动过程中人的体力消耗量是可行的。就是说，劳动时间可以计量体力劳动的劳动量。既然简单劳动属于体力劳动，那么劳动时间当然能够计量简单劳动的劳动量。

各种体力劳动之间存在劳动强度的差别，如果以劳动时间度量的简单劳动为尺度，那么体力劳动的劳动量等于劳动时间与劳动强度系数的乘积，其公式表达如下式：

$$Lt(b,t) = bt$$

式中：$Lt(b, t)$，体力劳动的劳动量；b，劳动强度程度系数；t，劳动时间，即简单劳动的持续时间。

劳动强度反映单位劳动时间劳动力消耗体能的程度。劳动强度与体能消耗量成正比，劳动强度越大，单位时间消耗的体能越多。体力劳动的体能消耗量与作为标准的简单劳动的体能消耗量是同质的，因而是可比的，两者的比例系数就是劳动强度系数。

2. 复杂劳动无法用劳动时间计量

由于复杂劳动由体力劳动和智力劳动构成，因此，复杂劳动的劳动量包括体力劳动的劳动量和智力劳动的劳动量。智力劳动是复杂劳动的核心内容，劳动复杂程度由智力劳动的复杂程度决定，因此，计量智力劳动的劳动量是计量复杂劳动的重中之重。

虽然大脑在智力劳动过程中要消耗智能，但智力劳动的本质不是大脑的智能消耗过程，而是大脑的知识信息活动过程。智力劳动不像体力劳动那样以智力活动过程中消耗的智能发挥作用，而是以他的智力劳动成果即生成的知识信息发挥作用，知识成果是智力劳动发挥作用的实现形式。智力劳动与体力劳动具有完全不同的性质和作用，决定了智力劳动的度量完全不同于体力劳动的度量。对于体力劳动来说，体力劳动的作用在于劳动力不断消耗体力发出作用力做功；当体力劳动结束时，体力劳动的作用就消失了，因此，对体力劳动来说，有意义的是劳动过程而不是劳动结果。体力劳动的劳动量与劳动时间成正比例，因而可以用劳动时间度量体力劳动。显然，对体力劳动的度量只能是对它的劳动过程即劳动时间的计量，对体力劳动结果的计量则毫无意义。与体力劳动相反，智力劳动是以它的知识成果在生产过程中发挥作用的，至于生成知识成果的智力活动过程本身并不对生产过程发挥任何作用，因此，对于智力劳动来说，有意义的是劳动结果而不是劳动过程。智力劳动取得知识成果的大小受很多因素的影响，诸如一个人的智力能力、受教育程度、工作经验、研究经历以及研发条件、工作条件、同行协作等等影响因素，劳动时间投入只是智力劳动取得知识成果的一个影响因素而已，而且很多情况下并非重要影响因素。这决定了对智力劳动的度量只能是对它的劳动结果的度量，对智力劳动时间的计量没有实际意义；而且因为劳动时间并不是智力劳动取得知识成果的决定因素，劳动时间不能反映智力劳动知识成果的水平，因此，对智力劳动知识成果的度量，劳动时间是无能为力的。知识成果大小只能以知识成果发挥作用的大小来衡量。

综上所述，对复杂劳动的度量本质上是对智力劳动的度量，对智力劳动的度量就是对智力劳动知识成果的度量，而对知识成果的度量劳动时间是无能为力的，因此，劳动时间也就无法度量复杂劳动。

3. 复杂劳动与简单劳动之间不可比，无法确定复杂劳动系数

复杂劳动与简单劳动之间是否具有可比性，这是复杂劳动能否折合为简单劳动的前提和基础。马克思定义的简单劳动是以体力支出为内容的体力劳动，由于体力支出本质上是人体的能量消耗，因此，能够与简单劳动具有可比性的复杂劳动必须是以能量支出为内容的劳动。那么复杂劳动是以体力和智力支出为内容的劳动吗？我们知道，复杂劳动由体力劳动和智力劳动构成，其中智力劳动是复杂劳动的本质和核心内容。体力劳动是以体力支出为内容的劳动自不必说，问题在于能否说智力劳动是以智力支出为内容的劳动？按照马克思关于劳动是劳动力的体力和智力消耗的经典劳动定义，的确可以把智力劳动定义为生理学意义的劳动力的智力消耗了，这样来看，复杂劳动与简单劳动之间就是同质的、无差异的劳动力的能量消耗，两者之间就是可比的。一些经济学家从经典劳动概念出发，始终坚信智力劳动就是大脑运用智力消耗身体能量的过程，他们试图从智力活动消耗能量的差异来解释劳动复杂程度，为此他们想从生理学上证明智力劳动越复杂，智力消耗的能量越多；如果这个命题成立，就可以用智力消耗的能量多少来度量劳动复杂程度了。这样的研究思路不知耗费了经济学家多少智慧、精力和能量，然而，他们的工作却无果而终。我们在本书第四章第二节的研究表明，用智力消耗能量多少来度量劳动复杂程度根本得不到科学和实证的支持，命题本身是不成立的，进行再多的研究工作，其结果也只能是南辕北辙。

经典劳动概念把智力劳动归结为智力消耗能量的过程，这恰恰是经典劳动概念的缺陷所在。由于经典劳动概念没有认识到形成人的智力活动的要素除了智力还必须包括知识要素，结果把智力劳动仅仅归结为智力消耗能量的过程了。现在，发展的劳动概念揭示了智力劳动本质上是由智力和知识信息要素相互结合相互作用生成的知识信息活动，劳动复杂程度不是仅由人的生理条件即智力决定，而是由智力活动过程中需要的智力能力和运用的知识要素的广度和深度决定的，因此，复杂劳动是指运用较高智力和运用更多知识的劳动。如果一项智力劳动需要运用更多的专业知识和技能，那么也就需要一个人更高水平的智力能力，两者是相辅相成的。智力劳动生成的知识信息的物化形成智力劳动量即知识价值，这个智力劳动量与智力消耗能量物化形成的劳动量即价值量完全是两回事。而且，由于“智力劳动越复杂，智力消耗能量越多”这个命题并不成立，所以智力劳动也不能用智力消耗能量多少来衡量。

综上所述，由于决定智力劳动量的知识量与智力的消耗能量之间不同质、不可比，因此，智力劳动不能归结为以智力消耗能量为内容的劳动。由于复杂劳动与简单劳动的可比性取决于智力劳动与简单劳动的可比性，所以复杂劳动与简单劳动之间也就不可比。这表明复杂劳动折合为简单劳动的倍数这个命题并不成立，就是说，这是一个伪命题。虽然由生理学意义的体力和智力消耗水平决定的劳动复杂程度并不成立，但这并不意味着各种劳动之间就不存在复杂程度的差别，由智力活动运用的知识状况决定的劳动复杂程度是存在的。一项智力劳动运用的知识状况由社会分工和科技发展水平的差别及其在生产中的应用程度所决定，而且，随着科学技术的发展和文化教育水平的提高，过去较复杂的劳动会变成一般复杂的劳动，就是说，劳动复杂程度的区别是相对的。

三、劳动时间不是劳动量的真实尺度

由于任何实际劳动都是复杂程度不同的复杂劳动，即实际劳动都是复杂劳动，因此，劳动时间不能计量复杂劳动的结论，意味着劳动时间不能计量任何实际劳动。也就是说，劳动时间不能作为度量劳动量的尺度。由此，传统劳动价值论关于劳动时间是劳动量的天然尺度，劳动决定价值就是劳动时间决定价值的理论就被打破了。价值度量理论的这一突破影响深远且意义重大，那些建立在劳动

时间决定价值理论基础之上的相关经济理论，诸如价值量与劳动生产率反比例规律、第一种含义社会必要劳动时间理论、第二种含义社会必要劳动时间理论、生产价格理论等相关理论都要相应做出重大修正甚至放弃。

传统劳动价值论虽然承认劳动时间度量复杂劳动的困难，并且连是什么决定劳动复杂程度也说不清楚，但仍坚定地认为劳动时间是计量劳动量的天然尺度。为了回应解释劳动时间计量复杂劳动的困扰，传统劳动价值论把解决这个难题的任务交给了最好的老师——市场，提出复杂劳动化为简单劳动的倍数，是由生产者背后的社会过程完成的，是在反复的市场交换活动过程中自发形成的。无疑，这是一个关于市场具有把复杂劳动化为简单劳动从而度量复杂劳动功能的推断。既然是推断，那么，一方面应该能够在理论上说清楚市场如何将复杂劳动化为简单劳动，即市场机制；另一方面应该能够接受经验事实的验证，如果推断不能用经验事实验证，或者被经验事实验证不成立，那么该推断就应该放弃。上面的分析表明，复杂劳动化为简单劳动的命题从理论上分析就是不成立的。从经验实证看，无论是生产者还是消费者，没有任何证据表明人们用劳动时间作为衡量价值的尺度，没有任何经验事实的验证支持。这表明市场并不具有把复杂劳动化为简单劳动的功能。即便如此，自古典经济学创始人配第提出劳动决定价值的最初观点开始，“劳动时间是劳动量的天然尺度，劳动价值论就是劳动时间价值论”的论断，就已经成为所有坚持劳动价值论的经济学家们共同的信念，从未怀疑和动摇过。他们之所以如此执着，因为他们清楚，从经典劳动概念出发，生理学意义的劳动量与劳动时间成正比，从而劳动时间必然是计量劳动量的天然尺度。只要经典劳动概念正确，那么劳动时间就是劳动量的天然尺度。因为他们从未怀疑经典劳动概念会有问题和存在缺陷，所以他们相信劳动时间一定是衡量劳动量的天然尺度。然而，经典劳动概念的确存在缺陷，发展的劳动概念揭示了经典劳动概念的缺陷在于劳动内涵中缺失了最重要的知识要素。

在包括知识要素的发展的劳动概念下，智力劳动的劳动量是智力劳动生成的新知识的物化即知识价值，构成劳动量最重要组成部分的知识价值是智力劳动的结果而非智力劳动过程，智力劳动持续时间与取得智力成果之间并不存在明显的线性正相关关系，或者说，并非取得的智力成果越大需要花费的劳动时间越长，劳动时间只是获得智力劳动成果的一个必要条件和影响因素，而且还不是最重要的影响因素。知识价值大小只能由知识使用价值来衡量，而绝不能以取得智力成果花费的劳动时间来衡量。

总之，劳动时间不能计量知识价值及其智力劳动，而任何实际劳动都包括智力劳动，因此，劳动时间自然不能计量劳动量。除非一项劳动只是纯粹的体力劳动而不包括智力劳动，才能用劳动时间计量劳动量，而这只存在于人类没有进入文明时代的原始野蛮时期的原始人类劳动。这样看来，传统劳动价值论是关于体力劳动的劳动价值论。

第三节 第二种含义社会必要劳动时间决定价值

一、马克思关于社会必要劳动时间的两种含义

马克思指出，商品的价值量是由生产商品的社会必要劳动时间决定的。关于社会必要劳动时间，马克思分别从两个层面给出了定义，即所谓两种含义的社会必要劳动时间，第一种含义的社会必要劳动时间和第二种含义的社会必要劳动时间。关于第一种含义社会必要劳动时间，马克思是从产业部门的角度给出的，它涉及的是生产同种商品的劳动耗费。马克思指出："在现有的社会正常的生产条件下，在社会平均的劳动熟练程度和劳动强度下制造某种使用价值所需要的时间。"（马克思，恩格斯著．马克思恩格斯全集．第 23 卷．北京：人民出版社，1972，第 52 页）在马克思的这个社会必要劳动时间定义中主要包括 3 个要点：第一，社会正常的生产条件是指一定时期某一产业部门大多数生产者普遍使用的生产条件，其中最主要的是劳动工具，因为劳动工具决定了劳动的方式，进而决定了劳动的强度和劳动复杂程度。第二，社会正常的生产条件不是过去的，也不是将来的，而是现有的正常的生产条件。第三，即使在社会正常的生产条件下从事同种劳动，生产者也存在劳动熟练程度和强度的差别，他们生产同种商品花费的劳动时间是不同的，因此，决定价值的只能是社会平均的劳动熟练程度和劳动强度。

第一种含义的社会必要劳动时间是在生产同种商品的产业部门内不同生产者之间形成的。问题在于："如果某个部门花费的劳动时间量过大，那么就只能按照应该花费的社会劳动时间来支付对价。因此，在这种情况下，总产品——即总产品的价值——就不等于它本身包含的劳动时间，而等于这个领域的总产品同其他领域的产品保持应有的比例按比例应当花费的劳动时间。"（马克思，恩格斯著．马克思恩格斯全集．第 26 卷．北京：人民出版社，1972，第 235 页）马克思认识到，一个部门的社会必要劳动时间需要其他部门认可，如同一个部门内有的生产者的劳动不一定能形成价值一样，一个部门所提供的劳动总量不一定都能转化为价值，同样要有一个社会认可的问题。为此，马克思提出社会必要劳动时

间还有另一种含义，马克思指出：“价值规律所影响的不是个别商品或物品，而总是各个特殊的因分工而相互独立的社会生产领域的总产品；因此，不仅在个别商品上只使用必要的劳动时间，而且在社会总劳动时间中，也只把必要的比例量使用在不同类的商品上。”（马克思，恩格斯著．马克思恩格斯全集．第 25 卷．北京：人民出版社，1974，第 716 页）“社会劳动时间可分别用在各个特殊生产领域的份额的这个数量界限，不过是整个价值规律进一步发展的表现，虽然必要劳动时间在这里包含着另一种意义。为了满足社会需要，只有这样多的劳动时间才是必要的”。（马克思，恩格斯著．马克思恩格斯全集．第 25 卷．北京：人民出版社，1974，第 217 页）马克思的这两段话经常被人们引来说明第二种含义的社会必要劳动时间，概括来说，第二种含义的社会必要劳动时间是指社会总劳动中按一定比例用来生产社会需要的某种商品所耗费的劳动时间。第二种含义的社会必要劳动时间实质是在部门间即全社会范围内对个别劳动时间的平均价值，只不过这个平均化过程中，要满足社会再生产按比例规律，即社会总劳动时间客观上在各个部门按比例分配的部门劳动时间才是社会承认的各部门商品社会价值的界限。

第二种含义的社会必要劳动时间涉及的是社会总劳动时间在各种商品上的分配，社会总劳动时间在各种商品上的分配由不同商品的使用价值量被社会接受的程度决定。对此，马克思指出：“如果说个别商品的使用价值取决于该商品是否满足一种需要，那么，社会产品总量的使用价值就取决于这个总量是否适合于社会对每种特殊产品的特定数量的需要，从而劳动是否根据这种特定数量的社会需要按比例进行分配在不同的生产领域。”（马克思，恩格斯著．马克思恩格斯全集．第 25 卷．北京：人民出版社，1974，第 176 页）可见，在生产不同商品的部门之间形成社会必要劳动时间，需要引入使用价值和需求量的因素。

二、第二种含义社会必要劳动时间决定价值

两种含义的社会必要劳动时间是怎样联系在一起共同决定商品价值的？围绕两种含义社会必要劳动时间关联性质的争论由来已久，争论的焦点集中在第二种含义社会必要劳动时间是与价值决定有关还是只与价值实现有关，即社会需求是与价值决定有关还是只与价值实现有关。目前，有两种主要观点，主流观点认为，社会需求只与价值实现有关，而与价值决定无关。另一种观点认为，社会需求既与价值实现有关也与价值决定有关。这两种观点都认为，第一种含义的社会必要劳动时间是从社会生产条件的角度来说明社会必要劳动时间的；第二种含义社会必要劳动时间是从社会需要即商品供求关系的角度说明社会必要劳动时间

的，它揭示了商品供求关系决定各个部门的商品社会需要量，一个部门的商品社会需要量则直接影响决定第一种含义社会必要劳动时间的生产条件。这样，两种含义的社会必要劳动时间通过“生产条件”的中介联结在一起。他们的差别在于，主流观点认为，商品价值由生产过程中劳动力的体力和智力消耗量决定，与交换过程的社会需要量无关，社会需要量只在商品价值实现时通过影响生产条件间接发挥作用。非主流观点认为，社会需要量直接影响决定作为权数的不同生产条件下的商品生产量的地位与作用，即社会需要量决定社会必要劳动时间中的权数，由此，社会需要量也决定第一种含义的社会必要劳动时间，这样一来，生产和需求共同决定商品价值。我们当然认为非主流观点是正确的，但是，由于非主流观点与主流观点一样都是以经典劳动概念为出发点，以致非主流观点虽然能够从数量分析的角度认识到需求影响决定商品价值，但却不能从劳动本身的性质上做出解释，以致不能驳倒主流观点。

第一种含义的社会必要劳动时间是在该部门的全部商品都为市场接受的前提下，该部门的现有的正常生产条件即平均生产条件才是社会承认的生产条件，在这种情况下，由第一种含义社会必要劳动时间决定的商品价值才能转化为社会价值。如果供给超过需求过大时，优等生产条件就会成为平均生产条件，引起商品价值下降，结果平均生产件将向上移动；反之，如果需求超过供给过大时，劣等生产条件就会成为平均生产条件，引起商品价值上升，结果平均生产件将向下移动。可见，供求关系通过影响平均生产条件的选择，进而影响平均生产条件下的劳动者花费的劳动时间，从而影响社会必要劳动时间即商品价值的大小。供求关系是受需求者对商品的需求情况直接影响决定的，而消费者的需求状况是由消费者对商品效用的偏好决定的，所以，商品效用或商品使用价值作为直接影响消费者需求的因素成为决定各部门商品社会需求量的因素。由此可见，商品效用和需求通过影响不同商品的社会需求量在各部门的分配，来直接制约部门社会必要劳动时间的平均生产条件的确定，进而影响社会必要劳动时间的大小，这表明商品效用和需求也是决定商品价值的因素。

按照第二种含义的社会必要劳动时间，商品价值是由生产和需求共同界定的，而且由于需求由人们对商品使用价值的偏好决定，所以，商品使用价值也决定价值，或者说，使用价值也具有商品价值的含义，这应该是一个合乎逻辑的结论。然而，令人疑惑的是，当第二种含义的社会必要劳动时间把商品使用价值和需求因素引入价值决定后，马克思主义主流经济学家们却又匪夷所思的把它们从价值决定中排除了。他们仍然坚持商品价值仅由生产决定而与需求和使用价值无关。在他们看来，供求关系不过是通过影响生产条件的选择实现对社会必要劳动时间的影响。生产条件直接影响决定劳动力生产某种商品的相同工作的个别劳动时间的长短，优等生产条件下的个别劳动时间一定比劣等生产条件的个别劳动时间短，社会必要劳动时间则是对个别劳动时间的社会平均，在这个社会平均的过程中，是优等生产条件还是中等生产条件甚或劣等生产条件下的劳动时间对社会必要劳动时间的影响更大，取决于它们在由社会需要量决定的生产量中所占的比重。他们认为，不同生产条件下劳动力已经消耗的体力和智力是一个客观量，你承认也好，不承认也罢，它都在那里，而且构成价值实体的体力和智力中不包含任何使用价值的原子。他们认为，虽然社会需要量决定不同生产条件在平均生产条件中有多大的影响权重，但无论哪种生产条件的影响如何都不会改变劳动者已付出的劳动量或劳动时间。他们认为，社会总劳动或社会总劳动时间是一定的，所有部门的商品的价值总量是一定的，供求关系或社会需要量只是改变了社会总劳动时间在各部门的分配，就是说，在某种商品生产上多花费的劳动时间，必定是在别种商品上少花费的时间，如此一来，供求关系或社会需要量并不直接影响决定劳动时间，决定价值的仍是第一种含义的社会必要劳动时间，至此，社会需要量从价值决定中消失了，使用价值更是没有存身之处。为了说明第二种含义必要劳动时间对商品价值决定的影响，他们把两种含义的社会必要劳动时间共同决定商品价值解释为第一种含义的社会必要劳动决定价值，而第二种含义社会必要劳动时间决定价值实现。这实际上已经把需求和使用价值从价值决定中剔除了。马克思主义主流经济学家之所以要想方设法否定使用价值和需求也是决定价值的一个方面，在于马克思的劳动价值论是活劳动唯一创造价值的理论，如果说承认使用价值和需求也是决定价值的因素，那么无异于否定了马克思劳动价值论关于只有生产过程中的活劳动唯一创造价值的理论，这对于他们来说无论如何是不能接受的。

但是，马克思主义主流经济学家的上述论证过程是极其模糊和不严谨的，既有概念使用上的不准确，也有逻辑推理上的不严密。下面通过指正他们分析论证过程存在的缺陷，进而论证第二种含义必要劳动时间既与价值决定有关也与价值实现有关。

首先，马克思主义主流经济学家从经典劳动概念出发，认为形成价值实体的劳动量是劳动力支出的体力和智力的总和，劳动量只与劳动力本身体力和智力的能量消耗水平有关，与其他因素无关。因为劳动力消耗的体力和智力与劳动时间成正比例，所以，马克思认为劳动时间是度量劳动量的天然尺度。其实，劳动时间并不能直接度量体力和智力消耗量，它是作为能量消耗量的一种替代度量来使用的。无论是劳动力个体消耗的体力和智力还是花费的劳动时间，它们的确只表现为劳动力自身的一种消耗形式，似乎与劳动力以外的因素无关，但问题是，劳动者的体力和智力消耗量或劳动时间是由他从事的工作性质和生产条件所决定，尤其是由他使用的劳动工具决定。对于同种劳动来说，个体付出的劳动量只由生产条件或劳动工具决定，因为由机器设备组成的生产线是按照生产的技术过程和工艺制造过程组织起来的，劳动过程的分工协作由生产技术过程决定，各种分工劳动的复杂程度和劳动强度由生产技术过程和与之相适应的生产条件决定。生产条件是生产技术过程的具体体现，生产条件决定劳动效率，劳动效率又决定劳动时间，进而生产条件决定个体劳动力的消耗量即劳动量。由此可见，劳动力表面上是劳动力本身的消耗，但这种消耗水平由生产条件决定，生产条件是劳动量的自变量，劳动量是生产条件的函数。马克思主义主流经济学家认为劳动量只由劳动力自身消耗决定的观点，忽视了人是使用工具进行劳动的动物，尤其是，劳动工具决定着劳动的性质，决定着劳动力的消耗水平。

其次，生产同类商品的生产者的生产条件是不同的，决定商品价值的不是个别劳动时间，而是社会必要劳动时间。社会必要劳动时间是该部门平均生产条件下进行的劳动，社会平均生产条件是对该部门的不同生产者的生产条件的平均化，无论这个平均数是加权算术平均数还是中位数，平均数的大小都取决于权数的影响，权数是决定平均数的重要自变量，这个权数就是消费者对不同生产条件下所生产的商品的社会需要量。下面的例子说明了作为权数的社会需要量对平均数的决定作用。

假设某种商品的供给量是10000件，其中优等生产条件下生产的是3000件，单位商品耗时8小时；中等生产条件生产的是4000件，单位商品耗时10小时；劣等生产条件生产的是3000件，单位商品耗时12小时。如果按第一种含义社会必要劳动时间来考察，那么，单位商品的社会必要劳动时间 = $(3000\times8+4000\times10+3000\times12)/10000=10$ 小时，假设消费者的实际社会需要量是8000件，小于生产的供给量10000件，有2000件形成库存未被社会承认。在这种情况下，当然是劣等生产条件生产的商品中有2000件不能参与市场价值的决定过程。于是如果按第二种含义社会必要劳动时间来考察，单位商品的社会必要劳动时间 = $(3000\times8+4000\times10+1000\times12)/8000=9.5$ 小时。在供给量和需求量不一致时，第一种含义社会必要劳动时间得出的是10小时，而第二种含义必要劳动时间得出的是9.5小时，由此可见，社会需要量是社会必要劳动时间的权数，发挥权衡轻重的作用。社会需要量作为影响社会平均生产条件的权重变量成为决定商品价值的因素。社会需要量是由消费者的选择偏好决定的，消费者偏好以商品使用价值为基础和前提，因此商品使用价值就是直接影响决定商品需要量的因素，这样一来，商品使用价值作为消费者需求的原因就成为决定商品价值的因素，即商品使用价值影响决定商品价值。

马克思主义经济学家认为，社会总的劳动时间是一定的，社会需要量只影响生产条件的变化，而生产条件的变化不会改变社会总的劳动时间，它只会影响总劳动时间在各部门的分配，在某部门商品生产上多花费的劳动时间，必定是在其他部门商品生产上少花费的时间。问题是社会总的劳动时间是一定的吗？答案是否定的。社会总的社会必要劳动时间是各部门社会必要劳动时间的总和，而各部门社会必要劳动时间是由生产者的供给和消费者的需求共同决定的，供求状况是经常变动的，社会总的社会必要劳动时间也就随之变动。相对于供求平衡状况，他们认为，供求状况只是影响了生产条件，而生产条件的变化只是影响某部门商品生产上多花费一些劳动时间，而同时在其他部门商品生产上少花费相同的时间，因而社会总的社会必要劳动时间不变。事实上，这是一种主观臆想，没有严格的证明。对此，我们做如下论证，当一个部门的供给量大于需求量时，这个部门的社会必要劳动时间比供求平衡时的要小一些，至于比供求平衡时小多少则由该部门各种生产条件下的生产量，以及供给量超过需求量的水平，超过的越多，该部门中不被社会承认的劣等生产条件下的劳动时间越多。当该部门供给量超过需求量使该部门的社会必要劳动时间减少时，是否这个减少的劳动时间一定成为其他部门的劳动时间的增加量呢？答案是否定的。因为前面的分析已经表明，一个部门社会必要劳动时间相对应供求平衡时是多一些时间还是少一些时间，取决于该部门的各种生产条下的供给量，以及供给量超过或少于需求量的水平，而一个部门各种生产条件下做出生产量的决策完全是该部门生产者自己的事，该部门的生产量大于或小于需求量多少也主要取决于该部门的生产者，与其他生产部门并无关联，这表明该部门的社会必要劳动时间的变化与其他部门社会必要劳动时间的变化并不存在一一对应关系，也就根本不存在某部门商品生产上多花费的劳动时间，必定是在其他部门商品生产上少花费的时间这种结果。

最后，无论是主流观点还是非主流观点，对第二种含义社会必要劳动时间的认识都受到经典劳动概念的局限。从经典劳动概念出发，商品价值和商品使用价值在内含上是相互对立相互排斥的两个概念，商品价值不包含任何使用价值的因子。由于商品价值是指劳动力在生产过程中的体力和智力的消耗，所以劳动力消耗与交换过程和社会需求也没有关系。以经典劳动概念来看，商品价值的确没有需求和使用价值的存身之处，正因如此，主流观点认为需求与价值决定无关。非主流观点通过社会需求对生产条件的影响来说明社会需求对商品价值的影响，虽然从数量关系上解释了供求关系对价值决定的影响，但是用生产条件的变化说明社会必要劳动时间的变化，这仍然属于第一种含义的社会必要劳动时间决定价值，仍不是从社会需求的角度说明社会必要劳动时间的决定，因为从社会需求的角度说明社会必要劳动时间的决定，就必须从社会规模的使用价值出发，而这只有在使用价值具有商品价值含义的情况下才能实现，这与经典劳动概念是矛盾的，这就是为什么从经典劳动概念出发的非主流观点不能战胜主流观点的根本原因。

无论如何，从经典劳动概念出发都不可能将使用价值和需求顺理成章地纳入价值决定中来。问题的症结仍然是劳动概念的局限性，在经典劳动概念发展后，问题就迎刃而解了。发展的劳动概念认为，如果说商品价值就是生产过程中劳动力支出的劳动量，那么由于这个劳动量除了体力和智力的消耗，还包括知识价值，正是这个知识价值把价值和使用价值统一起来，从而使用价值具有了价值含义，这样，劳动量本身就已经包含了使用价值的因子。商品使用价值作为反映人与物的关系的范畴，它天然与社会需求连接在一起，离开消费者需求谈商品使用价值是毫无意义的。总之，商品价值或劳动量本身就包含着使用价值的因子和从需求角度决定价值的客观要求。

另外，在商品价值包含知识价值的情况下，由于知识价值无法用劳动时间计量，所以，商品价值也不能用劳动时间计量，这意味着用社会必要劳动时间计量商品价值是不妥的。如果说商品价值不能用劳动时间计量，那么主流观点一直以来认为的社会总劳动或社会总劳动时间是一定的，所有部门的商品的价值总量是一定的观点就是错误的。在商品价值由供给和需求共同决定的情况下，社会总劳动或商品总价值受供求关系的影响，并不是一个不变的、确定的总量。由此，主流观点认为的供求关系或社会需要量只是改变了社会总劳动时间在各部门的分配的观点是不成立的，因为供求关系或社会需要量还改变社会总劳动本身。

三、恩格斯关于“价值是生产费用对效用的关系”的论断

恩格斯提出的“价值是生产费用对效用的关系”的论断，是对商品价值具有价值和效用二重性的高度概括。尽管恩格斯没有明确提出商品价值包含效用含义的理论，但他从日常经济现象中洞悉了价值中应包含效用含义，进而交换价值或价值实现不能没有需求的力量，应该是供求关系共同决定交换价值。恩格斯指出：“价值首先是用来解决某种物品是否应该生产的问题，即这种物品的效用是否能抵偿生产费用的问题。只有在这个问题解决之后才谈得上运用价值来进行交换的问题。如果两种物品的生产费用相等，那么效用就是确定它们的比较价值的决定性因素”。（马克思，恩格斯著．马克思恩格斯全集．第 1 卷．北京：人民出

版社，1972，第605页）

恩格斯在阐述“价值是生产费用对效用的关系”观点时，还对两种不同的价值观点——一个是英国李嘉图的生产费用决定的价值论，一个是法国萨伊的效用决定的价值论进行了批评，认为他们都存在偏颇，是一种“跛脚的定义”。他指出：“当英国人谈论生产费用时，竞争代替了效用，而当萨伊谈论效用时，竞争却带来了生产费用。但是，竞争究竟带来什么样的效用和什么样的生产费用！它带来的效用要取决于时机、时尚和富人的癖好，经它带来的生产费用则随着供和求的偶然的对比关系而上下波动”。（马克思，恩格斯著．马克思恩格斯全集．第1卷．北京：人民出版社，1972，第606页）恩格斯在这段话中要表达的意思是，市场竞争是客观存在的，任何人都不能回避它，价值必须考虑市场竞争所依附的供求状况，而效用是需求的基础，同时也不能不考虑生产费用。“因为谁也不会把他的产品卖得比它的生产成本还低”。好像在市场交易中，汽车、自行车供需不平衡，汽车供大于求，价格下降，自行车需大于供，价格上升，但无论怎样，汽车的价格肯定要大大高于自行车的价格，这是由于生产费用和劳动消耗的大不相同决定的。在此，以劳动价值论为内容的生产费用论，起着理论指导的作用。效用大小，价格高低，供需双方都要考虑一个“值不值得”的问题，而且在生产者、消费者之间相对立、相矛盾，在市场竞争中求得平衡和实现。

第四节　价值量与劳动生产率变动规律

一、价值量与劳动生产率反比例变化规律与现实的冲突

如果说价值量由劳动时间决定和度量的理论是一种理论抽象或假说，是靠思维力把握的抽象概念，因而无法直接验证其真实性，那么由这个理论推导出来的“价值量与劳动生产率反比例变化规律”则是劳动时间决定商品价值理论的必然结论，这个结论及其进一步推导出来的含义是可以被观察到的经验事实证伪的，这会对劳动时间价值理论的成色给出检验。事实上，这个“价值量与劳动生产率反比例变化规律”与现实经济生活的常识相悖，令人困惑。围绕这一规律，在经济学界出现两种截然不同的理论解释，并且引起较大的争论。坚持这个规律的学者认为，价值量与劳动生产率反比例变化规律不能否定；另一些学者则认为，价值量与劳动生产率反比例变化规律不正确。坚持这个规律的学者认为，如果否定这一规律的正确性，就等于否定马克思劳动价值论，因为这一规律是从马克思劳

动价值论逻辑推出的，如果这个规律出了问题，那么劳动价值论势必出了问题。对这一规律持否定态度的学者认为，这个规律存在着自相矛盾，以及与现实经济生活的矛盾。

下面我们从两个方面来揭示它所面临的挑战。

第一，表现为至今人们难以理解的一个“悖论”：整个社会劳动生产率提高以后，一方面，由于人们可以减少劳动时间，从而用劳动时间计量的社会商品总价值量相应的会减少；另一方面，用其他计量方法计量的财富量却在大幅增加。就是说，整个社会劳动生产率提高以后，用劳动时间计量的财富量在下降，而用其他计量方法计量的财富量却在增加，这种矛盾是令人匪夷所思的。试想，如果财富真实增加了，那么用任何计量尺度去度量得出的结果都应该是增加，因为计量尺度是对度量对象的反映，度量对象的状态决定着计量的结果，而不是计量尺度本身决定了度量对象的状态。

在劳动价值论看来，商品价值量是财富的数量规定性，是用劳动时间作为计量尺度对劳动创造的财富量的度量。除了用劳动时间度量财富量，还有其他一些度量方法。比如，用财富的物质具体形式的物理单位即实物量单位如“公斤”、“台”、“辆”等计量财富的使用价值量，如粮食的计量用“公斤”，计算机用“台”，汽车用“辆”。用物理单位计量财富的使用价值量是衡量财富的一种方法，只不过不同使用价值量之间不能直接相加，比如一斤大米无法与一台计算机相加。再比如，用货币单位计量财富是一种普遍的价值型度量方法，因为货币是价值的表现形式，用货币单位计量的社会财富的 GDP 数值就是现实经济生活中的财富价值。用货币单位计量的不同种类的财富价值是可以相加求和的，从而形成了用 GDP 度量的社会财富量。

用使用价值量计量财富多少时，更多的使用价值量一定代表更多的财富量，使用价值量反映了财富的真实增长状况。整个社会劳动生产率提高以后，用实物单位计量的各种商品的使用价值量必定是提高了。同样，用价值尺度计量财富多少时，更多的价值量一定代表更多的财富量。整个社会劳动生产率提高以后，用货币单位计量的社会财富的 GDP 数值，按可比价格计算也必定是提高了。可见，用 GDP 度量的社会财富量与社会财富的真实增加是一致的。但是，令人困惑的是，整个社会劳动生产率提高以后，用劳动时间计量的财富价值量却是下降的，这样一来，它不但与财富的使用价值量的真实增加出现了背离，而且与用货币度量的财富价值量也出现了背离。财富使用价值量增长了，而用劳动时间计量的财富的价值量却减少了，难道财富积累与价值积累不是一致的吗？用货币计量的财富价值与用劳动时间计量的财富价值应该是一致的，然而，它们之间却是矛盾的，这同样是不可理喻的。这表明用劳动时间计量商品价值量有严重缺陷，不能客观反映财富价值的真实情况。

第二，依据“价值量与劳动生产率反比例变化规律”，马克思认为，在工作日长度和劳动强度不变情况下，“劳动生产力的变化，它的提高或降低，按照相反的方向影响劳动力的价值，按照相同的方向影响剩余价值”，或者说，“劳动力价值和剩余价值不可能同时提高或同时降低”。然而，这与现实经济生活并不符合，而且恰恰相反。在现实经济生活中，随着劳动生产力的大幅提高，劳动力价值和剩余价值是同时大幅提高的，而且更令人惊讶的是，劳动力收入的提高是在付出劳动量减少的情况下获得了更多的生活资料价值。马克思明确地指出：“使用机器的界限就在于：生产机器所费的劳动少于使用机器所代替的劳动。”（马克思著．资本论．第1卷．北京：人民出版社，2004，第451页）也就是说，采用机器不但使社会劳动生产率大幅度提高，而且大大的节约了活劳动。整个社会劳动生产率提高后，劳动量减少了，但整个社会资本所获取的剩余价值总量和劳动者所获取的整个收入总量却都大幅度提高了。从人类社会发展的历史趋势上看，尤其是资本主义工业革命以来，随着科学技术水平的迅速发展，劳动生产率大幅度提高，机器日益替代人类劳动，人们的活劳动在绝对的减少，但创造的社会财富却呈现爆炸式增长，人类的实际生活水平也大幅度提高，满足人类需要的商品种类之多是前人无法想象的，人类几乎进入了物欲横流的时代。

资本主义的市场经济制度决定了劳动力价值即工资收入和剩余价值必然随着劳动生产力提高而同时大幅度提高。试想一下，如果劳动生产率大幅提高所创造的巨大财富不能转化为人们的需求，而只是为了满足资本家、地主等少数人的需求，那么就会产生供给的严重过剩，这与资本主义追求剩余价值的生产目的是相违背的，因为追求剩余价值决定了资本主义生产是扩大再生产，这就需要广大消费者即劳动者的需求来实现其价值，如果劳动力的收入不提高，那么劳动者就难以实现有效需求，生产出来的商品就会大量积压卖不出去，这样一来，资本主义扩大再生产就难以为继了。比如，汽车产业生产的那么多汽车如果只是满足资本家的需要，也就不可能发展到如此规模。所以，在资本主义社会，社会劳动生产率提高以后，劳动力价值和剩余价值是同时大幅度提高的，而不是马克思所说的劳动力价值和剩余价值按照相反方向变化。

那么，整个社会大幅度增加的剩余价值和劳动力价值是从哪里来的呢？经典劳动价值论无法回答这个问题，因为无法回答，所以马克思主义经济学家才始终坚持由“价值量与劳动生产率反比例变化规律”得出的“劳动力价值和剩余价值不可能同时提高或同时降低”这个所谓结论，而罔顾这个结论与现实经济生活的矛盾，即与“劳动力价值和剩余价值同时提高或同时降低”这个事实经验的矛盾。然而这种故意回避事实验证的态度，已经与科学态度相去甚远了。当然，也有一些学者从否定这一规律出发，提出了“生产力创造价值论”、“社会劳动创造价值论”、“资本创造价值论”等等多元论价值论，但多元论价值论与劳动价值一元论是根本不相融的。因此，如何解释劳动生产率提高以后，活劳动绝对的减少了，而创造的财富大幅却提高了，以致“劳动力价值和剩余价值同时提高或同时降低”，这是劳动价值论面临的严峻挑战。

二、价值量与劳动生产率成同方向变化规律

由经典劳动概念及其决定的劳动时间价值理论，推导出的“价值量与劳动生产率反比例变化规律”与经验事实的矛盾，暴露了经典劳动概念及其决定的劳动时间价值理论存在严重缺陷，表明该理论必须修正和发展。当然，我们前面已经完成了对经典劳动概念的发展，也经过深入分析得出了劳动时间不能计量劳动量即价值量的原因。现在，从发展的劳动概念出发，重新审视和推导商品价值量与劳动生产率之间的变化规律，我们会发现，价值量与劳动生产率之间非但不是反比例变化规律，相反，推导得出：商品价值量与劳动生产率成线性正相关变动规律。得出的这个结论无疑与经验事实是相符合的，这也同时证明了发展的劳动概念是能够经得起实证的科学概念。令人欣慰的是，商品价值量与劳动生产率成线性正相关变动规律仍然是从劳动决定价值推导的结论，从而解决了劳动价值论面临的严峻挑战。

劳动生产率是指劳动者在一定时间内生产某种使用价值的效率。劳动生产率用公式表达如下：

$$f = q/t \tag{1}$$

其中，f 表示劳动生产率，q 表示生产商品的数量，t 表示劳动时间。

若以 v_1 表示某生产者生产单位商品形成的时间价值（劳动者的体力和智力的能量消耗形成价值），V_1 表示 t 时间劳动者能量消耗总量或总的时间价值；a 表示以自然时间作为计量尺度时，由于劳动复杂程度、劳动强度不同产生的劳动者在相同时间内能量消耗量的差别系数。此时，根据公式（1）可以得出计算单位商品的时间价值的公式如下：

$$v_1 = V_1/q = a \times t/f \times t = a/f \tag{2}$$

若以 v_2 表示单位商品中知识物化形成的知识价值。根据第七章第二节提出的单位商品知识价值不变原理，那么，单位商品中的知识价值表达式为：

$$v_2 = e \quad (e\text{ 为常数}) \tag{3}$$

v表示单位商品的价值量，那么，单位商品价值量的公式表达式为：

$$v = v_1 + v_2 = a/f + e \tag{4}$$

若以V表示商品价值总量，那么

$$V = \sum v = \sum v_1 + \sum v_2 = V_1 + V_2 \tag{5}$$

其中，时间价值总量为：

$$V_1 = \sum v_1 = \sum a/f = a/f \times q = a/f \times f \times t = at \tag{6}$$

知识价值总量为：

$$V_2 = \sum v_2 = v_2 \times q = eft \tag{7}$$

由此，公式（5）可以表示为：

$$V = at + eft \tag{8}$$

下面，我们对公式（2）、（3）、（4）、（6）、（7）、（8）的经济学意义做一分析：

1. 公式（2）表明，单位商品价值量中的时间价值与劳动生产率成反比例变化。

2. 公式（3）表明，同质商品中物化的知识价值是相同的。

3. 公式（4）表明，单位商品的价值量与劳动生产率成反方向变化，但不是反比例变化。

5. 公式（6）表明，时间价值总量于劳动时间 t 成正比例，与使用价值量或劳动生产率无关。

6. 公式（7）表明，在一定时间 t 内，知识价值总量与使用价值量或劳动生产率成正比。

7. 公式（8）表明，在一定时间 t 内，价值总量与劳动生产率成正方向变化，但不是正比例变化。

根据以上分析，马克思提出的“商品的价值量与体现在商品中的劳动的量成正比，与这一劳动的生产力成反比”的规律，只是揭示了公式（2）和（6）关于构成价值量中的劳动者能量消耗量形成的时间价值与劳动生产力的变化规律，因而是有局限性的、不完整的规律。现在，商品价值量与劳动生产率的完整变化关系可以概括如下：

a. 单位商品价值量中的劳动者能量消耗量形成的时间价值与使用价值量或劳动生产率成反比变化，但单位商品中的知识物化形成的知识价值与使用价值量或劳动生产率无关，进而，单位商品的价值量与劳动生产率成反方向变化，但不是反比例变化。由于单位商品价值量中只有时间价值与劳动生产率成反方向变化，而单位商品中的知识价值不变，所以，单位商品的价值量受劳动生产率的影响并不大，就是说，劳动生产率提高引起单位商品价值量下降的程度小。

b. 在一定时间内，劳动者能量消耗量形成的总价值是确定的，与使用价值量或劳动生产率无关；但知识价值总量与使用价值量或劳动生产率成正比，进而，价值总量与劳动生产率成正方向变化，但不是正比例变化。

以上我们从发展的劳动概念出发，对包含知识价值的商品价值量与劳动生产率的变动关系做了深入的分析，得出了与马克思仅仅包含时间价值的商品价值量与劳动生产率的变动规律不同的新规律性。新规律揭示了劳动生产率的提高，会使商品价值总量增长，这就解释了马克思劳动价值无法解决的难题，即劳动生产率提高后，劳动时间和活劳动在减少而社会财富及其总价值却在不断增加的矛盾。

三、劳动生产率创造价值就是物化劳动创造价值

当一个经济定律、原理不能解释经济事实，与经济生活相违背时，这个经济定律、原理要么需要修正，要么抛弃。探讨价值量与劳动生产力之间相互关系的这个命题本身是十分有意的，也是劳动价值论的应有之意，问题在于李嘉图和马克思得出了与经济事实不相符合的结论，而这个结论恰恰是从劳动价值论逻辑推出的，这说明推导这个结论的局限条件出了问题。这个反比规律是基于这样的前提条件，即：价值量用劳动量计量，劳动量用劳动的持续时间来计量，相同劳动时间（因为马克思以简单劳动为基础，没有复杂劳动换算简单劳动倍数的问题）的劳动量是相等的。当把价值定义为劳动，劳动定义为人类生理学意义的脑力和体力消耗的情况下，那么，当劳动者脑力和体力消耗量一定的情况下（对于简单劳动来说就是相同的劳动时间），劳动者本身的脑力和体力的消耗量就只决定于劳动者自身，当然不会受劳动生产力的影响，劳动生产率对同一劳动时间创造的价值量就不可能有任何影响。这样一来，其他影响因素如资本和土地虽然可以影响劳动生产力，但却不影响价值，这就证明了资本和土地不创造价值，从而否定了要素价值论。这似乎是一个铁的逻辑，但问题不在于逻辑本身和逻辑结果，而在于前提条件出了问题，出在了经济学家熟视无睹的经典劳动概念上。

劳动生产力和价值量成比反比规律正确与否的争论，其实质是土地和资本是否参与创造价值的问题，从配第到斯密，他们之所以陷入二重价值论，即，一方面提出劳动是价值唯一源泉的劳动价值论，另一方面又提出土地和资本也是价值源泉的要素价值论。就因为他们认识到财富的增长必然同时是价值的增长，而仅从活劳动一个要素无法解释财富和财富价值是如何增长的。但是，从配第到斯密

却没有找到统一两个相互矛盾的价值论的纽带。斯密以后，价值论走上了形而上学的道路，李嘉图、马克思等坚持劳动价值论，抛弃了效用价值论和要素价值论；萨伊、马尔萨斯等坚持效用价值论和要素价值论，抛弃了劳动价值论。斯密之后的价值论是对斯密二重价值论的误读和简单化处理，他们甚至抱怨斯密为什么提出两种矛盾的价值论，他们各执一词、相互攻击对方的价值论，在各自的道路上走得很远。尽管各自的价值论都得到了发展和完善，但本质上都是不完备的、有缺陷的，劳动生产率与价值量成反比例规律就暴露了劳动价值论存在的问题。

第十章　价值、效用与价格

第一节　两种对立的交换价值理论

一、两种对立的交换价值理论

引出价值范畴的最初动因是用来解释商品交换的数量比例关系是如何确定的，即商品价格是如何决定的，这是一切价值论者共同关心的问题。用劳动定义的商品价值概念是从生产环节做出的，而商品价格概念是属于交换环节的概念。劳动价值论认为，从商品价值到商品价格需要一个中介，这个中介就是商品交换价值概念，或者说商品交换价值是商品价格的直接基础。何谓商品交换价值？无论马克思经济学还是现代西方经济学，对商品交换价值的认识是一致的，是指一种使用价值同另一种使用价值相交换的量的比例关系。

货币是商品交换的媒介，商品与货币交换便形成了商品的价格形式。斯密为了解释商品价格是如何决定的，从商品价格中抽象出了商品交换价值概念。斯密认为，商品交换价值决定的是商品自然价格，商品交换价值与自然价格是同一的。自然价格是市场价格运动的中心，市场上商品的实际价格围绕自然价格波动，由此，商品价格如何决定的问题就转化为商品交换价值如何决定的问题。

关于商品交换价值如何决定，马克思劳动价值论认为，商品间的交换比例由商品价值决定，而商品价值由凝结在商品中的劳动量决定，劳动量就是生产过程中活劳动消耗的体力和智力。由于劳动量只与生产过程有关，与交换过程或需求无关，所以，由商品价值决定的商品交换价值也只与生产过程有关，与交换过程或需求没有关系。

与劳动价值论不同，边际效用价值论认为，商品价值源于商品的主观效用，商品价值是人们对商品效用的主观心理感受。商品效用因人而异，同一商品对于不同的需求者而言具有不同的效用，但市场上的商品交换价值即商品价格却是相同的，那么这个相同的价格是如何形成的呢？边际效应价值论认为，只有在购买者对物品的主观价值大于出售者对物品的主观评价时，买卖双方才能够实现交易。比如一部苹果手机，购买者认为值6000元，因而愿意出价6000元购买；出售者认为能卖5000元就很值了，超过5000元就愿意出卖。在这种情况下，双方讨价还价后能够在5000～6000元之间的某一价位比如5500元成交。在边际效用价值论看来，商品交换价值是人们对商品的主观评价通过在市场交换活动的竞争中而最后确定下来的，因此，商品交换价值是在交换关系中由供给和需求双方共同决定的，这与马克思劳动价值论认为价值和交换价值不受需求影响，与市场交换无关的观点完全不同。

二、两种交换价值理论的局限性

1. 以劳动价值论为基础的交换价值理论的局限性

劳动价值论从商品价值概念出发得出商品交换价值与需求和商品效用无关的理论，但这与商品交换价值实际形成过程以及交换价值概念存在矛盾。从商品交换价值实际形成过程看，商品交换的比例是买卖双方在讨价还价的竞争中确定下来的，而不是由卖方或生产厂商单方面决定的。购买者从商品满足自身需要出发对商品进行估价，而绝不是直接根据商品中凝结的劳动量进行的估价。购买者根本无法获得任何有关商品中凝结的劳动量的信息，而且即使能够获得劳动量信息，人们也没有能力依据劳动量做出估价。如果人们在交换活动中，不是把不同商品使用价值抽象成商品主观效用，那么商品交换就根本无法进行。

从商品交换价值概念看，商品交换价值概念包括两个关键点：第一，商品交换价值是反映生产者和需求者在交换过程中相互关系的范畴，交换价值的实现需要买卖双方共同认可，不可能单独由一方决定，这是商品交换关系的客观要求。第二，商品交换价值表现为商品效用的交换，既然商品交换价值以商品效用的直接比较为基础，那么不受商品效用影响的交换价值是不可想象的。

可见，劳动价值论关于商品交换价值与需求和商品效用无关的理论，与实际交换活动和交换价值概念之间都存在冲突和矛盾。

2. 以边际效用价值论为基础的交换价值理论的局限性

以边际效用价值论为基础的交换价值理论，是直接从商品交换现象抽象概括出来的理论形式，因而与交换价值实际形成过程是相符合的。边际效用价值论的特点是以消费者的欲望为出发点，以效用为中心，以边际分析评价商品价值及其交换。虽然以效用为基础的交换价值理论能够较好地解释消费者的交换行为，但由于它主要强调从需求或效用角度考察价值或交换价值的决定，而不考虑生产或供给在价值或交换价值决定中的作用，这使边际效用价值论及其交换价值理论陷于片面性。正如马歇尔指出的那样，争论价值受效用支配，还是受生产成本支配，这种争论是毫无意义的，需求和供给好比一把剪刀的两刃，两者都是决定价值或交换价值的因素。

用边际效用价值论解释需求对价格形成的决定作用有其科学性、合理性，但是把效用作为价值的源泉，以及认为价值是效用的表现形式的理论就不正确了。因为效用不是价值的源泉，劳动才是商品价值和效用的源泉。由于没有从劳动出发认识效用的本质，因此边际效用价值论不能成为解释供给或生产决定价格形成的理论。边际效用价值论是需求视角的主观价值论，而不是生产视角的客观价值论，因而边际效用价值论是片面的、缺失客观性的价值论。

第二节　效用价值论是劳动价值论的有机组成部分

一、效用价值论是发展的劳动价值论的有机组成部分

从发展的劳动概念出发，商品价值中包含知识价值，而知识价值包含效用含义或属性。由于商品效用不是针对生产者自己使用，而是通过交换让渡给他人，是针对他人、针对社会的有用性，因而其效用大小离不开消费者的主观评价。就是说，知识价值的效用属性决定了商品价值不可能单独由生产者决定，而是未来由生产者和消费者或供给和需求共同决定。

既然商品价值由供给和需求共同决定，那么商品价值就是商品交换价值。虽然区分价值与交换价值被认为是马克思的重要理论贡献，但这种区分是基于经典劳动概念做出的，因为只有经典劳动概念定义的商品价值才与生产有关而与需求无关，从而价值只属于生产范畴，而交换价值却属于交换范畴。然而，经典劳动概念发展后，商品价值由交换过程的供给和需求共同决定，这时商品价值与交换价值就是一回事了。我们在上一节曾指出，在效用和需求问题上，马克思的商品价值与交换价值概念之间存在矛盾，然而，当我们把商品价值概念建立在发展的劳动概念基础上后，商品价值概念与商品交换价值概念之间的矛盾就自然解决了。这表明并非劳动价值论不能合理解释交换价值的决定，而是用来定义商品价值的经典劳动概念出了问题。

传统劳动价值论从劳动和生产的视角，把商品价值定义为生产劳动的凝结，这被认为是从供给方面说明价值决定的。效用价值论从效用和需求的视角，把商

品价值视为由商品对人产生的主观效用形成的，因此被认为是从需求方面说明商品价值决定的。与这两种相互对立的商品价值理论分别从供给和需求说明价值决定不同，建立在发展的劳动概念基础上的商品价值则是由供给和需求共同决定的。在包含效用含义的商品价值概念中，效用源于抽象劳动，从而效用价值论统一于发展的劳动价值论，效用价值论成为劳动价值论的有机组成部分。效用价值论为发展的劳动价值论从需求角度研究商品价值的决定提供了理论依据。由于效用价值论是关于消费者如何依据效用对商品价值进行货币估价的理论，因此，效用价值论为构建商品价格理论提供了直接理论基础。

需求对商品价值的决定是通过效用这个中介实现的，没有效用概念就无法将商品价值与需求者联系在一起，也就不能解释需求者如何对商品价值起决定作用。对于需求者而言，形成商品价值的抽象劳动是内在的、抽象的、无法被人感知的。形成商品价值的抽象劳动无法自己表现出来，抽象劳动对于需求者来说完全是“黑箱”，需求者无法获得来自“黑箱”中任何有关抽象劳动的信息。即便能够获取有关劳动量的信息，那么获取劳动量的信息成本也将无限大，根本不具有可操作性。需求者由于不能获取劳动量信息而无法根据劳动量对商品做出估价。与劳动量不同，商品效用是商品价值的外在表现形式，其特点是外在的、具体的、可以被人感知的。需求者恰恰是通过商品效用作为中介去认识商品价值，他首先把商品使用价值抽象成商品效用，从而把不能比较的商品使用价值转化成可以比较的商品效用。然后，用货币度量他对商品效用的感受，进而对商品价值做出估价。最后，经过买卖双方“两不相让”的讨价还价中达成交换价值。

二、效用价值论在发展的劳动价值论中的地位与性质

以经典劳动概念为基础的传统劳动价值论，将效用价值论排除在劳动价值论范围之外。相反，效用价值论却成为现代西方经济学的价值论。然而，在我们发展的劳动价值论中，效用价值论则成为有机组成部分。既然现代西方经济学已经建立起系统的边际效用价值论，那么“他山之石可以攻玉”，我们完全可以将边际效用价值论综合到劳动价值论中，但综合不是简单的拼凑，而是需要对边际效用价值论进行“扬弃”，使其与劳动价值论融为一体。

在现代西方经济学中，效用价值论不仅是从需求角度解释价格形成的理论，而且是关于价值源泉的理论，即价值源于效用。但是，从发展的劳动概念出发，劳动不仅是价值的源泉，而且也是使用价值或效用的源泉，这就否定了效用价值论关于价值源于效用的理论。在我们发展的劳动价值论中，边际效用价值论不再是关于价值源泉的理论，而只是关于效用和需求如何与成本和供给决定商品价值大小的理论，为建立价格理论提供价值论基础。

第三节　价格是商品效用的货币表现形式

一、商品交换价值不能成为价值的直接表现形式

马克思指出："在商品的交换关系或交换价值中表现出来的共同的东西，也就是商品价值。研究的进程会使我们再把交换价值当作价值的必然的表现方式或表现形式来考察。"（马克思著．资本论．第1卷．北京：人民出版社，2004年，第51页）马克思认为，商品价值是内在的、抽象的，自己不能表现出来，只有通过与另一种商品相交换即交换价值，才能获得表现，换言之，商品交换价值是价值的直接表现形式。在商品经济中，任何商品交换价值的一方都是货币，商品交换价值表现为商品的货币形式即商品价格。进而马克思又提出，商品价格是商品价值的货币表现形式。

马克思认为，实际经济生活中不是由商品价值确定交换价值，相反，却是通过大量的个别交换价值即价格来确定商品价值。那么如何从大量的个别交换价值的考察中得出商品价值呢？马克思认为，商品价值是市场价格围绕运动的那个中心价格，这个中心价格是市场上的供给量等于需求量即供求平衡时的市场价格。为此，他说："当供给和需求相互平衡而停止发生作用的时候，商品的市场价格就会同它的实在价值一致。"（马克思，恩格斯著．马克思恩格斯选集．第16卷．北京：人民出版社，1972年，第131页）

以上是马克思关于商品交换价值是价值的直接表现形式的理论。但是，该理论存在两个以往被人们忽视的内在矛盾或缺陷。

矛盾之一，如果说商品交换价值或商品价格是商品价值的直接表现形式，那么它们之间必然存在内在联系和一致性。这就如同人们透过某人的行为了解他的思想和内心世界一样。人们虽然无法进入这个人的大脑去认识他的内心世界以及知道他在想什么，但是，由于人的行为受思想支配，行为与思想存在一致性，行为是思想的表现形式和实现形式，因此，人们可以透过他的行为了解他的思想和内心活动。问题是，在传统劳动价值论中，商品交换价值（或商品价格）与商品价值之间无法建立起类似人的思想与行为那样的内在联系。换言之，商品交换价值（或商品价格）是商品价值的直接（或货币）表现形式的论断缺少中介环节，两者之间并不能直接建立起联系，具体理由如下。

第一，从商品交换价值的定义看，商品交换价值就是商品效用的交换。也就

是说，商品交换价值不是由商品价值（即劳动价值）决定的，而是由商品效用（即效用价值）决定的。这表明，商品交换价值是商品效用的直接表现形式，而不是商品价值的直接表现形式。也意味着，商品交换价值需要效用这个中介才能与商品价值连接起来。然而，由于马克思把商品价值与商品效用作为相互对立、相互排斥的范畴，因此，在传统劳动价值论中，商品交换价值与商品价值之间就无法建立起内在联系，商品交换价值也不可能是商品价值的直接表现形式。

第二，从商品价格来看，如果说商品价格是商品价值的表现形式，那么消费者和生产者在用货币对商品进行估价时，估价的依据就应该是商品价值，因为只有这样才能证明货币度量或价格是商品价值的表现形式。然而，这与事实不符，消费者并不是依据商品价值来给商品估价，而是依据商品效用进行估价。另外，如果说人们对商品进行估价的依据是商品价值，那么前提必须是人们能够掌握决定商品价值的劳动量信息，而这与劳动量对于消费者来说完全是"黑箱"的事实不符，而且也与马克思关于商品价值自己不能表现自己，只能通过交换价值来确定的理论自相矛盾。

矛盾之二，如何证明商品价值就是供求平衡时的市场价格呢？马克思所说的供求平衡时的市场价格即均衡价格是指由供求价格理论决定的价格，供求价格理论是西方经济学的价格理论。那么如何证明均衡价格与商品价值是一致的呢？马克思是这样论证的，"假定说，供给和需求是相互平衡的，或如经济学者所说，是相互抵消的。当这两个相反的力量相等的时候，它们就相互抑制而停止发生任何一方面的作用。当供给和需求相互平衡而停止发生作用的时候，商品的市场价格就会同它的实在价值一致。"（马克思，恩格斯著．马克思恩格斯选集．第16卷．北京：人民出版社，1972年，第131页）马克思认为，供给和需求相互平衡时，供给和需求就不再有任何作用了，从而得出均衡点上的价格与供求无关。马克思据此认为，既然均衡价格不是由供求决定的，那么这个均衡价格就只能由商品本身的力量即商品价值所决定，因此得出均衡价格就是商品价值。马克思的论证存在一个常识性的错误，马克思误把供求平衡视为供求不发挥作用。供给和需求相互平衡乃是双方发挥作用的一种势均力敌的状态，而不是停止发挥作用。均衡价格乃是双方力量均衡的结果，并且正因为双方力量均衡得以维持均衡状态，因此，均衡价格仍是由供求决定的，而不是与供求无关。这样一来，均衡价格与商品价值之间的矛盾就出现了，一方面均衡价格是由供求决定的；另一方面马克思认为商品价值与供求无关，而这两个由不同条件决定的量是无法保证必然相等的。

以上分析表明，商品交换价值是商品效用的直接表现形式，而不是商品价值

（指劳动价值）的直接表现形式。商品交换价值与商品价值之间必须通过商品效用这个中介或媒介才能建立起联系。换言之，商品效用才是商品价值的直接表现形式。

另外，马克思证明均衡价格与商品价值一致性的逻辑并不充分，这表明西方经济学的供求价格理论与马克思的商品价值理论并不能简单地嫁接在一起。只有建立在自己的劳动价值论基础上的价格理论，才能将价值与价格统一起来，价格才能成为价值的货币表现形式。迄今为止，马克思劳动价值论并没有建立起自己的价格理论，以致无法将价格与价值统一起来。

二、价格是商品效用的货币表现形式

既然商品交换价值不是商品价值的表现形式，那么商品价值是通过什么表现自己的？这是必须回答的十分重要的基础理论问题。因为，如果没有商品价值的表现形式，商品价值就会成为“黑箱”，它就无法解释价值如何决定价格，构建商品价值理论就没有实际意义了。前面的分析表明，传统劳动价值论已经无法回答这个问题，但是，从发展的劳动价值论出发，这个问题已经解决了，这就是“商品效用是商品价值的表现形式”。下面我们就商品效用与商品价格的关系做进一步分析。

商品价格是商品效用的货币表现形式，这就是两者关系的简单概括。从消费者角度，人们是根据效用对商品做出估价的，或者说商品效用是消费者估价的直接基础。商品价格不是凭空产生的，价格是消费者对某物品在边际上所愿意付出的最高代价，或者说是物品在边际上给消费者的最大满足即最大效用。消费者正是依据边际效用对该物品做出估价的。边际效用可用下面公式表达：

$$P = MU/\lambda$$

式中，P：商品价格，MU：商品的边际效用，λ：单位货币的边际效用。

在价格公式中，由于单位货币的边际效用 λ 一般可视为常数，所以价格由边际效用决定。在这里，价格的经济学意义就是用货币表示人们对效用的感受，或者说用货币来度量人们对效用的感受。这表明价格是对效用的反映而不是效用反映价格。效用在价格形成中所具有的这种直接的基础作用可以从两个视角来考察：个体视角和市场视角。个体视角是指从单个消费者角度来研究他如何依据效用对商品估价，以及个体估价在形成市场价格中扮演的角色和作用。市场视角是指市场上由买卖双方决定的市场价格也是由效用决定的。

从个体视角看。消费者购买商品关心的是商品对自己有没有用，有多大用处，个体按照效用最大化原则对商品进行估价。具体来说，消费者首先从边际效用出发，对商品产生一个心理价位即愿意支付的价格。在市场价格既定的情况下，消费者通过比较市价与心理价格的差额做出购买决定。在边际效用价值论里，将心理价格与市价的差额称为消费者剩余，追求消费者剩余最大化就是效用最大化。消费者心理价格高于市价，他会多买；否则，消费者心理价格低于市价，他会卖出。

从市场视角看。因为每个人对物品的感受各不相同，因此个体给出的价格是千差万别的，但市场上的商品价格却是相同的，这个统一的市场价格是怎样形成或决定的？市价的决定恰恰是大量的需求者和供给者从效用最大化出发，以自己的心里价格即边际效用与面对的市价相比较，或买入，或卖出，买入使市价上升，卖出使市价下降。直到每个需求者的边际效用与市价相等时，市场参与者的边际效用相等，这时就形成了统一的市场价格即均衡价格。

商品价格是商品效用的货币表现形式，而商品效用是商品价值的表现形式，所以商品价格也是商品价值的货币表现形式。可见，只有在商品效用的中介下，才能将商品价格与商品价值联系在一起。由于马克思的价值概念中不包含任何使用价值或效用的原子，以致无法通过效用这个中介把价值与价格连接起来。因此，在传统劳动价值论的分析框架里，不能得出商品价格是商品价值的货币表现形式这样的结论。

三、对效用价值论陷入“循环论证”的误解

萨伊最早提出“价格是效用的尺度”的思想，萨伊说：“价格是测量物品的价值的尺度，而物品的价值又是测量物品效用的尺度。”（萨伊著．政治经济学概论．北京：商务印书馆，1997 年，第 59 页）马克思主义经济学家对萨伊的理论予以坚决地批判，他们批判萨伊把价值如何决定与价值如何实现混为一谈了。他们从价格是商品价值的货币表现出发，认为人们研究价值是要用价值说明价格是如何被价值决定的，而萨伊却反过来用价格说明价值的大小，又用价值说明效用大小，据此他们认为萨伊的价值论陷入了循环论证。

无独有偶，作为主观效用价值论的基数效用价值论也受到同样的质疑。基数效用价值论认为，如果在一定的收入和价格条件下购买各种物品，欲使其总效用达到极大值或曰使消费者得到最大的满足的必要条件是：消费者所购买的各种物品的边际效用之比，等于它们的价格之比。消费者效用最大化的均衡条件的公式如下：

$$MU/P = \lambda \text{ 或 } MU = \lambda P$$

从 $MU = \lambda P$ 来看，消费者对某种商品的边际效用大小的判断离不开该商品的

价格，或者说价格是影响效用的重要变量，是进行效用判断的一个重要前提条件，这似乎是一个人人都知道的常识。表面上看，基数效用价值论一方面认为边际效用决定价格，而另一方面又认为边际效用由价格决定。由此，一些西方经济学家认为基数效用价值论陷入了循环论证。由此可见，不仅马克思经济学家而且就连一些西方经济学家也认为，如果价格进入效用函数成为自变量，那便是用价格来决定价格，从而失掉了效用价值论存在的意义和理由，因为效用价值论的目的是从效用出发来解释需求曲线和供给曲线是如何形成的，以便用供求曲线说明价格是如何决定的。

一些经济学家之所以认为效用价值论在效用与价格的决定与被决定的关系上陷入了循环论证，一个重要原因就是忽视了自己是从哪个视角来观察效用与价格的关系，结果是瞎子摸象，各说各的理。下面的分析表明，对效用价值论陷入“循环论证”的误解源于观察视角的错位所致。

从公式 $MU = \lambda P$ 出发，边际效用 MU 是因变量，价格 P 是自变量，因此边际效用由价格决定。这是在既定商品价格的情况下，分析消费者个体如何做出选择商品组合的购买量决策以使商品组合效用最大化。显然，这不是在讨论商品价格如何决定的问题，而是在讨论商品价格既定条件下如何做出最佳商品量组合的问题。并且，$MU_1/P_1 = MU_2/P_2 = \cdots = MU_N/P_N = \lambda$ 就是实现各种商品采购量的最佳组合的条件或原则。也就是说，消费者要通过比较各种商品的效用价格比作为某种商品购买量决策的依据，此时商品价格决定商品的边际效用。一些经济学家据此认为，既然边际效用由价格决定，那么价格就不能再由效用决定，否则就陷入了“循环论证”。仔细想一想，会发现他们把决定商品量最佳组合条件的公式 $MU = \lambda P$ 与决定商品价格的公式 $P = MU/\lambda$ 视为能够相互推导的因果关系，或者说，他们认为决定价格的公式 $P = MU/\lambda$ 中的边际效用 MU 同时又是价格的函数。他们忽视了公式 $MU = \lambda P$ 和 $P = MU/\lambda$ 分属于两个性质完全不同的决策过程，它们之间不能简单地进行连接和替换，所以，不能根据 $MU = \lambda P$ 得出价格决定效用的结论。

第四节　统一的价格理论

一、价格理论是劳动价值论的有机构成部分

众所周知，资源的有效配置和利用是通过市场价格机制实现的，价格机制是

市场机制中的核心机制。经济现象中最普遍、最复杂的也是商品价格现象，建立一个简单统一的价格理论来解释复杂多样的价格世界，是现代经济学理论体系的主要目标和任务。建立价值理论的一个主要目的就是解释价格运行机制是如何形成以及如何发挥作用的。如果一个价值理论不能构建其价格理论，那么该价值论必然存在重大缺陷。在现代西方经济学中，价格理论是微观经济学的核心内容，甚至有一些西方经济学家干脆把现代西方经济学归结为价格理论。张五常就明确指出："在经济解释的范围内，需求定律是我知道唯一的不可或缺的理论。经济学的其他理论要不是可有可无，就是可用其他的理论替代。"（张五常著．科学说需求．北京：中信出版社．2010 年，第 131 页）在张五常看来，现代西方经济学最基本的理论其实只有一个，就是价格理论，其他任何千变万化的理论，若不是从这个基本理论推演而来，皆是谬误。

价格理论是关于价格决定和运行的理论，价格理论是价值理论的有机构成部分。令人困惑的是，马克思劳动价值论竟然未能建立起自己的价格理论，这既是马克思劳动价值论的缺失，也造成了以价格机制为核心的马克思主义市场经济理论的严重缺陷。马克思在《资本论》第三卷第十章中对市场价格运行有过一些论述，而且马克思原计划在其六册巨著中用专门的篇章研究"资本的竞争"，即资本主义市场和价格运行。但是马克思最终未能完成这一计划，未能建立起市场价格围绕"自然价格"运行的完善理论。更令人困惑的是，不仅马克思主义经典作家没能建立起价格理论，而且后来的马克思主义经济学家们也未能弥补这一空白，未能完成马克思的未竟事业。究其根本原因在于，价格理论是从需求和供给两种相反力量说明价格决定的理论，而马克思劳动价值论把效用和需求排斥在商品价值范畴之外，以致马克思主义经济学无法构建以效用和需求为基础的价格理论，也就无法吸收现代西方经济学最成熟、最有用的价格理论的研究成果，使之成为劳动价值论的有机组成部分。

现代西方经济学的价格理论是为人们普遍接受、较少争议的理论。虽然马克思主义经济学家不承认现代西方经济学构建价格理论基础的边际效用价值论，但对价格理论本身来说，大多数人认为还是应该借鉴和加以利用的。但是，如何借鉴和利用西方经济学的价格理论却始终无从下手，也就是找不到嫁接的基础。当我们把边际效用价值论发展成为劳动价值论的有机组成部分后，现代西方经济学的价格理论就可以顺理成章地融入劳动价值论之中，从而可以填补马克思劳动价值论的价格理论的空白。

应该指出的是，绝不能简单地把现代西方经济学的价格理论原封不动地搬到劳动价值论中，而是需要经过"扬弃"后成为劳动价值论的有机构成部分。在发展的劳动价值论中，重新用劳动界定了效用范畴的内涵，即效用源于劳动，效用是劳动价值的表现形式，摒弃了边际效用价值论关于效用是价值的源泉，以及价值是效用表现形式的理论。这必将深化对劳动价值论的认识，这样，我们就可以从社会劳动这个最本质的层面认识价格形成、价格决定以及价格变化的规律。

二、理性人假设

在价值关系中，离不开人这个至关重要的主体，商品价值大小的决定是人的判断、选择和决策的结果。可以说价值理论就是关于生产者和消费者的行为选择理论，而经济学就是从价值角度研究人类经济活动规律的社会科学。那么人们在价值关系中是如何做出决定的呢？这就涉及古典经济学和现代经济学中的一个基础假设——经济人或理性人假设。在马克思劳动价值论中，由于商品价值与人的选择无关，所以马克思经济学没有经济人假设。但是，发展的劳动价值论揭示了商品价值中包含知识价值，由此引申出的效用含义把主体纳入到价值关系之中，商品价值与人的选择紧密联系在一起了。在发展的劳动价值论中，经济人假设是必然的前提条件或约束条件。

从斯密提出"经济人"思想，到约翰·穆勒提出"经济人"概念，再到帕累托对"经济人"概念进行数学化、工具化和模型化的全方位改造，建立起"理性人"的行为模型。围绕"理性人"假设的争论不断，但无论这个假设的内涵是否完善，甚至存在严重问题，只要涉及人的选择问题，就必须对人做出这样的假设，因为只有在影响人们选择行为的众多复杂因素中抽出主要的基本要素，才能突出主要矛盾进而推导出人的行为选择的一些重要原理和规律。现代西方经济学整个公理体系都是以"理性人"这一假说（当然还包括其他一系列约束条件）为基础，以公理化方法和逻辑方法演绎而成的。"理性人"概念的核心是用来揭示现实经济生活中人的行为动机，而不是对现实生活中人的全部行为的完整概括，正如斯密所说："人的自利是个经验事实，但只是众多行为动机中的一种，而非人性本身，相反，人除了利己之外，还有同情等本性。"（亚当·斯密著．蒋自强译．道德情操论．北京：商务印书馆，1998 年，第 5 页）在"理性人"假设中，经济主体行为的基本动机是追求自身利益最大化，即：消费者追求商品效用满足最大化，生产要素所有者追求要素收入最大化，生产者追求利润最大化，政府最求目标决策最优化。

三、价格理论统一于发展的劳动价值论

提出价值论的一个主要目的是为建立价格理论提供理论依据，就是从价值论

出发，能够推导出需求曲线和供给曲线。现代西方经济学的价格理论是以马歇尔建立的均衡价格理论为核心内容的，马歇尔的均衡价格理论是关于需求和供给两种相反力量如何决定均衡价格的理论。马歇尔以边际效用递减规律为基础，推导出需求规律或需求曲线，马歇尔用的是基数效用论推导的需求曲线。他的追随者用序数效用论也同样推导出需求曲线，从而解决了效用不能度量的困难。需求定律或需求曲线解释了需求对价格决定的作用，即：商品的需求量与价格之间存在反方向变动关系，需求曲线是向右下方倾斜的曲线。马歇尔以边际生产费用为基础，来说明供给规律或供给曲线的形成。供给定律或供给曲线解释了供给对价格决定的作用，即：商品的供给量与价格之间存在正方向变动关系，供给曲线是向右上方倾斜的曲线。需求曲线和供给曲线相交于一点，这一点就是商品的需求价格和供给价格相一致时的价格，或供给和需求在市场上达到均衡状态时的价格，马歇尔称之为“均衡价值”或“均衡价格”。

价值论只有发展演变到价格理论层面，才能用一个简单的、统一的、一般性的价格理论和方法来解释现实经济生活中复杂的、无限多样的价格现象。马歇尔的均衡价格理论无疑第一次提供了一个真正完整和极具解释力的价格理论架构。马歇尔从边际效用价值论和要素价值论出发，推导出需求曲线和供给曲线，由此建立了均衡价格理论。

虽然从经典的马克思劳动价值论出发无法推导出需求曲线和供给曲线，因而无法构建均衡价格理论，但是，对于发展的劳动价值论来说，由于边际效用价值论和要素价值论已经统一于发展的劳动价值论之中，所以，现代西方经济学的价格理论就自然的成为发展的劳动价值论的组成内容了。

四、市场价值与均衡价值

马歇尔认为，“均衡价值”或“均衡价格”是供求平衡时的价格，而均衡是非常偶然的，不均衡是经常的、大量的，大部分情况下商品只体现价格属性而不体现价值属性。马歇尔认为，只有均衡价格与商品价值是一致的，非均衡价格则不体现商品价值，是对商品价值的背离，这与马克思的观点是一致的。马歇尔认为，均衡价格不受人的主观需求的影响，由生产成本决定，而且他把生产成本看成是历史成本，所谓历史成本是指已经发生的成本。

马歇尔认为只有均衡价格才与商品价值一致的观点是片面的。从发展的劳动概念出发，商品价值是由供给和需求共同决定的，因此，商品价值是面向未来的一个预期值，而不是一个由已消耗的生产费用的历史成本决定的一个固定值。在现实经济生活中，市价或成交价是人们对商品价值的货币度量，不管市价是不是均衡价格，都是商品价值的货币表现形式，即价格是价值的实现。由于市场价格是变动的，因此商品价值也是变动的，而且，由于变动是绝对的，不变是相对的，所以商品价值的常态是市场价值。

市场价值虽然是变动的，但市场价值是围绕一个价格中心波动的，这个价格中心就是均衡价格。均衡价格或均衡价值是一个具有特殊地位与作用的价格或价值点。均衡价格是经济处于均衡状态时的价格，也就是经济处于帕累托最优状态下的价格，即所有有关的经济主体的行为在均衡价格上都实现了“个人利益最大化”。如果按其他价格而不是均衡价格，需求者和供给者的行为就不再是能够实现其“个人利益最大化”的最佳行为，从而他们有理由为了实现利益最大化而改变自己的行为，进而使价格向均衡价格变动。就是说，不同于均衡价格的市场价格不可能长期维持下去。比如，假定某个市场价格 $p < p*$（$p*$ 代表均衡价格），在这个价格上，需求大于供给。此时，某些供给者意识到，他们可以按比 p 更高的价格向没有得到商品的需求者出售商品。随着越来越多的供给者这样做，市场价格就会被提高至意愿购买量与意愿出售量相等时的均衡价格。同样，如果 $p > p*$，此时，需求小于供给，某些供给者就不能实现他们期望的销售数量，导致库存增加。为了销售更多的商品，唯一的办法是降低价格。某些供给者开始按低于 p 的价格出售商品，销售量迅速提高，这会招致其他供给者的竞相效仿，于是，市场价格就会被降低至均衡价格，使意愿购买量与意愿出售量相等。

需求曲线上的任何一点都代表消费者实现“效用最大化”的最优选择，供给曲线上的任何一点都代表生产者实现“利润最大化”的最优选择。需求曲线和供给曲线只有在交叉点上，即均衡价格那一点上，需求者和供给者才能同时实现最优选择。而在其他点上，要么只能一方最优（这个点落在某条曲线上），要么任何一方都不能实现最优选择（这个点不落在两条曲线的任何一条上），这会招致一方或双方采取相应的价格行为，从而使价格向均衡价格变动。

依据发展的劳动价值论，任何价格都是对价值的度量和反映，市场价格对应的是市场价值，均衡价格对应的是均衡价值。只不过因为提出价值理论的初衷是想用商品价值来解释自然价格的决定，以便解释市场价格围绕自然价格的波动规律，所以，人们才习惯于认为商品价值与均衡价格一致。应该说，无论马克思主义经济学还是现代西方经济学，都认为均衡价格与商品价值是一致的，这个判断无疑是正确的，但是，他们对这个判断的论证却是不能令人信服的，存在概念和逻辑上的缺陷。

第十一章　全要素劳动价值论

第一节 价值理论的目的与内容构成

一、价值理论的目的和内容构成

价值理论是经济学的基石，形成经济学的出发点。提出价值范畴的最初目的是用来解释商品价格是如何决定的，这是一切价值论者共同关心的问题。然而，价值理论不仅是为了回答决定价格的价值是什么，为价格理论提供价值论基础；而且更为重要的目的是，回答价值是由谁决定和由谁创造的问题，即价值源泉问题，为收入分配理论提供价值论基础。

一个完整统一的劳动价值理论包括价值源泉理论、价值量和价值表现形式理论以及价格理论。

关于价值源泉理论。价值源泉理论由价值实体构成理论和价值创造理论组成：一是关于价值是什么或价值实体由什么构成的问题；二是关于价值是谁创造的问题即价值源泉问题，即关于劳动要素和非劳动要素在价值创造过程中的地位、性质以及发挥何种作用的问题。价值源泉理论是价值理论的核心，处于价值理论最基础、最抽象的层面，因而是各种价值理论的分水岭。

关于价值量理论。价值具有“质”和“量”两种规定性，价值源泉理论回答了价值“质”的问题，而价值量理论是关于价值大小如何确定和计量的理论。只有明确了价值源泉，才能以其为依据说明价值量的决定，因此价值量理论从属于价值源泉理论。

关于价值表现形式的理论。该理论是关于价值和价格关系的理论。由于商品价值是内在的、抽象的，自己不能直接表现出来，因此价值量无法被人直接计量。只有通过商品价值的表现形式才能实现对它的度量。价格是价值的货币度量，人们可以度量的是价格，价值只有通过价格才能从不可度量的抽象世界回到现实世界之中。那么，从商品价值到商品价格是以什么为“中介”连接在一起的呢？这是商品价值表现形式理论需要回答的问题，同时，商品价值表现形式理论也就成为价格理论的直接理论基础。

关于价格理论。价格理论是关于价格形成和价格运行规律的理论，是用来直接解释现实经济生活中普遍存在的价格现象的理论。价格理论的主要内容包括需求理论、供给理论、均衡价格和非均衡价格理论。

二、价值源泉只能源于生产

回答价值是谁创造这个问题属于价值理论的“本体论”问题，它是甄别真假价值源泉理论及其科学性的基本遵循。价值只能来自于生产，为什么说价值源泉只能源于生产而非需求呢？简单来说，因为商品是本源，是价值的物质载体，而商品价值是商品的社会属性，先有商品而后才可能有价值，没有商品载体的价值就成了虚幻的毫无实际意义的概念，因此，价值毫无疑问是生产性的，源于生产过程的创造。至于需求，在市场经济情况下，需求可以拉动供给，但需求本身不能自动产生商品，没有商品就无所谓商品价值，因此需求不可能成为价值的源泉。

第二节　全要素劳动价值论

一、全要素劳动价值论的界定

破解“价值之谜”的钥匙就在劳动概念身上，可以说，价值理论的全部矛盾的根源在于经济学家迷失于最基本的劳动范畴。马克思劳动价值论的全部范畴和理论都建立在劳动范畴基础上，突破了劳动范畴，劳动价值论的发展就势如破竹了。从发展的劳动范畴出发，重新审视劳动价值论的其他全部范畴和理论，看它们与这个新劳动范畴适合或矛盾到什么程度，并以此修正和发展这些范畴和理论，这正是本书发展劳动价值论的基本思路和方法。换言之，我们只是把马克思的经典劳动范畴换成发展的劳动范畴，然后，按照马克思构建劳动价值论的逻辑来发展马克思劳动价值论。众所周知，马克思劳动价值论是一个建立在劳动概念基础上的一套逻辑严密的概念和原理体系，只要承认了劳动概念，那么劳动价值论的其他范畴和理论就是逻辑的结果。

回想一下本书前面各章节讨论的问题，就会发现，劳动概念的突破使劳动价值理论中几乎每一个概念和原理都被逻辑地修正和发展了，很多结论与以往的理论观点相比甚至是颠覆性的。比如，智力劳动以其生成的知识信息发挥生产性作用的过程属于智力劳动的范围，从而物化劳动的使用过程是活劳动的延伸和继续，这打破了以往对活劳动与物化劳动的认识，进而得出物化劳动创造价值的结论。再如，劳动内涵中的知识要素把商品效用与商品价值统一起来了，使效用和需求成为商品价值的应有之意，从而终结了价值与效用的对立。再如，由于商品价值中包含的知识价值无法用劳动时间计量，因此打破了劳动量用劳动时间度量的传统劳动时间理论。尤其令我们意想不到的是，虽然全部概念和理论都是立足于劳动是价值唯一源泉这个劳动价值论的根本点上演化发展而来，但是却自然地把现代西方经济学的效用价值论及其要素价值论的合理内核统一于发展的劳动价值论之中了。

虽然价值理论的内容十分丰富，但一种价值理论与其他价值理论的根本区别都是看它对谁创造价值这个价值源泉问题的回答。进一步说，由于都承认劳动要素创造价值，所以，不同价值源泉理论的根本区别在于对非劳动要素是否创造价值的看法。劳动价值论认为劳动是价值的唯一源泉，非劳动要素与创造价值无关。效用价值论（包括要素价值论）认为效用是价值的源泉，不仅劳动要素创造价值，而且资本和土地等非劳动要素也创造价值。本书提出的发展的劳动价值论，立足于劳动是价值唯一源泉这个根本出发点，然而，我们得出的关于非劳动要素是否创造价值的结论既不同于传统劳动价值论又不同于效用价值论。在资本要素是否创造价值问题上，我们与传统劳动价值论的不同在于，传统劳动价值论否定物化劳动创造价值，我们则从智力劳动形态的“三位一体”理论出发，论证了物化劳动的使用是活劳动的延伸和继续，得出了物化劳动创造价值的结论。我们与效用价值论的根本不同在于，效用价值论把物化劳动创造价值作为与劳动要素并列的“物”创造价值，而不是劳动创造价值，而我们的结论是物化劳动创造价值本质上仍然是劳动创造价值。

在土地即自然资源要素是否创造价值问题上，我们与传统劳动价值论的不同在于，传统劳动价值论否定土地要素创造价值，我们则认为，由于商品价值与使用价值或效用存在一致性，所以创造使用价值的土地要素当然也是创造价值的要素。相对于效用价值论，效用价值论把土地要素创造价值视为与劳动要素并列的自然力创造价值，而不是劳动创造价值。我们则认为，土地要素发挥的自然力作用是在劳动的驾驭和控制下实现的，尤其土地是大自然无偿赐予人类的，土地不可能伸出手来要求它对劳动创造价值的贡献，因此，从人类劳动的视角看，与其说土地要素与劳动要素一起共同创造价值，不如说土地要素对创造价值的贡献是劳动创造价值的一部分。

从发展的劳动概念出发，我们得出的结论是：劳动、资本和土地等生产要素共同创造使用价值和价值，创造使用价值与创造价值是统一的；资本和土地等非劳动要素创造价值本质上乃是劳动创造价值，是劳动创造价值的变态表现形式。就是说，全部生产要素都创造价值，但最终又都归结为劳动创造价值，即劳动是价值的唯一源泉。我们把全部要素都创造价值而最终又能归结为劳动唯一创造价值的价值源泉理论简称为全要素劳动价值论。

全要素劳动价值论不但坚持了劳动创造价值一元论的精髓，而且把要素价值论关于劳动、资本和土地三要素都创造价值的理论包含其中，使以往经济学家认为对立的、水火不容的两种价值理论统一于发展的劳动价值论——全要素劳动价值论。

全要素劳动价值论中的生产要素不局限于传统的三要素，三要素可以扩展为多要素，比如，马歇尔就把企业家才能作为一种独立的生产要素，提出了所谓的“生产四要素说”。新制度经济学强调制度的重要性，将制度作为最重要的生产要素。无论是生产三要素还是生产多要素，只要是影响使用价值生产或劳动生产率的要素都是创造价值的要素，而且全部要素创造价值要么归结为活劳动创造价值，要么归结为物化劳动创造价值，但最终一定都是归结为劳动创造价值。

二、生产函数与价值函数

全要素劳动价值论揭示了劳动、资本和土地三要素共同创造使用价值和价值。虽然三要素共同创造财富及其价值具有“不可分性”，即财富不可能分割为各个要素独立创造的部分，人们称之为“不可分性”原理。但这并不是说不能分解出单个要素对商品价值的作用与贡献，只是为了强调单个要素并不能独立发挥作用，单个要素的作用是从整体作用中分解出来的。这就像物理学中关于力的合成与分解一样，几个分力共同作用可以合成一个合力；相反，合力也可以分解为它的几个分力，力的合成与分解互为逆运算。人类是一个分工协作相互依存的世界，每个人都是分工协作链条上的一个“纽节”，如果这样就不可以分解单个人的贡献大小，大家就只能平均分配都拿一样的报酬，这显然是荒谬的，这样认识问题就陷入了形而上学和不可知论。分析考察各要素对价值形成的贡献，弄清楚商品价值的构成以及各价值构成部分的性质，对于从价值论说明价值分配的依据和性质具有基础性作用。

根据全要素劳动价值论，商品价值可以分解为三要素分别创造的价值，即：活劳动创造的价值、资本或物化劳动创造的价值以及土地或自然资源创造的价值。资本包括劳动资料和经过加工的劳动对象，劳动资料包括物质生产资料和无形的知识生产资料。土地是指未经加工的劳动对象。在生产三要素中，劳动资料的使用属于劳动过程，它与活劳动结合在一起成为改造劳动对象即土地要素的物质力量。活劳动与劳动资料之间存在一定的技术关系，活劳动的数量由劳动资料的技术要求决定，而且两者之间存在相互替代。

通常，产出水平主要是由活劳动和劳动资料即资本要素决定的，土地要素的影响不是很重要，在西方经济学的生产函数中不考虑土地要素的影响。虽然我们的全要素劳动价值论把土地要素的作用归入劳动发挥作用的一部分，将土地要素贡献的价值归入劳动创造的价值里，但由于土地要素的稀缺性对需求者进行商品估价有重要影响，所以我们认为，生产函数和价值构成中不应忽视土地要素的影响，而是应该把土地要素作为生产函数中的一个独立的自变量加以考察。因此，反映厂商投入产出关系的生产函数应写为：

$$q = f(L,K,N) \qquad (11-2-1)$$

式中，q 是产出，L、K、N 分别表示劳动、资本和土地三要素的投入。

若以 V 表示总收入或总价值，P 表示均衡价格或均衡价值，q 是均衡价格下的产出，则以货币表现的厂商生产函数即价值函数可写为：

$$V = Pq = Pf(L,K,N) \qquad (11-2-2)$$

因为任何活劳动都是由体力、智力和知识三要素相互连接相互作用形成的，所以活劳动是三要素的函数。因为体力和智力的消耗是劳动时间 T 的函数，所以，活劳动 L 是劳动时间 T 和知识要素 Z 的函数。活劳动 L 的函数关系可写为：

$$L = L(T,Z) \qquad (11-2-3)$$

将公式（11－2－3）代入公式（11－2－1），生产函数的公式可表示为：

$$q = f(L,K,N) = f[L(T,Z),K,N] \qquad (11-2-4)$$

将公式（11－2－4）代入公式（11－2－2），价值函数的公式可表示为：

$$V = Pq = Pf[L(T,Z),K,N] \qquad (11-2-5)$$

三、商品价值来源构成理论

由于商品价值 V 是活劳动 L、物化劳动 K，以及土地 N 的函数，因此商品价值 V 可以分解为活劳动创造的价值 V_L 和资本创造的价值 V_K，以及土地要素的“天然价值” V_N。商品价值来源构成用公式表示如下：

$$V = V_L + V_K + V_N \qquad (11-2-6)$$

式中，活劳动创造的价值 V_L 由时间价值（即体力和智力消耗形成的价值，这是传统劳动价值论定义的商品价值）V_T 和知识价值 V_Z 两部分构成。用公式表示如下：

$$V_L = V_T + V_Z \quad (11-2-7)$$

由于知识价值 V_Z 是构成智力活劳动的人脑智力和大脑中的知识两要素共同创造的，所以，知识价值 V_Z 可以分解为大脑智力要素创造的价值 V_{ZT} 和知识要素创造的价值 V_{ZZ} 两部分。用公式表示如下：

$$V_Z = V_{ZT} + V_{ZZ} \quad (11-2-8)$$

需要注意的是，因为知识要素与主体活劳动的结合本质上是生成知识的智力劳动与主体之间结成的协作劳动或整体劳动，所以，表现为智力要素创造的价值 V_{ZT} 属于劳动力的智力活劳动创造的知识价值，而所谓知识要素创造的知识价值 V_{ZZ} 则属于创造这些知识的其他人的贡献。就是说，智力活劳动创造的知识价值中不仅包含劳动者本人的劳动贡献，也包括他所运用的知识要素的贡献。

将公式 V_Z 代入公式 V_L（11－2－7），再将 V_L 代入公式 V（11－2－6）中，经整理后，商品价值来源构成总公式如下：

$$V = (V_T + V_{ZT}) + (V_{ZZ} + V_K) + V_N \quad (11-2-9)$$

商品价值来源构成总公式（11－2－9）表明：

①商品价值由活劳动创造的价值（$V_T + V_{ZT}$）和物化劳动创造的价值（$V_{ZZ} + V_K$）以及土地要素的“天然价值” V_N 构成。

②活劳动创造的价值包括两部分：一部分是体力和智力消耗形成的时间价值 V_T；一部分是智力活劳动创造的知识价值 V_{ZT}。

③物化劳动创造的价值包括两部分：一部分是资本或劳动资料创造的价值 V_K；一部分是智力活劳动运用的知识要素创造的知识价值 V_{ZZ}。

④土地要素贡献的“天然价值”为 V_N。

四、总成本构成函数

由活劳动和物化劳动创造的商品价值中，有一部分是用来补偿成本的，因为厂商为了得到一定数量的使用价值或价值必须付出一定的代价，这个代价即是成本。雇佣活劳动付出的代价是工资，获取物化劳动的代价是取得成本，取得土地要素的成本是地租。从价值的货币表现形式即价格视角来看，由于通常所说的商品价值是指均衡价格，所以，与商品价值对应的成本不是指厂商实际取得生产要素的成本，而是指生产要素市场处于一般均衡状态下的劳动价格和资本品价格，以及土地价格或地租。就是说，商品价值以及与之配比的成本是指处于一般均衡状态下的价格、产出和投入水平，均衡状态下的要素投入和产出是最佳的资源配置状态。

假定厂商在市场处于均衡状态下购买劳动要素 L、资本要素 K 以及土地要素 N。设劳动的价格即工资率用 P_L 表示，资本品的价格用 P_K 表示，土地价格用 P_N

表示。用 C 表示厂商的总成本，则厂商的总成本构成函数为：

$$C = P_L L + P_K K + P_N N \qquad (11-2-10)$$

其中，$P_L L$ 为活劳动的成本，$P_K K$ 为物化劳动即资本品的成本，$P_N N$ 为土地要素的成本。

五、剩余价值或利润来源构成理论

从商品价值中扣除活劳动和物化劳动的成本，得到的就是剩余价值或利润。其公式如下：

$$M = V - C = [(V_T + V_{ZT}) + (V_{ZZ} + V_K) + V_N] - (P_L L + P_K K + P_N N) \qquad (11-2-11)$$

可将上式整理为下面的公式：

$$M = [(V_T + V_{ZT}) - P_L L] + (V_K - P_K K) + (V_N - P_N N) + V_{ZZ} \qquad (11-2-12)$$

上式为剩余价值或利润来源构成总公式，该公式表明：

①公式中的第一部分〔$(V_T + V_{ZT}) - P_L L$〕表示活劳动创造的价值扣除工资成本后形成的剩余价值，是活劳动创造的剩余价值。

②公式中的第二部分（$V_K - P_K K$）表示资本创造的价值扣除取得资本品的成本后形成的剩余价值，是物化劳动创造的剩余价值。

③公式中的第三部分（$V_N - P_N N$）表示土地要素的“天然价值”扣除土地要素取得成本后形成的剩余价值，是土地要素贡献的剩余价值。

④公式中的第四部分 V_{ZZ} 表示活劳动运用的知识要素贡献的价值，知识要素中有些是不需要支付成本的知识，比如不需要支付知识产权费用的知识；也有一些是需要支付知识产权费用的知识，比如支付了特许权使用费的发明、专利等知识成果；而劳动者通过接受教育获得知识的成本属于工资范围。为了表述方便，我们把需要付出成本代价的知识归入资本品的成本中，从而把知识要素创造的价值 V_{ZZ} 视为无需成本的知识要素创造的价值。

第三节　知识价值是剩余价值的真正源泉

一、知识价值是剩余价值的真正源泉

自工业革命以来，虽然人们的劳动强度大幅度下降，对劳动技能的要求也在

下降，劳动时间也越来越少，但人们的收入却越来越多，人们享受的物品广泛而丰富，一个现代人的生活水平早已超越了古代的帝王。就商品价值而言，活劳动越来越少，而生产出来的财富价值以及剩余价值却越来越多，这与活劳动和商品价值成正比的规律相矛盾，或者说，用活劳动是价值唯一源泉的劳动价值论难以做出合理的解释。现在，全要素劳动价值论揭开了劳动生产率提高使剩余价值或利润扩大的秘密，利润大幅提高的秘密在于知识价值。换言之，造成利润大幅增长的不是现代人的活劳动量增加了，而是知识发展了，尤其是科学技术发展了。

活劳动形成的价值由时间价值和知识价值构成。而物化劳动即资本创造价值实质是物化的知识创造价值，它形成的价值属于知识价值。因为土地对价值创造的贡献本质上属于劳动创造价值的一部分，为了说明问题，这里不再单独考虑土地要素对价值的贡献。这样一来，无论是活劳动创造价值还是物化劳动创造价值，最终都可以归结为时间价值和知识价值两部分。更进一步，知识价值由三部分构成：①智力活劳动创造的知识价值；②智力活劳动运用的知识要素创造的知识价值；③物化劳动即劳动资料的使用创造的知识价值。活劳动和物化劳动共同创造的全部商品价值可用公式表示如下：

$$V = V_T + (V_{ZT} + V_{ZZ} + V_{KZ}) \qquad (11-3-1)$$

式中，V表示商品价值，V_T表示活劳动创造的时间价值，V_{ZT}智力活劳动创造的知识价值中属于智力活劳动本身贡献的份额，V_{ZZ}智力活劳动创造的知识价值中属于智力活劳动运用的知识要素贡献的份额，V_{KZ}（即V_K）表示物化劳动创造的知识价值。

商品价值扣除工资C_T和资本成本C_K后的余额为剩余价值，其公式如下：

$$M = V - C = (V_T - C_T) + [(V_{ZT} + V_{ZZ} + V_{KZ}) - C_K] \qquad (11-3-2)$$

（11－3－2）式表明，剩余价值由时间价值产生的剩余价值（$V_T - C_T$）和知识价值产生的剩余价值〔（$V_{ZT} + V_{ZZ} + V_{KZ}$）$- C_K$〕构成。

我们在第九章第四节价值量与劳动生产率变动规律中，揭示了时间价值与劳动生产率成反比例变化，而知识价值与劳动生产率成正比例变化的规律。根据该规律，随着劳动生产率提高，虽然时间价值减少了，但是，知识价值却随着劳动生产率提高而大幅增加了。采用先进技术设备是劳动生产率提高的决定性因素，人们只有在采用先进技术设备创造的知识价值净增加值超过时间价值的净减少值的情况下，才会采用先进技术设备替代人力。因此，随着劳动生产率提高，知识价值净增加值一定大于时间价值的净减少值，从而总的价值量和剩余价值量便提高了。这就解释了为什么劳动生产率提高后，活劳动减少了，而商品价值和剩余价值却大幅增加了。自机器工业革命以后，机器将巨大的自然力并入生产过程，人力相对于自然力已十分渺小，机器创造的知识价值远远超过了人力形成的时间价值，在这种情况下，知识价值增长成为剩余价值增长的根本源泉。由此可见，在揭示了商品价值中包括知识价值后，剩余价值或利润扩大的秘密就一目了然了，这个秘密就是知识价值带来了真正意义的剩余价值。

即便在科学技术不发达的古代，人类的知识十分有限，人类主要靠自身的体力获取生活资料，而智力劳动发挥的作用很小，智力劳动或知识（智力劳动的化身）尚不能成为创造财富的主要手段，但就剩余产品及其剩余价值（这里的剩余价值是指剩余产品的量值）而言，它也一定是源于知识，没有知识就不可能有剩余产品和剩余价值，知识是剩余产品和剩余价值的真正来源。试想，人类如果不是能够制造和使用工具的高级动物，那么人类就会和其他动物一样凭动物本能生存。如果这样的话，人类就连生存所需的食物都难以满足，更不要说生产产品了，更谈不上剩余产品和剩余价值了。毋庸置疑，剩余产品及其剩余价值是人类使用劳动工具的产物。而制造和使用劳动工具是智力劳动的产物，劳动工具是物化的知识，劳动工具发挥作用不过是物化的知识发挥作用，所以，剩余产品及其剩余价值实质是物化知识发挥使用价值作用的产物，因而剩余价值不过是知识价值的体现。

二、知识剩余价值的既得性和无偿性

知识价值是剩余价值或利润的真正来源，知识价值的来源有两个基本途径：一是由智力（包括人脑智力和人工智能）与知识要素相互结合相互作用生成的新知识物化形成的知识价值（$V_{ZT}+V_{ZZ}$）；二是资本要素即劳动资料创造的知识价值 V_{KZ}。尽管活劳动始终是使用价值和价值生产过程的主宰，但是，由于人们总是以它所处时代的知识积累达到的水平，以及劳动工具的先进程度作为既定基础和前提条件的，所以，从某种意义上说，知识价值的创造不是由活劳动本身决定的，而是由知识积累和劳动资料的状况决定的。关于知识积累的重要性，正如牛顿所说，“如果我看得更远的话，那是因为我站在巨人的肩膀上。”劳动资料的重要性，正如马克思所说，“各种经济时代的区别，不在于生产什么，而在于怎样生产，用什么劳动资料生产。”众所周知，任何时代的知识和劳动资料即物化的知识的状况是一种人们不能自由选择的既得力量，一个时代的生产力水平是由他那个时代科学技术达到的高度决定的。说到底，生产力本质上是知识力。

知识的使用价值或价值表现为两个层面：一个层面是知识的社会使用价值；一个层面是知识的私人使用价值或经济使用价值。知识的社会使用价值是指知识增加社会全体成员创新能力的使用价值。知识的社会使用价值由现存的知识状况决定，而现存的知识状况从根本上说取决于人类迄今为止科学成果达到的高度。

对于一个国家来说，其现存的知识状况则取决于多种因素，比如知识产权制度，教育和科学研究达到的水平，与国外的知识交往程度，先进技术的引进，等等。知识的社会使用价值是知识在没有进入生产过程之前所具有的潜在创造价值的能力。一旦知识被劳动者运用于智力劳动过程，那么知识与活劳动结合便能创造出新知识、新价值。

每个时代创造的新知识不过是人类知识积累长河中的一部分，然而，人们在生产过程中运用和发挥作用的知识却是人类积累的全部知识的总和，这些知识将以往的物化智力劳动并入生产过程中，成为创造商品价值的整体劳动的有机构成部分。现存知识的社会使用价值是知识的私人使用价值的基础和前提，如果知识被身处直接生产过程中的智力活劳动或人工智能所利用，进而产生新知识、新价值，那么知识的社会使用价值就转化为私人使用价值和价值。知识的私人使用价值和价值是知识的社会使用价值的具体实现，是知识的潜在经济价值变成现实的经济价值。

有些知识的社会使用价值是受限制的，比如受知识产权保护的知识，对它的利用需要付出成本代价。然而，大量知识的社会使用价值处于游离状态，对它的利用是无成本代价的。所谓游离态知识是指知识处于非商品、无主权、无占有的状态，任何人都可以无偿使用，不需要付出成本代价。当人们在智力劳动过程中运用这些游离态知识时，意味着没有付出成本却占有并使用了他人的劳动和价值，即无偿占有和使用了别人的劳动。事实上，人们在智力劳动过程中所运用的大量知识都属于游离态知识，因此，大部分剩余价值源于游离态知识的贡献，或者说游离态知识是剩余价值的主要来源。

知识是智力劳动的化身，存储人类的智力劳动是知识的重要功能，而且知识能够不断积累、永续利用、多次凝结。虽然人们的活劳动减少了，但财富价值和剩余价值却大幅提高了，就是因为现代人通过利用知识，大量占有和使用别人无偿劳动的结果。一言以蔽之，现代人生产的巨大财富及其价值和剩余价值，并非只是源于自己的活劳动，而是更多的来源于无偿占有和使用了前人、他人的劳动，正所谓“前人栽树，后人乘凉”。总之，现代人占有的剩余价值中很大一部分是既得的、无偿的。

第四节　全要素收入分配论

一、分配论是价值论的引申

建立价值论的一个重要的目的是为收入分配理论提供价值论基础。财富价值是谁创造的？价值如何分配？这是现代经济学的基础和核心问题。因为“价值分配属于生产关系范畴”，所以谁创造价值不是决定谁该得到价值的必要条件，然而，价值源泉问题仍是价值分配问题的基础，它为制定兼顾公平与效率的分配制度提供理论依据。（马克思著．资本论．第1卷．北京：人民出版社，2004年，第1000页）马克思以活劳动是价值的唯一源泉的劳动价值论为基础，认为劳动和劳动结果、劳动和劳动目的的统一是劳动解放的标志，据此，马克思提出了按劳分配原则。马克思认为，只有按劳分配才能实现劳动的解放，才能消除劳动者与生产资料的分离状态。马克思提出的按劳分配原则，只承认劳动参与分配的合理性，否定非劳动生产要素参与分配的合理性，认为非劳动生产要素参与分配是对劳动者的剥削。

现代西方经济学在效用价值论和要素价值论的基础上，提出了按生产要素的贡献进行收入分配的原则。他们认为，由于各种生产要素都创造了效用和价值，都是价值的源泉，因此，各种要素的所有者应该得到他们相应的收入，即工人得工资，资本家得利息，土地所有者得地租，企业家得利润。他们认为，这样的分配原则是天经地义的和公平合理的，是不存在根本利益冲突的和谐分配。他们提出，生产要素参与分配的依据是它们在价值创造中的“贡献”和“服务”。生产要素在价值创造中的贡献额由各个要素的边际生产力决定，边际生产力决定的各要素的“贡献”就是各要素的市场均衡价格。

二、传统劳动价值论无法引申出按要素分配原则

随着我国市场经济改革的深入，按生产要素分配既是市场经济发展的条件，也是市场经济发展的必然结果。如何从理论上解释清楚非劳动要素参与收入分配的合理性？非劳动生产要素参与分配能否得到马克思劳动价值论的支持呢？能否从马克思劳动价值论引申出按生产要素贡献分配的原则？这是我国经济理论界面临的现实挑战，也是摆在马克思主义经济学者面前的艰巨任务。自20世纪80年代中期以来，围绕生产要素所有者参与收入分配合理性的理论依据问题展开了长期的讨论。事实上，始于本世纪初中共中央十五届五中全会提出的“要深化对劳动和劳动价值理论的认识”的大讨论，其深层次原因也是为非劳动要素参与分配的合理性找到劳动价值论的根据。

我国现阶段实行的是按劳分配与按要素分配相结合的分配制度，目前这一分配制度只能从社会主义初级阶段多种所有制形式共存来解释，即生产要素参与分配是由生产要素的私人占有制形式的存在决定的，但却不能得到劳动价值论的理论支持。显然，按传统的劳动价值论是不能完成这一使命的，只有建立在创新和

发展的劳动价值论基础上才能完成这一重大命题。一直以来，虽然有些学者主张用“共创论”说明“共分论”，但他们所谓的“共创论”已经不是劳动价值论，而是现代西方经济学中的要素价值论的翻版，没有新的东西，与劳动价值论是根本对立的。

三、全要素收入分配论是全要素劳动价值论的引申

全要素劳动价值论把价值源泉一元论和价值源泉多元论有机地统一起来了，一方面肯定劳动、资本和土地要素都创造价值；另一方面揭示了这些生产要素创造价值本质上是劳动创造价值。由于各种生产要素都是价值的源泉，尤其剩余价值存在既得性和无偿性，因此，劳动得工资、资本得利息或利润、土地所有者得地租、国家财政得税收的全要素收入分配理论便是全要素劳动价值论的自然引申。按全要素分配与按劳分配原则之间不存在矛盾，全要素分配原则包含按劳分配原则，因为按劳分配原则中的劳动是指“活劳动”，工资乃是对活劳动的分配，而非劳动要素的所得乃是对物化劳动创造价值的分配，因此，两者之间不存在矛盾和冲突。

下面我们结合剩余价值或利润来源构成总公式，对全要素收入分配原则中各要素分配的依据与原则做简单的解释说明。

剩余价值或利润来源构成总公式如下（可参见本章第二节）：

$$M = [(V_T + V_{ZT}) - P_L L] + (V_K - P_K K) + (V_N - P_N N) + V_{ZZ}$$

（1）剩余价值构成中的第一部分 $[(V_T + V_{ZT}) - P_L L]$，表示活劳动创造的价值扣除工资成本后形成的剩余价值。如果这部分活劳动创造的价值全部分配给劳动者，即工资是劳动者全部劳动的报酬，劳动创造的价值全部归劳动者所有，那么这是彻底的按劳分配。如果活劳动创造的价值没有全部分配给劳动者，那么在活劳动创造的剩余价值被资本无偿占有时，则是资本对雇佣劳动的剥削，剥削关系只在这种价值关系下存在。

（2）剩余价值构成中的第二部分 $(V_K - P_K K)$，表示资本创造的价值扣除取得资本品的成本后形成的剩余价值。这个剩余价值可以作为对资本所有者进行分配的价值来源。市场经济条件下的企业财产权是归资本所有者的，留给企业的这部分剩余价值实质是对资本的分配。对资本的这种分配不但必要而且合理。其主要理由如下。

第一，“分配方式本质上毕竟要取决于分配的产品的数量。”（马克思，恩格斯著．马克思恩格斯选集．第4卷．北京：人民出版社，1972年，第475页）资本作为生产要素与劳动结合形成劳动生产力，正是这种结合方式使社会经济效率

及劳动生产率提高，创造了这部分剩余价值。因此，这部分剩余价值分配给资本，实质是社会对资本贡献的奖励。

第二，资本是市场经济存在的前提之一，资本在市场中发挥了有效配置资源的作用，使社会经济效益提高，节约了大量经济资源，这部分剩余价值应作为对社会经济资源的节约奖励给资本。

第三，资本是一种积累，是扩大再生产的基础和前提条件，任何社会都需要资本积累。因为利润是资本积累的根本途径，所以资本所有者获取利润是社会扩大再生产的客观要求。

第四，资本所有者获取利润的根本理由在于资本占有这部分剩余价值并不具有剥削的性质，因为它是资本创造的，而不是活劳动创造的。

（3）剩余价值构成中的第三部分（$V_N - P_N N$），表示土地要素的“天然价值”扣除土地要素取得成本后形成的剩余价值。土地要素的“天然价值”是土地所有者获取地租和国家征收自然资源税收的价值来源和依据。土地要素的取得成本是指地租或自然资源税。国家财政获取的这部分土地收入或税收，应该用之于全社会，因为土地的所有者是全体人民。如果扣除地租或自然资源税后仍有剩余价值，那么这部分剩余价值应该归土地使用者拥有，作为对活劳动和物化劳动开发利用土地自然力的报酬。

（4）剩余价值构成中的第四部分 V_{ZZ}，表示活劳动运用的知识要素贡献的价值。这部分价值实质是人类世代积累的知识劳动创造的价值，具有既得性和无偿性。这部分价值原则上属于社会，是政府财政收入和支出的基本来源。由于财政收入是通过税收实现的，因此这部分价值也是政府税收的基本来源。由于这部分剩余价值并非活劳动创造的价值，所以，税收不是对活劳动创造价值的占有，而是对游离态知识创造的无主价值的分配。应该指出的是，这已经打破了税收是国家凭借其强制力向经济活动主体征收一部分收入的税收理论，因此，可以据此发展现代税收理论。这部分价值由政府代表社会占有和支配，应该用于提供公共品，满足公共需要的各项支出。

更深入地探讨全要素收入分配理论不是本书的任务，以上关于全要素收入分理论的讨论最多只能算是一个引论。我们只是要表明，从全要素劳动价值论必然引申出全要素收入分配理论，而这样一个分配理论已经将按劳分配与按要素分配统一起来了。全要素收入分配理论解决了我国理论界关于非劳动生产要素参与分配合理性能否得到劳动价值论支持的难题。

参考文献

1. 马克思著．资本论．第 1，2，3 卷．北京：人民出版社，2004
2. 马克思，恩格斯著．马克思恩格斯选集．第 1，4，16，19，23，24，25，26，49 卷．北京：人民出版社，1972
3. 列宁著．列宁全集．第 2，21 卷．北京：人民出版社，1959
4. 列宁著．哲学笔记．北京：人民出版社，1974
5. 康德著．宇宙发展史概论．上海：上海人民出版社，1972
6. 亚当·斯密著．国发财富的性质和原因的研究．北京：商务印书馆，1972
7. 莱昂内尔·罗宾斯著．经济科学的性质和意义．北京：商务印书馆，2000
8. 杜阁著．关于财富的形成和分配的考察．北京：商务印书馆，1997
9. 萨伊著．政治经济学概论．北京：商务印书馆，1963
10. 威廉·汤普逊著．最能促进人类幸福的财富分配原理的研究．北京：商务印书馆，1986
11. 阿瑟·刘易斯著．经济增长理论．北京：商务印书馆，1983
12. 斯坦利·杰文斯著．政治经济学理论．北京：商务印书馆，1984
13. 琼·罗宾逊，约翰．伊特韦尔著．现代经济学导论．北京：商务印书馆，1982
14. 奥古斯丹·古诺著．财富理论的数学原理的研究．北京：商务印书馆，1994
15. 大卫·李嘉图著．政治经济学及赋税原理．北京：商务印书馆，1962
16. 萨缪尔森著．经济学（上，中，下册）．北京：商务印书馆，1992
17. 约瑟夫·熊彼特著．经济发展理论．北京：九州出版社，2007
18. 托马斯·C. 谢林著．微观动机与宏观行为．北京：中国人民大学出版社，2005
19. 约翰·凯恩斯著．就业、利息和货币通论．北京：九州出版社，2007
20. 阿弗里德·马歇尔著．经济学原理．北京：华夏出版社，2005
21. 阿马蒂亚．森著．以自由看待发展．北京：中国人民大学出版社，2002
22. 库尔特·多普菲著．演化经济学．北京：高等教育出版社，2004
23. 泰勒尔著．产业组织理论．北京：中国人民大学出版社，1997
24. 维娜·艾莉著．知识的进化．珠海：珠海出版社，1998
25. 戴维·罗默著．高级宏观经济学．上海：上海财经大学出版社，2003
26. 奈斯比特著．大趋势．北京：新华出版社，1984
27. 庞巴维克著．资本实证论．北京：商务印书馆出版，1979
28. 戴维·韦尔著．经济增长．北京：中国人民大学出版社，2007
29. 张五常著．经济解释．卷一，卷二，卷三，卷四．北京：中信出版社，2012
30. 哈尔·范里安著．微观经济学：现代观点．北京：中国社会出版社，1999
31. J. A. 福多著．心理模块性．上海：华东师范大学出版社，2002

32. 路德维希・冯・贝塔朗菲著．一般系统论．北京：社会科学文献出版社，1987
33. W. 海森堡著．物理学和哲学：现代观科学中的革命．北京：商务印书馆，1981
34. 郭京龙，李翠玲著．聚焦：劳动价值论在中国理论界．北京：中国经济出版社，2003
35. 晏智杰著．灯火集：劳动价值学说研究论文集．北京：北京大学出版社，2002
36. 丁堡骏著．马克思劳动价值理论与当代现实．北京：经济科学出版社，2005
37. 刘永佶著．劳动历史观．北京：中国经济出版社，2004
38. 王志华著．大系统价值学说．广州：广东经济出版社，2004
39. 戴天宇著．经济学：范式革命．北京：清华大学出版社，2008
40. 苗东升著．系统科学精要．北京：中国人民大学出版社，1998
41. 杨建飞著．科学哲学对西方经济学思想演化发展的影响．北京：商务印书馆，2004
42. 马庆泉著．新资本论纲要．北京：中国人民大学出版社，2004
43. 邓金堂著．高技术经济的制度演化研究．成都：西南财经大学出版社，2003
44. 卢现祥主编．西方新制度经济学．北京：中国发展出版社，2003
45. 吕中楼著．新制度经济学研究．北京：中国经济出版社，2005
46. 刘刚著．企业的异质性假论．北京：中国人民大学出版社，2005
47. 刘大可著．出资者主导下的利益相关者论．北京：经济科学出版社，2005
48. 王振中主编．产权理论与经济发展．北京：社会科学文献出版社，2005
49. 向松祚著．张五常经济学．北京：朝华出版社，2005
50. 邓宏著．经济学：量子观和系统观．北京：中国经济出版社，2005
51. 马费成著．信息经济分析．北京：科学技术文献出版社，2005
52. 何炼成主编．社会主义劳动新论．北京：科学出版社，2005
53. 步曙明著．人类物质文明的三大要素．自然科学哲学论丛．南宁：广西人民出版社，1981
54. 晏智杰著．古典经济学．北京：北京大学出版社，1978
55. 王玉樑著．价值哲学新探．西安：陕西人民教育出版社，1993
56. 逄锦聚主编．政治经济学热点难点争鸣．北京：高等教育出版社，2006
57. 陈岱孙著．陈岱孙学术论著自选集．北京：首都师范大学出版社，1994
58. 白暴力著．价值价格通论．北京：经济科学出版社，2006
59. 宗寒著．脑力劳动经济学．上海：上海财经大学出版社，2006
60. 吴杰著．财富论．北京：清华大学出版社，2006
61. 杨玉生，杨戈著．价值・资本・增长．北京：中国经济出版社，2006
62. 李宝元著．人本发展经济学．北京：经济科学出版社，2006
63. 王毅武，康星华编著．《资本论》现代教程．北京：清华大学出版社，2009
64. 王宪磊著．信息经济论．北京：社会科学出版社，2006
65. 张作云，陆燕春著．我国现阶段收入分配问题的理论思考．北京：中国经济出版社，2007
66. 段文斌主编．企业的性质、治理机制和国有企业改革．天津：南开大学出版社，2003
67. 敬任超主编．物理学导论．北京：科学出版社，2005
68. 逄锦聚等主编．政治经济学．北京：高等教育出版社，2009

69. 方福前著．当代西方经济学主要流派．北京：中国人民大学出版社，2009
70. 王志伟编著．现代西方经济学主要思潮及流派．北京：高等教育出版社，2004
71. 姚开建主编．经济学说史．北京：中国人民大学出版社，2008
72. 尹伯成主编．西方经济学．上海：上海人民出版社，2008
73. 吴宇晖，张嘉昕编著．外国经济思想史．北京：高等教育出版社，2010
74. 马永翔著．心智、知识与道德．上海：上海三联书店，2006
75. 丁峻著．知识心理学．上海：上海三联书店，2006
76. 丁溪主编．知识经济．哈尔滨：哈尔滨工业大学出版社，2006
77. 李玉峰等编著．知识经济学．天津：南开大学出版社，2004
78. 倪光炯，李洪芳主编．近代物理．上海：上海科学技术出版社，1979
79. 倪建民著．高智能：新一代富翁．北京：中国社会科学出版社，1999
80. 张浩著．思维发生学．北京：中国社会出版社，2005
81. 高觉敷主编．西方心理学的新发展．北京：人民教育出版社，2005
82. 王志华著．大系统价值学说．广州：广东经济出版社，2004
83. 程恩富主编．现代政治经济学．上海：上海财经大学出版社，2006
84. 刘晓欣主编．虚拟经济与价值化积累．天津：南开大学出版社，2005
85. 程恩富等著．劳动创造价值的规范与实证研究．上海：上海财经大学出版社，2005
86. 何炼成主编．坚持和发展马克思的劳动价值论．上海：格致出版社，2005
87. 李秀林等主编．辩证唯物主义和历史唯物主义原理．北京：中国人民大学出版社，2006
88. 谢富胜著．分工、技术与生产组织变迁．北京：经济科学出版式社，2005
89. 陈俊明著．资本转型论．北京：社会科学文献出版社，2004
90. 傅军胜．全国劳动价值论研讨会综述．中国社会科学，1995 年第 5 期
91. 赵振华．对知识经营管理和科学技术是否创造价值的思考．理论动态，2001 年第 2 期
92. 杨国昌．科学技术在价值创造中的作用．人民日报，2001 年 8 月 21 日
93. 杨继瑞．论知识技术在价值形成过程中的功能．经济学动态，2001 年第 7 期
94. 李其庆．马克思劳动价值理论与我国现阶段分配制度．理论视野，2001 年第 4 期
95. 奚兆永．评所谓“物化劳动和活劳动共同创造价值”论．经济评论，2002 年第 1 期
96. 胡钧，樊建新主编．深化认识劳动价值论过程中的一些问题．经济科学出版社，2002
97. 张雷声．不能把劳动创造价值作为分配制度形成的依据．思想理论教育导刊，2001 年第 7 期
98. 王大超．关于剥削理论与剥削行为实践作用的再思考．东北师范大学学报，2001 年第 4 期
99. 中国社科院经济研究所课题组．关于深入研究社会主义劳动和劳动价值论的几个问题．经济研究．2001 年第 12 期
100. 中国社科院经济研究所课题组．关于坚持和发展劳动价值论的问题．中国社会科院院报，2001 年 12 月 11 日
101. 卫兴华．关于生产劳动和非生产劳动问题．经济理论与经济管理，1981 年第 6 期
102. 何炼成．也谈“价值是生产费用对效用的关系”．西北大学学报，1984 年第 1 期

103. 何炼成，张正军．马克思商品价值概念的效用意义分析．人文杂志，1996 年第 5 期
104. 李灵燕，何炼成．劳动价值论与知识价值论辨析．山东社会科学，2002 年第 1 期
105. 陈征．“现代科学劳动”是发展劳动价值论的重要范畴和核心理论内容．经济学家，2001 年第 3 期
106. 李江帆．服务消费品的使用价值与价值．中国社会科学，1984 年第 3 期
107. 李铁映．关于劳动价值论的读书笔记．中国社会科学，2003 年第 1 期
108. 洪远鹏，马艳．关于劳动和劳动价值理论的十点认识．复旦学报（社会科学版），2002 年第 2 期
109. 何玉长，刘黎明．劳动时间的货币表示：阐述与评价．教学与研究，2002 年第 5 期
110. 程恩富，顾钰民．新的、活劳动价值一元论．当代经济研究，2001 年第 1 期
111. 程恩富，马艳．马克思“商品价值量与劳动生产率变动规律”新探．财经研究，2002 年第 9 期
112. 肖灼基．应该把教育看作生产部门．人民日报，1980 年 2 月 2 日
113. 程恩富，汪桂进．评析当前剥削理论与现实．北京师范大学学报，2002 年第 6 期
114. 程恩富，汪桂进．价值、财富与分配“新四说”．经济经纬，2003 年第 5 期
115. 吴易风．坚持和发展劳动价值论．群言，2001 年第 2 期
116. 卫兴华．论深化对劳动和劳动价值论的一些问题．宏观经济研究，2001 年第 3 期
117. 于光远．社会主义制度下的生产劳动与非生产劳动．中国经济学问题，1981 年第 1 期
118. WWP. 新型经济．美国《时代》周刊，1983 年 5 月 30 日
119. 苏星．再谈劳动价值论一元论——答谷书堂、柳欣同志．经济纵横，1995 年第 7 期
120. 吴宣恭．物化劳动不能创造价值和剩余价值．经济评论，1998 年第 3 期
121. 里夫金．技术的两面性．现代外国哲学社会科学文摘，1998 年第 10 期
122. 杨国昌．深化劳动价值论的研究要正确理解价值的源泉．中国经济问题，2002 年第 2 期
123. 周天勇．智能化的高科技劳动手段也创造和形成价值．财经问题研究，2002 年第 1 期
124. 谷书堂，柳欣．新劳动价值论一元论．中国社会科学，1993 年第 6 期
125. 赵振华．当前我国深化认识劳动价值论的研究综述．前线，2001 年第 10 期
126. 周肇光．“如何深化劳动和劳动价值论研讨会”综述．经济学动态，2001 年第 7 期
127. 晏智杰．重温马克思的劳动价值论．经济学动态，2001 年第 3 期
128. 鲁从明．深化对劳动价值论和我国收入分配制度的认识．当代经济研究，2001 年第 6 期
129. 钱伯海，王莉霞．否定物化劳动创造价值就等于否定马克思的劳动价值论．经济评论，1999 年第 2 期
130. Morishima， Michio， CatephoresGeorge. ValueExploitationandGrowth. London： McGraw-Hill，1978
131. Forley，Duncan. The Value of money，the Value of Labor Power and the Marxian Transformation Problem. Review of Radical Political Economics，Vol. 14，No. 2，1982
132. Freeman，A. Marx Without Equillibrium. Capital and Class，No. 56. Summer，1995
133. Itoh，Makoto. Value and Crisis. Pluto Press，1980

134. Kliman, A. &McGlone, T. A Temporal Single- System Interpretation of Marx' sValue Theory. Review of Political Economy, Vol. 11, No. 1, 1999

135. May. K. Value and Price of Production: A Note on Winternitz' Solution. The Economic Journal, Dec, 1948

136. Morishima, Michio. Marx' s Economics. Cambridge University Press, 1973

137. Shaikh, Anwar. Marx' s Theory of Value and the "Transformation Problem" . The Subtle Anatomy of Capitalism, 1977

138. Meghnad, Desai. Marxist Economics Theory. Gray-Mill, 1974

139. Polanyi, M. The Study of Man. Londn: Routledge&Kegan Paul, 1957

140. Steedman, I. Marx after Sraffa. London: NLB, 1977

141. Asimakopuios. "Micro-Economics" . Oxford University Press. 1978. P. 168

142. Dumenil, Gerard. Beyond the Transformation Riddle: A Labor Theory of Value. Science and Society47 (4), 1983